한국어로 내려온
New Bible

# 새로운
# 성 경

제133권

9부 | 총10부

하얀마음

# 하나님 말씀 중에서

## 1. 사랑의 하나님

- 세상을 창조하신 하나님은 모두를 사랑하신다. 인간만 특별히 더 사랑하지 않고, 우주 만물을 다 똑같이 사랑하신다. 그러니 하나님이 창조하신 천지 만물과 화친하고, 미물까지도 소중히 대하라.

- 하나님은 특정 종파나 민족만을 더 사랑하지 않으신다. 자기 자신만 구원받겠다는 욕심을 버리고, 자기 종파만 구원받는다는 편협한 교리에서 벗어나야 한다. 종파를 초월해서, 모두를 사랑하라.

- 원수까지 사랑하라 했으니, 이 세상에 사랑하지 못할 자가 누가 있겠는가? 종파가 다르다고 해서 부모 형제와 원수처럼 지내는 자는 인간의 근본을 모르는 자다. 가장 가까운 가족부터 사랑할 때 남도 진심으로 사랑할 수 있다.

- 한 사람을 원수같이 생각하던 마음에서 사랑하는 마음으로 돌리면, 자기 자신의 마음이 가장 기쁘고 행복하다. 하나님께서는 인간의 마음속에 무거움이 없이 기쁘고 행복한 삶을 살기를 바라신다.

- 이웃을 "내 몸처럼" 사랑하라 했으니, 마지막 한 장 남은 천국의 티켓도 이웃에게 양보하라. 자기 중심적인 신앙에서 벗어나서 남을 위해 살아야 한다.

- 독초도, 약초도, 이단도 사탄도 천사도 다 필요하기에 존재한다. 독초일지라도 극소량을 사용해서 생명을 살릴 수 있고, 약초라 하더라도 남용하면 생명을 잃을 수 있다.

- 세상 모든 것을 명약으로 활용하는 것은 인간의 지혜에 달렸다. 어떤 것이든 어떤 사람이든 적재적소에 꼭 필요한 명약으로 승화시키라.

- 사탄도 이단도 천사도 모두 하나님의 주관하에 존재한다. 진정한 하나님의 백성은 사탄과 마귀까지도 감화시켜서 천사로 거듭나게 한다.

## 2. 기도

- 하나님은 인간의 생각까지 모두를 다 알고 계신다. 우리의 소원도 이미 알고 계시기에, 소원의 기도를 할 필요가 없다. 우리가 받을 자격이 되면 내려 주신다.

- 죄를 짓고 아무리 회개를 해도 용서받지 못한다. 도둑질한 자는 용서해 달라고 기도하고, 도둑맞은 자는 도둑을 잡게 해 달라고 기도하면, 공의의 하나님은 누구의 편에 서시겠는가?

- 자기가 잘못한 것은 그 사람에게 직접 갚고 용서를 구하라. 그가 용서하면 하나님도 용서하신다. 땅에서 매면 하늘에서도 매이고, 땅에서 풀리면 하늘에서도 풀리는 이치다.

- "회당에서 기도하지 말고 골방에서 기도하라" 했다. 눈에 보이는 골방이 아니라, 골방과 같이 고요한 마음이다. 잡념을 버리고 하나님을 향해 마음을 집중하며, 사랑하고 용서하는 아름다운 생각만 나오도록 하라.

- "두드리면 열릴 것이다." 하는 것은 육의 소원을 위해 두드리라는 것이 아니라, 진리의 깨달음을 얻기 위해 두드리라는 것이다.

- 기도하는 방법: 생활 속에서 수시로 기도하는 삶을 살아야 한다.

- "저의 죄를 용서하여 주옵소서." 하는 회개의 기도를 하라.
- 범사에 "하나님! 감사합니다." 하라. 현재 가진 것에 감사하며, 과욕하지 말라. 자기 노력 이상의 것을 더 갖고자 기도하는 것은 도둑놈심보다. 공의의 하나님은 각자 노력한 만큼 주신다.
- "하나님 뜻대로 살아가겠나이다." 하며 마음의 각오를 다지라.

- 기도는 하나님의 말씀을 받아서 "행하는 것"이다. 하나님이 계심을 굳건히 믿고, 하늘을 향하여 한 점 부끄럼 없이 사는 삶 자체가 가장 위대한 기도이며, 삶이 곧 예배다.

## 3. 지도자

- 똑같이 사랑한다는 말을 해도, 순수하게 하는 말은 천사의 말이지만, 사기 쳐서 재산을 가로채려고 하는 말은 사탄의 말이다.

- 종교 지도자가 아무리 훌륭한 설교를 해도, 신도의 재물을 거둬서 더 큰 교회를 짓고 자기의 부귀영화를 바라며 설교하면 사탄의 가르침이 된다.

- "저희 교회는 만원사례요, 믿음은 다 같으니 이웃의 개척 교회에 가서 예배를 드리시오." 하며, 이웃 교회의 부흥을 먼저 생각하여 제 신도를 보내는 종교 지도자가 있다면 그를 따르라. 그가 하나님의 사랑을 실천하는 자다.

- "부자가 천국에 들어가는 것은 낙타가 바늘구멍을 통과하는 것보다 더 힘들다" 하였거늘, 지금의 교회에서는 부자가 되기만을 기도하고 소원하니, 이는 곧 천국을 포기하고 지옥 행 열차의 티켓을 사는 것과 같다.

- 예수는 빈손이었다. 종교 지도자가 예수보다 더 호화롭고 편안하게 살아간다면 잘못된 것이다. 부귀영화와 명예를 바라는 자는 절대로 갈 수 없는 좁고 협착한 길이 종교 지도자의 길이다.

- 종교 지도자는 유리로 비춰 봐 한 점의 부끄러움이 없이 살아야 한다. 의식주도 직접 일해서 해결하고, 예수의 가르침과 행함을 그대로 따라야 한다.

- 종말은 없다. 지금의 잘못 가는 종교 집단에게만 종말이 있다. 보이지 않는 하나님은 보이는 육의 종말은 관여하지 않으신다. 환경 파괴로 인간이 스스로 멸망을 자초하는 것이다. 종파끼리 싸우기 전에, 무너진 인성을 바로잡고 지구의 몸살을 해결하는 데 뜻을 모으는 게 급선무다.

## 4. 성전이란

- 이 세상 자체가 하나님께서 만드신 성전이다. 자연보다 더 아름다운 성전이 있는가? 보이는 건물이 성전이 아니라, 성스러운 마음가짐이 성전이다.

- 반석 위에 교회를 지으라 했다. 지상의 단단한 돌은 인간이 쪼갤 수 있으나, 마음속의 굳은 결의는 세상 무엇으로도 쪼갤 수 없다. 바르고 굳건한 믿음으로 성경의 가르침을 실천하는 것이 마음의 반석 위에 교회를 짓는 것이다.

- 손으로 지은 건물의 교회에 모여서 복음을 전하는 것이 아니라, 교회를 개인과 가정에 심어 주어야 한다. 무너지고 부서지는 건물을 짓지 말고, 마음속에 영원히 불변하는 참진리의 교회를 지으라.

## 5. 십계명

- 십계명은 인간이 죽어서 반드시 통과해야만 하는 열 개의 관문이다.

- 부모를 공경하지 아니한 자는 "네 부모를 공경하라." 하는 제5계명의 관문이 열리지 않으니 구원받을 수 없다.
- 살인, 간음, 거짓, 우상 등의 나머지 계명도 마찬가지다.

- 십계명은 하나님의 친필이다. 모기소리만 한 하나님의 음성이라도 들어 보겠다고 여기저기 찾아 헤매지 말고, 십계명부터 암송하고 지키라.

- 십계명은 영혼을 구원하는 양식이며, 십계명을 지키는 것이 구원을 받는 길이다. 인간이기에 지키고자 노력하고 또 노력한다면 지킬 수 있다.

- 십계명을 지키고 천사처럼 아름답게 살아가는 그 마음 하나면 세상에 이루어지지 않는 것이 없다.

## 6. 보물

- 하나님은 재물이 아니라 우리의 마음을 받으신다. 사랑을 실천하며 천사처럼 변하는 마음이 하나님께 바치는 보물이다.

- 보이지 않는 하나님께 재물을 바치려 하지 말고, 너희를 길러 준 부모에게 용돈드리고, 찾아뵙고, 효성을 다하라. 그것이 하나님께 효도하는 것이다.

- 하늘에는 선과 악의 창고가 있다. 자기 창고에 선이 많으면 천국으로 구원을 받고, 악이 많으면 심판받아 지옥으로 간다. 그것이 바로 "선한 일을 행한 자는 생명의 부활로, 악한 일을 행한 자는 심판의 부활로" 나오는 것이다.

- "선악과를 따먹지 말라"는 것은 양심을 지키라는 것이다. 선과 악을 구분할 수 있는 양심을 최초에 인간에게 주셨다. 선한 열매는 취하고, 악한 열매는 버리며, 양심에 비추어 부끄럼 없는 삶을 살아가라.

- 가장 작은 거짓말을 하지 않고, 가장 작은 죄를 짓지 않으며, 가장 작은 선행을 하고, 가장 작은 악행을 멀리하는 것이 율법의 일점 일획도 빠뜨리지 말고 다 지키는 삶을 사는 것이다.

## 7. 우상

- 박물관에 있는 불상은 하나의 예술품이다. 그 조각품에 대고 제 소원을 빌 때 우상숭배가 된다. 십자가라 하여도 그 앞에서 소원을 빈다면 우상숭배하는 것이며, 하나님께 소원을 빈다면 하나님을 우상으로 전락시키는 것이다.

- 지금 기복신앙에 젖어 있는 모든 사람이 우상 앞에 절을 하고 있다. 조각품을 우상이라며 파괴하지 말고, 네 마음속에 있는 욕심의 우상을 무너트리라.

- 생수를 약초가 먹으면 약을 만들고 독사가 먹으면 독을 만든다. 같은 성경을 봐도 선한 지도자는 신도를 천사로 만드는 데 활용한다. 그러나 욕심이 가득한 지도자는 재물을 거두어들여 제가 부귀영화를 누리는 데 악용한다. 그가 바로 성경을 우상숭배의 도구로 전락시키는 거짓 선지자다.

- 성경을 한 획도 빼거나 더하지 말라는 것은, 그 가르침을 빠트리지 말고 온전히 지키라는 것이다. 성경 속에서 자기에게 유리한 구절만 보는 것은, 자기에게 불리한 구절들을 빼 버리는 것이다. 믿음이 제일이요, 행함은 구원과는 관계없다는 것은 자신에게 유리한 쪽으로 성경을 악용하는 것이다.

- 진정한 종교 지도자는 종파에 관계없이 어떤 종파든 어떤 책이든 접하고 보고 깨우쳐 견문을 넓히도록 인도한다. 참진리를 모르고 자신이 없는 자가 남을 이단이라며 배척하고, 신도들의 눈과 귀를 가린다.

## 8. 예수

- 예수의 재림은 없다. 예수가 다시 온다 해도, 과연 누가 그를 예수라고 믿겠는가? 예수와 같은 삶의 행함이 곧 예수의 재림이다. 각자 모두가 "재림 예수"가 되는, 차원 높은 믿음으로 가야 한다.

- 예수는 "주여 주여 하지 말고, 아버지의 뜻대로 행하라"고 했다. 예수가 전한 하나님의 뜻이 곧 "길이요, 진리요, 생명"이며, 그 가르침이 예수의 보혈처럼 소중한 것이다. 예수를 믿는 것은, 예수의 가르침을 믿고 따르는 것이다.

- 예수는 낮은 자로서 만백성을 섬기고자 했다. 만나는 모든 사람을 다 하나님이라 생각하라. 돈을 벌수록 겸손하고, 높은 지위를 얻을수록 낮아지라.

- 예수는 종파를 만들지 않았다. 인간이 만든 종교와 인간의 교리를 따르지 말고, 예수를 통해 전한 하나님의 참진리를 연구하고 따르라.

- 예수가 2천 년 전에 만백성을 위해 죽었으니, 지금 이 땅에는 예수의 가르침대로 사는 천사만 존재해야 한다. 예수가 죽어 가면서 바란 것은 만백성이 천사가 되어 예수의 자리를 채워 주는 것이지, 지금과 같이 재물을 바치면서 중언부언 제 소원만을 비는 백성들을 바란 것이 아니다.

## 9. 구원

- 천사가 사는 천국에는 천사만 갈 수 있으니, 천사 같은 마음을 길러야 한다.

\- "천국 열쇠를 네게 주리니 땅에서 무엇이든지 매면 하늘에서도 매일 것이라" 했다. 땅에서 천사같이 사는 자가 하늘에서도 천사가 되어 천국에 들어간다. 모든 사람에게 천사같다는 말을 듣는 삶을 살아야 한다.

- 천사의 곱고 아름다운 마음은 부모를 공경하고 어른을 어른으로 대접하는 데에서 출발한다. 효도하는 자는 형제와 화목하게 지내기에 가정이 화목해지고, 이웃과 화목해지고, 국가가 화목해지고, 온 인류가 화목해진다.

\- 그러므로 지상의 아름다운 소왕국은 가정에서부터 이루어야 한다.

- 선택된 14만 명만 구원받는 것이 아니라, 천사처럼 변하고자 하는 14만 명을 기초로 온 인류가 천사처럼 거듭나는 영적인 개혁이 시작되는 것이다.

- 천 년에 걸쳐서 하늘에서 이루어진 것같이 이 세상을 낙원으로 만들어, 만백성이 지상의 천국에서 살다가 죽어서 그대로 하늘의 천국으로 들어가는, 영원한 지상 낙원을 건설하는 것이 하나님의 계획이다.

\- **이것이 구약과 신약에 이어 "새로운 성경"으로 역사하시는 하나님의 창조의 완성이다.**

- 지금의 믿음으로 구원받을 수 있다면 그 길을 가라. 그러나 자신이 없다면 하나님께서 직접 내리신 160권의 "새로운 성경"을 읽고 구원의 길을 보라!

# 하나님 머리말씀

이 새로운 성경을 읽는 너희 모두는
이 율법에 따라 행하면 영원히 구원받을 것이니라.

너희 인간이 수년, 수십 년, 평생
성서를 공부하고 기도하는 것은
하늘나라 나의 곁으로 오고 싶은 소망일진대,

몇천 년 전의 너희 인성과 생각이
지금의 너희와는 판이하게 다르니,

꺾여 가고 병들어 가는 너희를 고칠 수 있는 길은,
오늘 내가 선지자에게 내리는 새로운 성경과 같이
너희가 변화되는 것뿐이니라.

나의 예수가 태어난 것처럼
내가 아들 선지자를 선택하여
나의 새로운 성경을 온 세계에 전하고자 하니,

묵은 것은 버리고 새로운 것은 취하여,
너희 모두는
'여호와 하나님! 저의 죄를 용서하여 주옵소서.'
하는 기도문으로 기도하고, 죄를 뉘우치라.

이 새로운 성경은
수천 년간 내려온 성서를 요약한 것이니,
너희는 이 책을 정독하여 쉽게 깨달음을 얻고,
이대로 실천하여 하늘에 오르라.

# 대역자 머리말

## ■ 하나님의 율법을 지키는 선지자로 선택을 받도다.

저는 남들처럼 그저 열심히 살아온 평범한 사람이었습니다. 그러나 50대 중반에 사업에 실패하여 많은 부채에 시달렸으며, 건강도 악화되어 눈이 잘 안 보이고, 걷기도 어렵고, 두통이 심해서 잠을 이룰 수 없는 고통의 나날을 보냈습니다. 그때 제가 선택할 수 있는 것은 육의 삶을 끝내는 길뿐이었습니다.

죽기 직전에 그동안에 죄를 지은 이들에게 용서를 빌고 인생을 끝내기로 작정하였습니다. 어려서부터 지은 죄를 빌고 빌다 보니 끝이 없었고, 죽음으로도 그 많은 죄를 용서받을 길이 없다는 생각에 하염없이 눈물이 흘렀습니다. 그 순간 '재래식 화장실의 구더기는 죄를 짓지 않는데, 나는 인간으로서 구더기만도 못한 삶을 살았구나.' 하는 생각이 들면서 괴로움에 몸부림칠 때, 갑자기 하나님의 음성이 들렸습니다.

"나는 여호와 하나님이니라. 너는 십계명을 암송하고 내가 내려 주는 메시지를 받아 책으로 만들어 만백성을 구하라." 하시며, 제 눈을 손으로 문지르게 하시고, 아픈 머리와 다리를 손으로 두드리게 하셨습니다. 그러고 나니 눈도 잘 보이고 걸을 수 있었으며 머리의 통증도 말끔히 낫게 되었습니다. 그때부터 십계명을 암송하고 나면 들려주시는 말씀을 기록하였고, 1999년 8월부터 2004년 7월까지 권당 288쪽, 총 160권을 받아서 "새로운 성경"이라는 책으로 펴내게 되었습니다.

그러한 저에게 죽기보다도 힘든 길이 시작되었습니다. 모든 교인들이 저에게 사탄이요, 이단이요, 악마요, 마지막 시대에 온 거짓 선지자라 하면서 공격하였고, 저를 짐승을 보듯이 대하는가 하면, 편협한 종교 지도자들의 선동으로 신도들이 이 책을 직접 읽어 보고 평가할 기회마저 막아 버렸습니다. 그래서 하나님의 말씀을 세상에 내는 데 많은 어려움을 겪으며, 피를 토하는 심정으로 책을 전하고 있습니다.

그러나 아무리 인간의 힘으로 막으려 해도, 하나님의 뜻이 세상에 전해지는 위대한 역사는 계속될 것입니다. 책으로 전해지는 "하나님의 말씀"은 세상 끝날까지 항상 우리와 함께하실 것입니다. 사람은 죽어도, 책에 기록된 말씀은 영원히 남으니까요.

■ 따뜻한 실천

하나님께서는 어려운 사람들에게 삶의 터전을 마련해 주고, 미래를 열어 주는 것을 기뻐하십니다. 어려운 이웃이 스스로 자립할 수 있도록 이끌어 주는 것이 진정으로 이웃을 돕는 것이라고 말씀하셨습니다. 그래서 일자리가 없는 제자들에게 작은 사업장을 만들어 주는 "달란트 사업"을 하고 있습니다. 식당, 반찬 가게 등을 차려 주고, 기존의 어려운 사업장이 자립할 수 있도록 돕고 있습니다(커피숍, 미용실, 의상실 등).

하나님께서는 교회에 나와서 모든 시간과 재물을 쏟기를 원하지 않으시고, 그 시간과 재물을 교육에 투자하여 스스로 미래를 열어 가기를 원하십니다. 그래서 제때 공부하지 못한 제자들에게 학업을 이어 가도록 하였습니다. 중화요리 주방장을 하며 초등학교 검정고시부터 공부하여 2012년에 방통대를 졸업한 36세 남성, 만학도들의 2년제 중학교에 입학해서 2007년에 명지대학을 졸업한 38세 여성, 중학교 검정고시를 시작으로 숭의여자대학을 졸업한 47세 여성 등이 있습니다. 그밖에도 많은 제자들에게 나이를 초월하여 배우고 깨우쳐서 사회 속의 당당한 일원이 되도록 인도하고 있습니다.

학자금 대출로 힘겨워하는 젊은이들을 위해 "따뜻한 바람 장학회"를 발족하여(2016년 12월) 대출받은 학자금 전액을 매월 갚아 주고 있습니다. 또한, 다문화 가정을 위해 "다문화 가족 랜드"를 조성하여, 각종 시설을 무료로 활용하도록 하고 있습니다.

이러한 따뜻한 실천이 아직은 미약합니다. 그러나 책의 수입이 늘고, 저와 뜻을 같이하는 분들이 늘어나면 계속 확대할 것입니다. 지도자로서 신도의 재물을 헌금으로 거둬들여 착복하는 것이 아니라, 하나님께서 기뻐하시는 일에 사용하도록 중매 역할만 하며 살아가고자 합니다. 이런 제가 과연 사탄이고 이단인가요? 하나님께서 기뻐하시는 일이라면, 저에게 사탄이라 하든 거짓 선지자라 하든 굽히지 않고 실천해 나갈 것입니다.

끝으로, 일상의 삶 속에서 "지금 내가 하는 행동이 과연 하나님께서 기뻐하실까, 슬퍼하실까?" 생각하고, 매사에 하나님께서 기뻐하시는 길을 택하기 바랍니다. 교회에 모여서 집단적으로 예배 드리는 것이 아니라, 개인이나 가정 단위로 새로운 성경을 읽어 스스로 깨우치고 그대로 행하면 충분합니다. 그것이 마음속에 성전을 짓고, 신령과 진정으로 예배 드리는 길입니다. 그러면 천국의 문에 들어서게 됩니다.

2017.2.1.

하나님 말씀 대역자 김용철

# 차 례

## 십 계 명

이 책은 십계명을 암송하고 나면 내려 주시는 "하나님의 음성"을 듣고 그대로 받아쓴 기록입니다. 하나님께서 십계명을 모세에게 내려 주셨지만, 그것은 만백성에게 내려 주신 것입니다. 마찬가지로 이 책의 모든 말씀도 저에게 내려 주셨지만, 만백성 각자에게 들려주시는 말씀입니다. 여러분도 이 책을 접할 때마다 십계명을 암송하고 나서 정독해 주시기 바랍니다.

제일은, 너는 나 외에는 다른 신들을 네게 있게 말지니라.
제이는, 너를 위하여 새긴 우상을 만들지 말고, 또 위로 하늘에 있는 것이나, 아래로 땅에 있는 것이나, 땅 아래 물 속에 있는 것의 아무 형상이든지 만들지 말며, 그것들에게 절하지 말며, 그것들을 섬기지 말라.
제삼은, 너는 너의 하나님 여호와의 이름을 망령되이 일컫지 말라.
제사는, 안식일을 기억하여 거룩히 지키라.
제오는, 네 부모를 공경하라.
제육은, 살인하지 말지니라.
제칠은, 간음하지 말지니라.
제팔은, 도적질하지 말지니라.
제구는, 네 이웃에 대하여 거짓 증거하지 말지니라.
제십은, 네 이웃의 집을 탐내지 말지니라.

나 여호와가 존재함을 믿는 그 자체가 구원의 길에 들어서는 기본이요, 근본이며, 나의 새로운 성경을 가슴에 안고 정독하는 자, 반석 위에 서서 하늘에 오르는 찬란한 빛을 보게 되는 영광을 얻게 됨이니라. 진정 나를 따르고 믿는 자는 감히 사탄이나 마귀도 근접하지 못하느니라.

〈하나님 말씀〉

# 2004년 3월

## 9,884 번째 하나님 말씀

*2004년 3월 10일 11시 39분*

1 사랑하는 나의 아들아!
2 "네, 아버님! 말씀하옵소서."
3 성서에 기록하여 내가 너희에게 전하
지 아니하였더냐?
4 '주여, 주여!' 그리 찾지 말라, 그리 부
르짖지 말라 내가 그와 같이 말하였느
니라.
5 그러나 지금 수많은 백성이 세상 왔
다가 죽어 감이니, '주여, 주여!' 그를
부르짖다 죽어 갔으며,
6 지금의 또한 수십억 백성이 '주여, 주
여!' 그리 부르짖고 있는 것이 오늘의
너희 믿음이요, 너희가 가는 길이 아
니더냐?
7 그러니 너희가 부르짖다 죽어 가 심
판을 받으니, 헤아릴 수 없는 많은 백
성이 나의 뜻을 행하지 아니하고 있는
것을 너희는 그때 깨닫고 그때 알게
되는 것을 알겠느냐?
8 나의 뜻에 의하여 행한 자만이 구원을
받는다 하였거늘,
9 너희가 어찌하여 나의 뜻이 무엇인가
를 모르며, 내 뜻대로 행하지 아니하
고,
10 오로지 '주여, 주여!' 부르짖으며 쉽게
거기에 매달려 가는가?
11 과연 하늘에 오르는 과제가 그리 쉬운
것이라 그리 생각하느냐?
12 너희가 풀기 쉽고 정답을 바로 알 수
있는 것이 하늘에 오르는 그 과제라
생각하나, 너희는 이 과제가 얼마나
어렵고 힘든 길인가를 알아야 될 것이
니라.
13 그러니 너희가 내 뜻에 의하여 행한
자만이 구원을 받는다 하였거늘,
14 수십억 헤아릴 수 없는 그 많은 백성
이 나를 찾다 부르짖다 죽어 갔으며,
그리고 지금도 몇십억의 인구가 나를
찾고 나를 부르짖다 그리 죽어 감이니,
15 그것이 내 뜻이 아니요, 나와의 관계
없는 삶을 살다 나와 관계없이 인연을
끊는 그와 같은 것이 오늘의 너희의
믿음이요, 너희가 가는 길이라는 것을
내가 그리 전하였거늘,
16 어찌하여 너희가 이를 받아들이지 아
니하며 이를 생각하지 않는가?
17 나의 뜻이 무엇인지 그를 깨우쳐 보고
노력하는 백성이 과연 얼마나 있는가?
18 나 여호와가 이루고자 하는 것, 내 뜻
이 무엇인가를 깨우치고자 해도 깨우
치지 못하며, 알고자 해도 알지 못하
는 자들이라면, 너희는 곧 나의 아들
예수요, 내 마음과는 거리가 먼 자들
임을 알아야 될 것이니라.
19 창조주 나 여호와의 뜻을 아는 것은
너희가 나와 근접하며 내 뜻과 같이
너희가 임할 때 모두를 다 깨닫고 느
낄 수 있음이니,
20 이는 바로 나의 성령이 임하는 자만이
알고 들을 수 있음이니,
21 성령이 임하는 것은 무엇이라 말하였

느니냐?
22 너희가 그 모든 성령이 임할 수 있도
록 깨끗이 비워져 있는 그릇이 아니면
아무것도 알 수 없다 내가 그리 말하
지 아니하였더냐?
23 그러니 너희는 너희 자신이 비워져 성
령이 임하여, 그 성령의 나의 뜻이 무
엇인가를 깨닫는 그 위대하고 소중한
지혜를 얻고자 하는 것이 아니요, 구
원에만 얽매이는 계산된 믿음이니라.
24 그러니 나의 뜻과 관계없는 믿음의 길
을 왔고 또 그리 가고 있으며, 너희 후
손 또한 그리 흘러가도록 완벽한 기틀
을 만들어 놓으며 완벽한 기초를 세워
놓은 것이 아니더냐?
25 너희가 나의 뜻과는 관계없는 믿음이
요, 관계없는 길을 가는 틀을 완벽하
게 만드니,
26 그것이 더 이상 뿌리를 내리면 그를
뽑을 수도 없으며 다스릴 수도 없는
세상이 되었기에,
27 지금 내가 나의 아들을 통하여 160권
으로써 그 뿌리를 차단하고자 하는 것
이 오늘의 나의 뜻임을 알아야 될 것
이니라.
28 사랑하는 나의 아들딸들아!
29 너희가 믿고 가는 그 성서가 너희의
손에 의해 변질되었으며, 너희 뜻이
거기에 기록되었다면 과연 어찌하겠
는가?
30 성서가 변질된 부분이 없다면, 그것은
곧 나의 뜻이요, 그는 나의 진리이니
라.
31 그러나 그렇지 못한 부분이 있다면,
이것은 나의 뜻을 왜곡되게 하는 것이
며, 나의 뜻으로써 전해짐이 아니지
않더냐?
32 그러니 너희가 어떠한 백성이더냐?
33 이 세상에서 너희가 죄를 범하고 심판
을 받고, 또 심판에 따라 그 죄값을 치
르는 것이 너희의 삶이거늘,
34 어찌하여 하늘에 오르는 나의 뜻에 오
는 백성이 나의 성서에 손을 댔으며
그를 변질시켜 놓았으며, 인간의 교리
를 집어넣고 그것이 나의 뜻이라 하여
내 뜻을 거역하며,
35 내가 정녕 너희에게 명한 뜻은 뒷전으
로 밀어 놓았으며, 그들은 너희가 감
춰 놨으며, 짓밟았으며, 너희들의 교
리로 가르치니, 그것이 바로 무엇이더
냐?
36 창조주 나 여호와요, 하늘의 뜻을 거
역하는 행위를 하고 지금 살아감이니,
37 너희가 하늘의 뜻을 거역하고도 과연
하늘의 심판을 피할 수 있다 생각하는
가?
38 이것이 오늘 잘못된 것이며 너희가 어
리석은 백성의 믿음의 가는 길이라는
것을 알라.
39 지금이라도 너희가 나의 계명을 지키
고 살고자 노력하지 아니하면 아니 되
느니라.
40 그러면 너희가 나의 법전의 뜻을 알게
될 것이니, 이것이 곧 하늘의 뜻이요,
나의 뜻을 알게 됨이니,
41 그때부터 그를 알아 행하는 백성, 너
희가 거듭남이요, 구원의 길에 역사할
수 있는 백성이니라.
42 그러니 너희가 스스로 그리 깨달을 수
없으며 그를 알지 못하기에, 내가 나

의 법전을 통하여 나의 아들을 통하여
너희에게 전함이니라.
43 인간이기 때문에 완벽하게 살 수 없으
며 죄를 짓고 살 수 없다는 말하는 너
희를 위하여,
44 내가 죄를 짓지 아니하며 아름답게 살
아가는 그 모두를 지금 책으로 만들
어 증거하여 너희에게 내려보내니,
45 이를 읽고 깨우쳐 네 것으로 만들지
아니하고는 절대 구원을 받지 못한다
함이 여기 있음이니,
46 그와 같은 모든 기초요, 기본을 만들
어 내려보내니, 어찌하여 이를 갖다
찢어 버리고 태워 버리며 사탄의 것이
라 하느냐?
47 이를 보고 깨우치면 너희도 모르는 사
이에 마음이 자라고 변하여 너희가 죄
를 짓지 아니하고 살 수 있는 천사와
같은 길을 갈 수 있는 것이 여기에 있
으니,
48 그를 버리고 너희가 구원받을 수 없
다는 것이 바로 나 여호와의 뜻이 여
기에 있음이니라.

## 9,885 번째 하나님 말씀

*2004년 3월 10일 11시 59분*

1 사랑하는 나의 아들아!
2 "네, 아버님! 말씀하옵소서."
3 지금의 믿음의 길을 가는 백성이 구원
의 길이 아니라 지금 암흑의 세상을
만든 것처럼 암흑의 세상이요, 지옥으
로 그리 가는 것이니,
4 너희가 지금 살아가는 그 의미와 살아
가는 그 길을 아는가?
5 정녕 너희가 그 믿음의 길을 가는 것
이 얼마나 무서운 길을 달려가고 있는
가?
6 너희가 구원의 길이라 하여 달려가는
그 길이 어떠한 길인가?
7 너희가 한번 생각해 보고 돌이켜 보는
그와 같은 삶을 지금 사는가?
8 너희가 아무리 정답이라 해도 그 정답
을 알고 썼다 해도, 시험의 답안지를
낼 때 그를 좀 더 보며 또 확인해 보며
그리하여 그를 봤을 때 정녕 그래도
실수가 있는 것이니라.
9 정녕 정답을 알고 가는 백성도 정답을
기록하는 것도 실수가 있거늘,
10 하물며 지금의 이 믿음의 길이요, 하
늘에 오르는 길이요, 거듭나고 거듭나
지 못하는 그 귀하고 소중한 삶의 길
을 달려가는 백성, 너희가 아무리 정
도의 길이요, 맞는 길이라 하며 정통
파라 고집하며 너희만이 정통의 길이
라 확실히 믿고 믿어도,
11 너희가 한번 들여다보고 돌이켜 볼 필
요성이 있는 것이 아니더냐?
12 정답을 알아도 잘못 쓰는 수가 있다
하였음이니,
13 너희가 그 길이 어떠한 길인가, 과연
그 과제가 그리 쉽게 편하게 갈 수 있
는 길이였던가를 너희는 한번 돌이켜
보고 생각해 보지 아니하면 아니 됨을
알아야 될 것이니라.
14 모두가 지금 암흑으로 가는 길을 가고
있는 것을 모르고 있는 자들이니라.
15 너희만이 믿는 그 믿음이요, 그 신앙
이 정통파라고 고집하는 백성, 너희가
지금 잘못 가르치고 있으며 잘못 배운

백성으로서 이 세상이 이렇게 혼탁하
게 되었으며,
16 이 세상이 암흑의 세상으로 되었으며,
사랑이 메마른 세상이 되었으며, 너희
가 인간이 인간을 두려워하는 이보다
더 험악한 세상은 될 수 없음을 알아
야 될 것이니라.
17 너희가 참진리요, 나 여호와의 뜻을
가르친다는 그 종교 집단이요, 지도자
들이 불법으로써 모두를 가르치는 자
가 이 세상을 지배하는 것이 되었음이
니, 너희는 알겠느냐?
18 너희는 아니라 하나, 위에서 내려다보
는 나 여호와가 그렇다 하면, 너희가
그렇게 지금 흘러가고 있음을 알아야
될 것이니라.
19 그 속에서 너희가 불법을 가르치는 속
에서 배운 백성이 어찌 무엇이 되겠으
며 어찌 무엇을 알겠느냐?
20 성령에 무지한 자들이 지도자가 되어
서 그들을 가르침이니, 나의 피조물
모든 백성이 무지함 속에서 그 무지한
가르침에 따르기에, 거듭나지 못하고
있는 것이니라.
21 오늘의 너희가 어떠한 형국인 줄 알겠
느냐?
22 단체로 너희가 지옥으로 흘러가는 그
와 같은 죽음의 길로 가고 있는 것이
니라.
23 홍수가 나서 물이 밀어붙이는 것처럼,
그저 그 물살보다도 더 세고 무섭게
지금 달려가고 있는 것이 지옥으로 나
의 사랑하는 백성이 밀려 가는 그와
같은 형국이니,
24 앞에서 정지하려고 해도 정지할 수 없
을 정도로 밀려오는 너희가 그 힘에
의하여 밀려감이니,
25 홍수 나 물이 밀고 나가듯이 그보다
더한 것이 지금 단체로 지옥 불로 떨
어지는 형국이니,
26 내가 보는 지상의 형국이 그러함이니
라.
27 아무리 너희가 방대하고 화려한 종교
집단이라 해도, 너희가 그것이 불법
속에서 행해지는 것이니,
28 그 불법 속에서 행하면서 나의 참진리
를 지키지 못하고 가기 때문에 너희의
그 비참한 참상을 내가 더 이상 바라
볼 수 없음이니라.
29 그러니 너희가 아무리 큰 집단이요,
화려한 집단이요, 방대한 조직이 설교
를 하며 단상에서 그리 말해도,
30 거기에는 참진리가 없으며, 참사랑이
요, 진정한 나 여호와의 뜻이 거기에
같이하고 있지 아니함이니,
31 너희가 무서우리만큼 그 집단이 다 지
옥 불로 달려가고 떨어져 가는 그 형
국임을 알아야 될 것이니,
32 나 여호와만이 이를 내려다볼 수 있으
며 나 여호와만이 너희의 형국을 지금
전할 수 있으며 알려 줄 수 있는 것이
라는 것을 잊지 말라.

## 9,886 번째 하나님 말씀

*2004년 3월 10일 12시 07분*

1 사랑하는 나의 아들아!
2 "네, 아버님! 말씀하옵소서."
3 지금의 모든 종교 집단이요, 너희가
역사한 것이 어떠한 것인 줄 알겠느냐?

4 내가 너희에게 모두를 이룬 것은 모래
성 위에 역사한 것이며, 모래성 위에
성을 쌓은 것이라 그리 말하였음이니,
그 뜻을 너희는 알겠느냐?
5 너희는 바람에 무너지며 파도에 밀려
쓰러지는 그 모래성 위에 쉽게 성을
쌓아 놓고, 그것이 영구불변이요, 나
에게 오르는 길이요, 내가 내린 집이
라 그리 말하는 것, 그것이 바로 너희
의 오늘의 믿음이니라.
6 너희는 인간 세상에서 건축물이요, 너
희가 기거하는 집을 지으매 설계도가
있어야 하며, 그를 제시하며 그를 허
가를 받아 건축했을 때, 그 집은 제 구
실을 하며 제자리를 지킬 수 있는 것
이니라.
7 그러니 설계도가 없이 집을 짓는 것,
그는 바로 허물어지고 무너지는 것이
아니더냐?
8 그러니 지금의 종교 집단이요, 지도자
요, 그 모든 신도들이 지금까지 너희
가 하늘의 설계도가 없이 집을 지은
자이니,
9 너희가 그리하면서 나에게 허락받으
려 하며, 나한테 인가를 받으려 하며,
나로부터 승인을 받으려 하나, 너희는
그것이 아니 됨이니라.
10 나 여호와의 설계도가 없이 너희가 임
의로 지어 놓은 그 집을 가지고 너희
가 나에게 승인해 달라, 나에게 역사
해 달라는 것이 바로 무엇이더냐?
11 너희가 내 뜻대로, 참진리대로 믿음이
요, 신앙의 길을 가지 아니하고, 너희
편한 대로 꿀맛을 따라가는 것,
12 그리고 너희가 무엇을 이루고자, 더
갖고자, 더 명예로운 것을 얻고자 욕
심 속에서 기도하고 울부짖고 하는 것
이,
13 나의 설계도가 아닌 그 설계도로써 집
을 지은 자들이 이제 막바지에 다다름
이니, 너희가 나의 집으로 이 모두를
인정해 주며 승인해 달라 말함이니,
14 그 집은 쓸 수가 없으며 내가 만든 아
름다운 지상에 존재할 수 있는 집이
아니기에,
15 나는 절대 너희에게 승인해 주지 않으
며 너희를 용서할 수 없다 하는 것을
알아야 될 것이니라.
16 사랑하는 나의 아들아!
17 너희가 지금 하늘의 설계도가 없이
마음대로 집을 지은 자이니라.
18 그러니 나로부터 승인을 받고자 아무
리 몸부림치며 온갖 짓을 다 한다 해
도,
19 너희가 나로부터 그를 승인받을 수
없으며, 내가 너희에게 역사할 수 없
는 것임을 알라.
20 그 모두는 날려 보낼 것이며 다 부서
지는 그와 같은 형국으로 가게 되어
있음을 너희는 알라.
21 나의 성령으로써 나의 교회를 짓는
것, 그 백성만이 나의 설계도를 가지
고 나의 설계도에 따라서 그 모두가
역사하는 백성이니라.
22 그러니 바로 나의 법전이 무엇인 줄
알겠느냐?
23 나의 법전이 너희에게 내려보내는 바
로 설계도라는 그 의미의 뜻을 알겠느
냐?
24 그러니 너희가 나의 법전을 읽고 깨우

친 백성이 나의 설계도를 가지고 내가
원하는 집을 지었으며 그를 건축했을
때,
25 나 여호와가 너희에게 승인하는 것은
당연한 것이며, 그를 거둬들이는 것은
당연한 것이 아니더냐?
26 그러니 이와 같은 이치요, 이와 같은
뜻을 내가 기록하여 너희를 깨우치고
자 함이니, 이래도 너희가 깨닫지 못
한다면 정녕 나와는 관계없는 길을 가
게 됨이니라.
27 내가 나의 아들을 통하여 너희가 살아
있을 때 관계없는 길을 가는 것이라
그리 쉽게 말하나, 너희가 그 길이 얼
마나 힘들고 어렵고 얼마나 무섭고 두
려운 말인지 아직 모름이니라.
28 이제 모든 백성 너희는 들으라.
29 나 여호와로부터 승인을 받으며 나 여
호와로부터 열매를 거두고자 한다면,
30 내가 내린 설계도로써 너희가 모두를
계획하고 그대로 역사하지 아니하면
아니 됨이니,
31 이 설계도는 바로 나의 법전이라는 것
을 너희는 알라.
32 이제 나의 아들을 따르는 백성 너희야
말로 아직은 미숙하나, 나의 설계도를
보기가 힘들고 나의 설계도를 보고 이
해하지 못하나,
33 너희가 이를 보고 연구하고 또 깨우쳐
갔을 때, 서로 힘을 합쳐 하나가 됐을
때,
34 나의 설계도를 각자 완벽하게 보고 역
사할 수 있는 것이 너희이니라.
35 그리하여 가진 것 없는 자, 능력 없는
자, 너희가 내놓을 것 없는 자, 부족한
듯한 나의 백성, 너희를 선택하여 나
의 아들을 따르도록 하며,
36 너희가 설계도를 보는 그 노력을 하여
각자 임무를 수행하도록 할 때,
37 어렵고 힘들어도 그를 깨달을 때까지
매달릴 수 있으며 갈 수 있는 너희이
기에 내가 너희를 선택했다는 것을 알
아야 될 것이니라.
38 하늘에서 내리는 설계도이니라.
39 이를 다 읽고 너희가 터를 닦아 내가
원하는 집을 짓도록 그리하라.
40 그것만이 나에게 선택된 아들딸들이
가는 길이며, 무허가의 집을 지어 놓
고 허가를 받으려 하는 어리석은 백성
이 아님이니라.

## 9,887 번째 하나님 말씀

*2004년 3월 10일 12시 12분*

1 사랑하는 나의 아들아!
2 "네, 아버님! 말씀하옵소서."
3 나 여호와가 완벽한 집을 짓기 위하
여, 내가 역사하고자 하여 구약과 신
약의 시대가 그리 이루어졌음이니라.
4 그러니 그 모두는 나의 뜻에 의하여
역사해졌으나, 나의 사랑하는 백성 너
희가 내 뜻이요, 내 설계도대로 터를
닦는 그와 같은 역사를 하지 못하였음
이니라.
5 구약과 신약의 시대는 내가 새로운 건
축을 짓기 위한 터를 닦는 그와 같은
것이 너희의 대명이요, 역사하는 것이
거늘,
6 너희가 그 터전을 제대로 닦지 못했으
며, 그대로 닦아 놓지 못했으며, 나의

설계도를 제대로 본 백성이 없으며,
그를 볼 줄 아는 백성이 없어서 바로
가르치고 지도하지 못하였음이니,
7 아무것도 역사해 놓은 것이 없는 그와
같은 형국이 되었음이니라.
8 그러니 그 터전이 다스려지지 아니한
곳에 너희가 지금 건물을 지어야 됨이
니,
9 너희가 그 터를 닦는 설계도를 봐야
하며, 그리고 건축물을 짓는 그 설계
도를 봐야 하는 것이 제3의 시대에 나
로부터 선택된 백성이요, 나의 아들을
따르는 너희임이니라.
10 그러니 너희가 나로부터 배운 것이 없
으며 만백성에게 그를 가르칠 수 없는
그 하늘의 설계도를 오로지 나 여호와
만이 가르치고 설명할 수 있는 설계도
요, 그리고 내 마음과 같이 천사가 되
지 아니하면 그를 볼 수가 없는 것이
니,
11 너희 또한 그 설계도를 아직 보지 못
하며 그를 깨닫지 못함이니, 그 설계
도를 너희 스스로 봐야 될 것이며, 너
희가 맡은 부분은 완전히 소화시키지
아니하면 아니 되는 것이니라.
12 그러니 너희의 그 책무가 어렵고 힘들
고 무서움이 거기에 있음이니라.
13 너희가 가는 길이 얼마나 두렵고 무서
운 줄 알겠느냐?
14 너희가 설계도를 바로 보지 못하고 무
엇을 집행했을 때, 그 모두는 균형이
맞지 아니함이니,
15 지키지 못하며 모두가 무너지는 것이
니, 너희가 두렵고 무서움을 알아야
될 것이니라.
16 그리하여 너희가 설계도를 볼 수 있는
훈련의 기간이요, 네 마음을 비우는
그 훈련을 하는 어렵고 힘든 길을 지
금 너희가 가고 있음이니,
17 빨리 그를 비우는 자가 있어 설계도를
들여다보기 시작하는 자가 있다면, 너
희는 그를 가르쳐 주며 인도하며 같이
연구하고 갈 수 있으나,
18 아직도 그를 볼 수 있는 백성이 없음
이니, 이것이 내 마음의 아픔이니라.
19 나의 아들을 따르는 제자 너희가 나의
법전을 읽고 깨우쳐 나의 법전의 그
뜻을 해석할 때, 바로 너희가 설계도
를 볼 수 있는 그와 같은 눈을 뜨는 백
성이 됨이니,
20 한 사람이 눈을 뜨며 그가 가르치기
시작하며, 부족한 자, 아직 깨닫지 못
하는 자들이 하늘의 뜻을 깨닫고 들어,
21 너희가 노력하는 방법을 알며 연구하
는 방법을 알아 나의 설계도를 완벽히
해석하며 그대로 시행하는 때가 머지
않아 이루어질 것이니, 그를 알도록
그리 전하라.

## 9,888 번째 하나님 말씀

*2004년 3월 10일 16시 18분*

1 "너는 나 외에는 다른 신들을 네게 있
게 말지니라.
2 너를 위하여 새긴 우상을 만들지 말
고, 또 위로 하늘에 있는 것이나 아래
로 땅에 있는 것이나 땅 아래 물속에
있는 것의 아무 형상이든지 만들지 말
며, 그것들에게 절하지 말며 그것들을
섬기지 말라.

3 너는 너의 하나님 여호와의 이름을 망
령되이 일컫지 말라.
4 안식일을 기억하여 거룩히 지키라.
5 네 부모를 공경하라.
6 살인하지 말지니라.
7 간음하지 말지니라.
8 도적질하지 말지니라.
9 네 이웃에 대하여 거짓 증거하지 말지
니라.
10 네 이웃의 집을 탐내지 말지니라.
11 나 여호와가 존재함을 믿는 그 자체가
구원의 길에 들어서는 기본이요 근본
이며, 나의 법전을 가슴에 안고 정독
하는 자, 반석 위에 서서 하늘에 오르
는 찬란한 빛을 보게 되는 영광을 얻
게 됨이니라."
12 사랑하는 나의 아들아!
13 "네, 아버님! 말씀하옵소서."
14 내가 친필로 써 내려 한 자도 한 획도
고치지 아니하며 더하지도 빼지도 아
니한 것은 오로지 나의 친필 십계명밖
에 없음이니라.
15 그러니 믿음의 길을 가는 백성이요,
하늘에 오르는 그 백성 너희가 바로
그를 읽고 깨달아 네 것으로 만들라
하였거늘,
16 과연 이 귀하고 소중한 것을 얼마나
낭독하는가?
17 그리하니 이를 읽지 아니하며 깨닫지
아니하는 그 백성을 위하여,
18 내가 160권 속에 나의 법전을 정독하
여 나의 법전을 깨우치는 백성에게 내
가 주는 선물이 수시로 내가 너를 통
하여 기록하여 내리는 나의 십계명이
니라.
19 그러니 그를 읽지 아니하며 그를 소중
히 생각하지 않는 백성에게 나의 법전
이요, 새로운 성경에 기록하여, 그들
이 읽고 깨우칠 수 있도록 그리하여,
그들이 그 의미를 알도록 그리 가르치
고자 하는 것이 나 여호와의 뜻이니라.
20 사랑하는 나의 아들아!
21 "네, 아버님! 말씀하옵소서."
22 나의 성전에 와 내가 너를 통하여 내
리는 강론을 듣는 선택된 그 제자들의
마음이 다스려져 가며, 그들의 마음이
굳어져 가기 시작함이니,
23 너희가 그리 굳어져 가고 다스려 감으
로 인하여 나의 법전이 세상에 전해지
는 것, 그 모두도 조용히 물이 흐르듯
이 역사함이니라.
24 내가 사랑하는 백성 너희에게 내리는
가장 큰 상이요, 은혜는 무엇이라 했
느냐?
25 너희가 쓰고 버리면 없어지는 것이요,
그저 버리면 잊어버리는 것이요, 날려
보내는 그와 같은 재물이요, 권력이
요, 부귀영화가 내가 너희에게 주는
선물이 아니라, 내가 주는 것은 지혜
라 하였음이니라.
26 사랑하는 나의 아들을 따르는 제자 너
희의 그 마음이 갸륵하며 너희가 가
고자 하는 그 마음이 기쁨이니, 내가
너희에게 지혜를 줌이니 그리 알라.
27 이제 사랑하는 나의 아들을 따르는 제
자 너희는 알라.
28 하늘의 법도요, 하늘의 뜻이요, 하늘
의 역사하는 것이 너희가 이 지상에
역사하는 것과 엄청난 차이가 있으며
감히 상상할 수 없이 그와 같이 모두

가 역사하는 것이라 그리 생각하나,
너희는 그리 생각하지 말라.
29 이제 나의 강론이요, 내가 나의 아들
을 통하여 내리는 이 기도요, 성령의
뜻을 듣는 너희는, 하늘에서 이루어지
는 것도 모두가 순리에 의해서 이루어
지는 것이며,
30 이 지상에서 이루어지는 그 모두도 순
리에 의하여 역사하는 것처럼 너희가
그 모두가 다 그리 이루어진다는 것을
알아야 될 것이니라.
31 너희가 지금 남에게 죄를 짓는 자, 그
리고 사악한 짓을 하는 것, 그 모두를
너희가 잘못했을 때 그 대가를 인간
세상에서 치르듯이,
32 하늘의 나라요, 하늘의 법도도 그와
같이 치르는 것이라는 것을 너희가 알
면 간단하니라.
33 너희가 배고픈 자에게 음식을 대접하
며, 추운 자에게 옷을 입히는 것, 그리
고 지상에서 물이 높은 곳에서 낮은
곳으로 흐르는 것, 그와 같은 것이 진
리요,
34 그와 같은 역사가 하늘에서도 이루어
진다는 것을 알며, 하늘의 법도요, 모
두 역사하는 것이 그와 같은 것이라는
것을 너희는 잊어서는 아니 될 것이니
그리 알라.
35 너희는 모두가 다 역사하는 것이 그와
같은 똑같은 것에서 이루어짐이니, 순
리를 어긋나며 순리를 벗어나는 그와
같은 행위를 하지 말라 함이 여기 있
음이니 너희는 알라.
36 하늘에서 이루어진 것이 특별한 세상
이요, 특별한 나라에서 너희가 특별한
법으로써 이루어지는 것이 아님이니
라.
37 그러니 너희가 하늘에서 이루어지는
것같이 지상에서 이루어지는 그 모든
법도요 역사함이 다 똑같은 순리에서
이루어진다는 것을 너희는 알아야 될
것이니라.
38 그러니 오늘의 그 믿음의 길을 가는
것이 어떠한 믿음인가, 너희는 깨우치
도록 그들에게 전하라.
39 과연 나의 아들 예수를 찾음으로써 모
두가 구원을 받으며 모두가 역사하며
나를 부르고 부르는 것으로써 너희가
모두를 역사한다는 생각,
40 그와 같은 믿음이 잘못되었으며, 그와
같은 믿음서부터 그들이 모두가 다 고
쳐 다시 믿음의 길을 가도록 그리하라
전하라.
41 나 여호와도 너희가 생각하는 것처럼
마음대로 그리하지 못하며, 나 여호와
도 너희를 구원하고 구원하지 못함을
내 임의대로 마음대로 하지 못하는 것
이 하늘의 법도이니,
42 너희가 감히 나의 아들 예수의 이름을
부르며 '주여, 주여!' 부르는 것으로써
구원을 받았다, 구원을 받는다 그리
생각하는 것,
43 그것이 얼마나 어리석은 믿음이요, 잘
못된 믿음인가를 내가 너희에게 그 지
혜를 깨우쳐 줌이니,
44 오늘의 너희는 그와 같은 것을 명심하
여 깨우치도록 그리하라.
45 나 여호와는 창조주 아버지이기에 모
든 것을 내 주관이요, 내 뜻대로 그저
너희의 법이 아니요, 질서에 어긋나는

것, 법도에 어긋나는 것도 마음대로
흔들고 쓰는 것이라 그리 생각하는 자,
46 그와 같은 자들이 나의 이름을 부르며
구원을 바라며 구원해 주십사 하며 소
원을 이루어 달라 하는 자들이니라.
47 나는 그 모두가 아니 됨이니라.
48 나도 이루어 줄 수 없으니, 나의 아들
예수의 보혈이요, 나의 아들 예수를
찾으며 나의 아들 예수가 너희를 구원
한다는 것,
49 그와 같은 믿음 속에 가는 백성이 얼
마나 불쌍하고 가련한 백성인가를 너
희는 알라.
50 나는 너희에게 명하느니라.
51 나의 지금의 아들이 잘못했을 때 그
대가를 치르듯이, 너희가 잘못했어도
그와 같은 대가를 똑같이 치를 것이며,
52 너희가 잘함으로써, 또 나의 아들이
잘 갈 때, 나의 아들이 바르고 곱게 갈
때, 나는 그에게 상을 주며 기쁨을 내
려 주는 것이요, 잘못 갔을 때는 용서
하지 아니함이니라.
53 용서를 하고 안 할 수가 없는 것이 나
여호와의 뜻이니라.
54 나의 아들이 잘못 간다 해서 내가 그
를 덮고 그를 다스려 줄 수 있는 것이
아니요,
55 나의 아들이 잘못했을 때, 그를 나는
그대로 다스리며 그대로 벌을 내림이
니라.
56 잘했을 때는 칭찬해 주는 것, 그것 외
에는 내가 더 이상의 권한이요, 더 이
상의 남용할 수 있는 것이 없으며 역
사할 수 없다는 이 지혜를 너희는 오
늘 얻도록 그리하라, 사랑하는 나의
아들딸들아!
57 그렇다면 너희 머리가 트일 것이며,
생각이 달라질 것이며, 믿음이라는 것
이 얼마나 지금 잘못 가고 있으며, 모
든 종파가 얼마나 어리석게 가고 있는
가, 하늘의 이치의 뜻을 모르는 자들
이라는 것을 너희 스스로 알 것이니,
깨우침을 얻도록 그리하라.
58 그것이 내가 너희에게 내리는 상의 지
혜니라.

## 9,889 번째 하나님 말씀

*2004년 3월 10일 16시 25분*

1 사랑하는 나의 아들아!
2 "네, 아버님! 말씀하옵소서."
3 나 여호와가 통제하고 관리하는 나라
에 너희가 무엇을 역사하며 어찌 가야
되는지를 아는 백성이 과연 얼마나 있
는가?
4 이 지상의 낙원을 통제하고자 하는 나
여호와의 뜻이요, 내가 역사하고자 하
는 그 뜻이 무엇이던가?
5 내가 이 지상을 이루고 통제하고 역사
하는 것은 바로 하늘과 같이 지상의
낙원을 만들어, 나의 영광이요, 나의
권세 안에 같이하고자 하는 것이 나
여호와의 뜻임이니라.
6 그러니 너희가 지상의 낙원이 이루어
졌을 때, 그 지상의 낙원이 역사했을
때, 그 모두는 나 여호와가 권세와 영
광이 같이할 수 있는 것임을 알라.
7 그러니 사랑하는 백성 너희가 이 세상
에 존재하는 그 이유가, 그렇다면 너
희는 무엇인가를 알겠느냐?

8 내가 원하는 지상의 나라를 건설하기
위하여 너희가 필요한 것이며, 나의
백성 너희가 존재한다는 것을 깨달을
때가 되었음을 알라.
9 너희가 내가 이루고자 하는 이 세상을
건설하는 데 참여하는 인간이요, 나의
백성을 통하여 내가 모두를 이룰 수
있으며 이루고자 함이니라.
10 오로지 나의 백성을 통하여 내가 지상
의 낙원을 이룰 수 있으니, 너희를 배
제하고 이룰 수 없으며, 너희를 통하
여 너희에게 역사하도록 하여 모두가
이루는 것이 그 뜻이 거기에 있음이니,
11 그리하여 너희를 통하여 지상의 낙원
을 역사하고자 하는 것이 나 여호와의
뜻이라는 것을 너희는 알아야 될 것이
니라.
12 그리고 너희가 존재함이요, 또한 나에
게 부름을 받아 지금 나의 아들을 따
르는 제자들이요, 나의 법전을 읽고
깨우치는 만백성 너희야말로,
13 몇천 년 동안 내 뜻을 모르며 내 뜻에
의해 역사하지 아니하고 살아온 그 백
성 속에서 너희로 하여금 새로운 시대
를 열고자 하며, 내가 건설하고자 하
는 지상의 낙원을 역사하는 것에 너희
가 선택된 자들이요, 너희로부터 시작
하고 있다는 것을 알라.
14 그러니 이 모두는 나 여호와의 뜻이
요, 그러기에 너희가 모두의 승자가
된다 하였음이니라.
15 너희는 구부러지지 아니하며 무너지
지 아니하며 쓰러짐이 없음을 알아야
될 것이니라.
16 지금의 나의 백성이 가는 믿음의 결과
는 지금 지상의 낙원을 이루었다 말할
수 있겠느냐?
17 지금 너희가 수천 년 동안 믿음의 길
이요, 지금의 역사한 백성이 과연 나
여호와가 원하는 지상의 낙원을 이루
는 그와 같은 믿음이요, 인도자요, 가
르친 그 역사를 이루었다 말할 수 있
느냐?
18 너희가 나의 아들 예수가 세상에 와
나의 뜻을 역사하고자 했던 2천 년의
그 길고도 긴 세월의 결과가 과연 무
엇이더냐?.
19 사랑하는 나의 아들딸들아!
20 인간의 작은 단체를 이끄는 것도 그
책임자가 바로 이끌지 못하면 스스로
그 자리를 내놓아야 할 것이며,
21 만백성의 생사여탈권을 가지고 있는
군주라 할지라도 저희 백성을 굶주리
게 만들며 핍박하는 자라면,
22 스스로 그는 물러나야 될 것이며, 그
들은 떠나야 되는 것이, 그 권좌를 내
놓고 조용히 물러나는 것이 인간의 법
도요, 도리가 아니더냐?
23 그렇지 아니하면 너희 인간 세상에서
도 피비린내 나는 그 전쟁이요, 죽고
사는 그와 같은 처참한 결과로써 그와
같은 모두를 다스려 나가는 그 역사를
이루는 것이 지금의 세상에 너희가 살
아가는 길이 아니더냐?
24 그러니 너희는 스스로 물러나야 할 줄
모르는 것이니라.
25 지금의 나의 백성을 이끌고 하늘에 오
른다는 그 백성이 인도한 길이 무엇이
더냐?
26 너희를 지옥으로 인도하였으며, 구원

의 역사를 2천 년 동안 걸쳐 오는 그
세월에 너희가 그를 이루지 못했으며,
지금의 지상의 낙원을 이루지 못했으
며, 그 기초도 다스리지 못한 것이 아
니더냐?
27 모든 종교 집단이요, 지도자가 지금
말하기를, 이단이 세상에 설치며 사탄
이 설친다 그리 말하느니라.
28 그리고 도둑이 들끓는 세상이라 말하
며, 인간이 인간을 보기를 두려워하
며, 인간이 인간을 보기를 너희가 기
르는 애완동물만큼도 못 믿으며 못 사
랑하며 너희들이 가까이하기를 꺼리
는 이와 같은 세상이 되었음이니,
29 이것이 과연 누가 이방인으로서 나의
뜻을 거역하며, 나의 백성을 이리 황
폐하고 삭막하게 만들었는가?
30 이것은 종교 집단이요, 지도자들이요,
사랑을 베풀며 살아간다는 너희가 만
든 결과라는 것을 알아야 될 것이니라.
31 그러니 지금쯤은 너희가 스스로 물러
날 수 있는 용기가 필요하며, 스스로
물러나 이 변화되는 세상의 흐름을 너
희가 바라보며, 기다릴 줄 아는 그와
같은 백성이 되어야 될 것이니라.
32 모든 종교 집단이요, 지도자들이요,
그리고 믿음을 몇십 년씩 갔다는 자,
사랑 속에 살며 나의 은혜 속에 살며,
나로부터 구원을 받았다는 백성, 너희
가 그보다 더 방대한 힘이요, 조직이
없거늘,
33 너희가 이 세상을 이리 무섭게 만들었
으며 종말이요, 마지막 시대를 만들었
으니,
34 이제는 더 이상 너희가 나서서는 아니
되며, 통제할 자격도 없으며, 통제한
다 단상에 서서 설교할 가치도 없는
자들이니라.
35 그러니 너희가 스스로 조용히 물러나
기다리는 그와 같은 삶을 살아야 될
것이니라.
36 지금 내가 나의 아들을 통하여, 그 제
자들을 통하여 새로운 시대를 역사함
이니,
37 너희가 어찌하여 제 불찰을 모르며 제
잘못을 모르고 지금의 역사하는 것까
지 훼방을 놓으려 하며, 이를 방해하
려 하며,
38 이게 사탄이요, 이단이라 하며, 나의
법전을 읽고 깨우치려는 그 백성까지
도 막고자 하는가?
39 너희가 모든 백성을 지옥으로 이끌어
가는 그와 같은 행위만을 지금까지 해
온 자가 어찌하여 그를 회개하지 아니
하며 반성하지 아니하며, 부끄러운 줄
모르고,
40 조용히 새로운 시대가 도래하는 것을
기다려 보고 너희가 이를 따르는 그와
같은 현명함을 취하지 아니하고,
41 어찌하여 너희만이 진정한 정통파요,
정통의 믿음으로 가는 백성이요, 모든
백성은 이단이요, 사탄이라 그리 밀어
붙이는 그 흉악무도한 짓을 지금도 그
리 계속하고 있는가?
42 이것을 알아야 될 것이니라.
43 나의 아들을 따르는 제자들이요, 그리
고 나의 법전을 읽고 깨우친 백성이
요, 신앙의 길에 들어 있는 백성 너희
는 알라.
44 6천 년이라는 길고 긴 세월 동안 너희

가 바로 서지 못했으며 바로 바뀌 나
가지 못했으니, 그 모든 지도자들은
스스로 물러나야 할 것이며,
45 조용히 물러나 기다리는 그와 같은 마
음 자세로써 너희가 새로 변화되며,
새로 역사하며, 새로 탄생하는 세상을
보고 그를 따라오는 것만이 너희들이
그나마 지금까지 지은 죄 속에서 지
옥의 문 앞에 가 몸부림치지 않는 백
성으로 변할 수 있는 길이거늘,
46 그것마저도 너희가 버리는 사악한 행
위를 하지 말라 그리 전하라.

## 9,890 번째 하나님 말씀

*2004년 3월 10일 16시 34분*

1 사랑하는 나의 아들아!
2 "네, 아버님! 말씀하옵소서."
3 수천 년 동안에 걸쳐 믿음의 길을 오
는 그 수많은 종교 집단이요, 믿음의
길을 가는 신도들, 그 백성 너희가 가
는 그 믿음의 본질이 과연 무엇이라
생각하느냐?
4 너희는 그저 믿음의 본질이 매일같이
성서를 읽고, 그리고 같은 내용의 설
교를 수없이 듣고 되풀이하는 그와 같
은 삶이요,
5 그리고 너희가 더 큰 성전이요, 더 호
화로운 성전을 짓는 것, 그것이 너희
가 모두를 나로부터 역사하는 것이요,
은혜받은 백성이 가는 길이라 하여 지
금 가고 있는 것이 아니더냐?
6 그러나 너희가 평생의 믿음의 길을 가
는 자들, 너희가 나 여호와의 목적에
대한 것이요, 내 뜻에 대해서 과연 아
는가?
7 '말씀, 말씀'이라 하여 너희가 그 말씀
만이 생명의 구원이요, 구원을 받는
것이라 매달리는 그와 같은 믿음이 아
니더냐?
8 정녕 나 여호와가 원하는 뜻이요, 내
가 원하는 그 목적이 무엇인가를 명쾌
한 정답을 너희는 들어 보았는가?
9 그리고 그 정답을 아는 자가 있는가?
10 나 여호와가 역사하고자 하는 내 깊은
뜻을 명쾌하게 정답으로써 가르치는
자가 없음이니, 그 명쾌한 정답을 아
는 자가 누구도 없느니라.
11 그러니 너희가 맹목적으로 그 믿음의
길을 가는 것이 아니더냐?
12 너희는 그저 창조주 나 여호와 아버지
로부터 생명을 받아 세상에 태어났으
니, 모든 것을 그저 나에게 영광을 돌
리는 행위를 하는 것, 그리하여 그것
만이 너희가 나에게 구원을 받는 것이
요,
13 너희가 태어났으니, 그것 또한 나에게
무조건 영광을 돌리면 되는 것이라 하
니,
14 그러니 그 말 속에서 너희가 무엇을
모르고 있는지 알겠느냐?
15 너희가 나로부터 생명을 받아 은혜를
갚음이니, 모든 영광은 나에게 돌리는
행위요, 그것이 진정한 믿음이라 그리
말한다면,
16 그것은 너희 스스로 깨우쳐 한 점의
부끄럼이 없는 그와 같은 삶을 살아가
야 하는 것이니라.
17 그러나 너희는 여기서 맹목적인 믿음
으로 가느니라.

18 그저 나 여호와로부터 생명을 받아 나
갔으니, 모든 영광을 돌리며 그 행위
를 하는 것만이 너희가 은혜에 보답하
는 길이라 하여,
19 그 종교 지도자가 너희의 그 아름다운
마음을 어찌 이용하는가?
20 너희에게 그리 가르치느니라, 너희가
아까운 헌금을 열심히 바치며 십일조
를 갖다 바치며 봉사하고 희생하는 것
이 나 여호와에게 보답하는 길이라 하
니,
21 그리 믿고 그리 살아가는 백성이 지금
너희의 믿음의 길이 아니더냐?
22 그러니 너희가 나에게 보답하는 것은
당연한 것이며, 보답은 하긴 해야겠으
나,
23 너희가 보답하는 그 길이요, 그 뜻을
모르기에, 그저 그 모든 영광을 돌리
고 바치는 것이라며, 그 영광이 돌리
는 것이 종교 지도자가 내라는 헌금이
요, 재물을 갖다 바치는 것, 봉사하고
희생하는 것, 더 크고 아름다운 성전
을 짓는 데 재물을 바치는 것,
24 그와 같은 것이 너희가 나에게 올 수
있는 길이요, 나에게 영광을 돌린다는
것이라 하는 것이 오늘의 믿음의 길을
가는 백성의 그 믿음의 실태요, 전부
라면 너희는 아니라 말할 수 있는가?
25 그러니 너희가 나의 뜻과는 관계없으
며 내 뜻을 모르고 그저 가는 것이니,
26 나에게 모든 영광을 돌리는 그 아름다
운 마음이요, 그 뜻을 지금의 종교 집
단이요, 지도자들이 사악한 마음으로
되려 이끌어 가며 너희를 그리 끌고
간다는 것을 이제 알아야 될 것이니라.
27 그러니 너희가 지금 나에게 영광을 돌
리며 은혜에 보답하겠다는 그 애절한
마음으로 백성이 살아감이니,
28 너희가 각종 십일조요, 헌금이요, 그
리고 봉사하고 또 봉사하고 바치고 또
바치나,
29 너희가 살아가면서 어느 날 살아온 뒷
길을 돌아다볼 때,
30 너희들의 그 믿음이 어딘가 불안과 공
포를 느끼게 되며, 평생을 바쳐 온 그
믿음이 개운치 아니하며, 그리고 너희
는 그 믿음에 모든 의혹이 생기기 시
작하며, 그리하여 허무함을 느끼느니
라.
31 그리하여 너희가 얼마 남지 않는 인생
의 삶에 대해서 밀려오는 초조와 불안
한 그 자체를 주체하지 못하는 백성이
있느니라.
32 그저 영광을 돌리는 것으로써 은혜요,
축복이라 하여 너희가 그저 맹종 맹신
하며 죽기살기로 가지 아니하고, 그를
바라보고자 하면 그때부터 방황하는
백성이 세상에 나오지 않더냐?
33 그러니 너희가 번뇌하고 방황하는 그
백성이 세상에 나와 보니, 다른 길이
없으며 다른 책자가 없으며 안내하는
것이 없음이니,
34 그 성경을 가르치는 죄악의 집단으로
다시 가서, 너희가 그래도 그곳에서
구원을 받을 수 있다는 그 한갓 기대
로써, 방황하고 불안 속에서 그 허무
함을 안고 다시 그 길의 연장선상에
서 가는 것이 오늘의 너희가 가고 있
는 믿음의 길이 아니더냐?
35 그러니 너희가 그 모습을 돌이켜 보

라, 그리고 너희 자신을 분석해 보라.
36 그 모두는 나 여호와의 참뜻을 모르는
것이요, 내 뜻에 의해 너희가 역사하
지 아니하기 때문이라는 것을 알라.
37 그러니 불안하고 초조함이요, 허무한
마음이 드는 백성, 그리고 얼마 남지
않은 육의 삶에서 너희가 정녕 나에
게 오를 수 있는 길을 왔는가?
38 그렇지 않으면 비진리요, 종교 집단이
요, 지도자들이 하는 그 행위를 볼 때,
도저히 이것은 나 여호와의 뜻이 아
니라 하여, 너희가 밀려오는 그 공포
요, 불안에 떨고 있는 그 백성, 너희를
위하여 나의 법전을 세상에 내려보내
니,
39 너희가 그와 같은 마음을 진정하며 나
의 법전을 읽고 깨우쳐 보라.
40 그리해도 너희 마음이 진정되지 아니
하며 불안이 지워지지 아니하며, 주체
할 수 없도록 밀려드는 그 초조한 마
음이 계속된다면,
41 너희가 나의 법전을 놔도 내가 말하지
아니할 것이니라.
42 모두의 답이 거기에 있을 것이며, 너
희는 명쾌한 답을 얻을 것이며,
43 하늘에 오르는 길이 무엇이며, 내가
역사하는 것이 무엇인가를 알게 될 것
이니,
44 나의 법전을 정성을 들여 깨우치도록
그리하라.
45 성서를 매일같이 읽고 또 읽으면서도
나의 참뜻을 모르기에 명쾌한 답을 받
지 못하는 불쌍한 어리석은 백성,
46 너희는 나의 법전의 몇 권만을 읽고
몇 줄만을 읽어도, 맹목적인 믿음이
요, 허무한 믿음이요, 잘못된 그 모든
믿음에서 돌아설 수 있는 은혜를 입게
됨이니, 이를 잊지 말라.

## 9,891 번째 하나님 말씀

*2004년 3월 10일 16시 41분*

1 사랑하는 나의 아들아!
2 "네, 아버님! 말씀하옵소서."
3 성경의 그 모두는 밀봉되었으며, 너희
가 비유의 역사로 전해졌으며, 그와
같은 역사로써 너희에게 인봉된 그 성
경이라 너희가 그리 가르치나, 이제
나의 아들을 따르는 제자 너희는 알라.
4 너희가 표면적이요, 일상 상식적인 그
와 같은 나 여호와의 가르침은 내가
그를 인봉하지 아니하였으며, 내가 그
를 밀봉해 두지 아니하였음이니라.
5 성경의 그 중요한 부분만을 내가 밀봉
해 두었으며 인봉해 두었음을 너의
제자들은 알아야 될 것이며, 이제 나
의 법전을 읽고 깨우친 만백성 너희는
알아야 될 것이니라.
6 나 여호와는 너희가 변질되고 너희 인
간의 교리로써 역사하는 무서운 시대
가 올 것을 내가 알고 있었기에,
7 내가 새로운 시대요, 새로운 성경으로
마지막 시대를 열어야 하는 그와 같은
계획이요, 그 모두가 준비되어 있기
때문에,
8 내가 중요한 부분이요, 중요한 그 모
든 뜻은 밀봉하였으며 인봉하였기 때
문에 그들이 알지 못하고 역사하지 못
했음을 알라.
9 그러니 내가 새로운 시대에 새로운 역

사를 계획할 때, 그 밀봉된 것을 그 인
봉을 뜯어 내가 새로운 시대에 역사할
때, 같이 맞춰 나갈 수 있도록, 그것은
귀하고 귀한 보석처럼 내가 밀봉하여
감춰 놓았으며 열어 주지 아니하였음
을 너희는 이제 알아야 될 것이니라.
10 표면화된 것이며 너희가 알 수 있는
것, 그저 평범한 것은 내가 밀봉하지
아니하였으며,
11 귀하고 귀한 나의 보석과 같은 가르침
이요, 나의 뜻만을 인봉하고 밀봉했음
을 너희는 알라.
12 너희가 나의 성서를 손질하며 고쳐서
인간의 교리를 가르치고 가르치는 시
대가 반드시 올 것이며, 너희가 그와
같이 역사할 것이라는 것을 나 여호와
는 알고 있었기에,
13 내가 표준화된 것이요, 그저 일반적인
그 모두는 너희가 고쳐 쓰며 너희의
교리요, 인간의 생각으로써 가르칠 수
있는 그와 같은 기회를 놔두었음이며,
그 모두를 내가 그냥 놔두었음이니라.
14 그러니 그러한 시대가 올 것이며 그와
같은 시대가 흘러가게 된다는 것을 나
여호와는 알았음이니 그리 알라.
15 그리하여 중요한 부분만을 너희가 그
를 고치지 못하도록, 그를 손질하지
못하도록 내가 인봉하였음이니 그리
알라.
16 그러니 중요한 부분은 너희가 아무리
읽어도 알지 못하며, 아무리 그를 보
고 또 읽는다 해도 그 속을 들여다볼
수 없는 그와 같은 형국으로 만들어
놓았음이니,
17 너의 제자들과 나의 법전을 읽는 백성
너희는 알라.
18 인봉되었으며 봉인된 것이 바로 내가
너희에게 내리는 선물이며,
19 너희만이 그를 열어 내가 지금 제3의
시대에 역사하는 나 여호와의 진정한
뜻이요, 그를 연계하여 모두를 다스려
나가며 너희가 새로운 시대를 열어 가
도록 되어 있는 것이 그 밀봉된 부분
들이니라.
20 이제 내가 사랑하는 나의 아들에게 열
쇠를 주어 나의 진정한 뜻을 열어 줌
이요, 그리고 내가 숨통을 터 줌이니
라.
21 그러니 나의 법전과 더불어 새로운 시
대를 열어 가야 하기 때문에 내가 지
금 개봉하는 것이며,
22 내가 그 뜻을 나의 아들을 통하여 너
희에게 전함이니, 이제 나의 아들을
따르는 제자 너희는 두려워하지 말라.
23 성서의 중요한 부분은 내가 다 인봉하
고 밀봉해 두었으며, 지금의 모든 종
교 집단이요, 지도자요, 그 백성들이
저희가 인간의 교리를 만들어 지금까
지 험악한 세상을 만들었으나,
24 그들은 일반적인 것이요, 표준적인 것
만을 봤으며, 그것을 가지고 저희가
그리 변질되고 고쳐 지금에 이와 같은
세상에 되었으니,
25 이 모두를 나 여호와가 모르고 있겠느
냐?
26 그와 같은 시대가 올 것이라는 걸 나
는 알고 있었기 때문에 그 모두를 열
어 놓았음이니라.
27 그러나 중요한 부분은 제3의 시대에
나의 아들에게 준 그 열쇠로써 모두를

옮이니, 이는 나의 법전이니라.
28 그리고 나의 법전을 접하는 백성, 너
희가 그 밀봉된 성서를 여는 열쇠를
가짐이니,
29 너희가 나의 법전을 읽고 읽고 또 정
독하여 성서를 열었을 때 그 뜻을 앎
이니,
30 거기서 지혜를 얻음이니, 그것이 바로
너희가 열쇠를 가진 자들이요, 그 밀
봉을 여는 자들이니라.
31 그리하여 너희가 열어서 보는 가르침
과 지금 나의 아들을 통하여 내리는
그 법전이요, 새로운 성경이요, 그 지
혜의 뜻을 더불어 너희가 새로운 시대
를 만들어 내는 데 하나가 되어 역사
하도록 준비된 것이니, 2천 년 동안
기다린 소중한 것을 열어 줌이니, 그
뜻을 알라.
32 모두를 그들이 아무리 고치려 했어도,
그를 고치도록 나 여호와가 했겠느냐?
33 그리고 그들이 저희 마음대로 인간의
교리를 만들어 전한다고 해서 내가 마
음대로 저희가 뜯어 고치고 마음대로
할 수 있게 했겠느냐?
34 그러니 성서의 밀봉된 것을 그들이 말
하거든 말하라.
35 일부가 밀봉되었으며 일부가 인봉되
어 있는 것이요, 전체가 비유의 뜻으
로써 전해진 것은 아니라는 것,
36 표준적인 것이요, 일반적인 상식에 버
금가는 것은 모두 내가 열어 주었으나,
37 가장 귀한 것, 오늘의 너희로서 열어
야 될 것이며, 그 비밀의 봉함은 지금
서부터 너희에게만 내려짐이니,
38 그 귀하고 소중한 것을 나의 법전과
더불어 깨우쳐 만백성을 인도하는 데
도구로 쓰도록 그리하라, 사랑하는 나
의 아들딸들아!
39 이제는 내가 하늘의 뜻을 너희에게 내
려 줌이니라.

## 9,892 번째 하나님 말씀

*2004년 3월 10일 16시 49분*

1 사랑하는 나의 아들아!
2 **"네, 아버님! 말씀하옵소서."**
3 그리하여 나 여호와가 표준적이고 평
범한 것은 개봉하여 너희가 고치고
뜯어 고칠 수 있도록 그리 놔두었으
나,
4 가장 중요하고 귀한 것은 내가 2천 년
동안 밀봉하여 이제 나의 사랑하는 아
들이요, 그를 따르는 제자들 너희가
이를 읽고 정독하여 그 열쇠를 열어
그 속을 들여다볼 수 있는 지혜를 준
다 하지 아니하였더냐?
5 그러니 지금까지 믿음의 길을 오는 그
백성이 가지와 이파리만을 갖고서 공
부하고 하늘에 오른다며 깨우치고 광
분하고 너희가 그리 맹종 맹신하는
험악한 믿음의 길을 가고 있다는 것을
알아야 될 것이니라.
6 그러니 때가 되기를 내가 기다렸음을
너희는 아는가?
7 그 세월을 나는 기다리고 있었음이니
라.
8 그러니 내가 가장 중요한 부분들은
밀봉하여 열어 주지 아니하였음이니,
성서를 그들이 제대로 알지 못하고,
9 알지 못한 자들이기 때문에 제대로 이

끌어 갈 수 없는 것이니라.
10 그러니 지금의 세상에 모든 백성이 신
앙의 길이요, 천사와 같은 백성이 되
려면, 너희가 어떠한 세상을 살아가야
되겠느냐?
11 정녕 너희가 바로 가르치고 바로 역사
했다면, 천사들이 존재하는 세상이요,
지상의 낙원의 이 세상에서 살아가는
백성이 되어야 했으나,
12 지금의 천사와 같은 백성이 살아가야
할 지상의 낙원이 어떠하더냐?
13 핵폭탄이 터지기 직전과 같은, 화약고
에 불똥이 떨어져 곧 세상에 다 진동
하고 터지는 것처럼 그와 같이 불안하
고 험악한 세상에 너희가 살고 있는
것이 아니더냐?
14 과연 너희는 지금의 세상의 삶을 어찌
보느냐?
15 너희가 조용한 천사들이 역사하는 길
이요, 조용히 참진리의 길을 깨우쳐
나 여호와에게 경배하며, 나의 은혜에
고개 숙여 감사하며,
16 매사에 너희가 말하는 범사에 감사하
는 마음으로 살아가는 아름다운 백성
으로서 세상이 기초가 되어 있으며 다
져져 있는가?
17 그러니 그와 같은 백성이 편히 숨쉬고
살아갈 수 있는 아름다운 세상이 되
었더냐?
18 핵폭발을 하는 것처럼 험악한 세상이
며, 화약고가 터질 것 같은 이와 같이
험악한 세상 속에서
19 나의 사랑하는 백성이 공포와 불안 속
에서 살아가는 것이 오늘의 너희의 삶
이라 하면,
20 과연 나 여호와가 하늘에서 보는 것이
잘못되었단 말이더냐?
21 이것이 잘못되었으며 이 뜻이 잘못되
었으며 내 가르침이 잘못되었다면,
22 나 여호와 또한 정녕 공의의 하나님
이 아니요, 진정한 너희의 아버지가
아니요, 나의 아들이 지금 역사하는
것이 나의 아들이 아니라 너희가 그리
말할 것이니라.
23 그러나 이 세상은 불만 그어 대면 터
질 것 같은 화약고와 같은 것이요, 핵
폭발이 터지는 무서운 세상처럼 이 세
상이 지금 험악한 세상으로써 변질되
어 있으며,
24 또 어떠한 곳에서 터지기만 하면 그저
일시에 지구가 깨질 것같이 무서운 험
악한 세상 속에 나의 사랑하는 나약한
나의 백성이 지금 살아가면서 그 무섭
고 두려움을 모르는 것이 너희니라.
25 이 모두가 어찌하여 이리 이루어졌느
냐?
26 모든 종교 집단이요, 지도자들이 엉뚱
한 방향으로써 생각하고 나의 성서를
해석하며, 나와는 관계없는 그와 같은
신앙의 길이요, 믿음의 길로 가는 집
단으로써만 만들어 왔기 때문이니,
27 이 불안한 세상을 바로 다스리는 것이
바로 무엇이더냐?
28 너희가 나의 법전을 전하여 물이 흐르
듯이, 모든 백성이 조용히 제 잘못을
깨달으며 자기를 버리며 제 잘못한 허
물을 하나하나 벗어 가는 그와 같은
삶을 살아가는 그 아름다운 세상이 되
어야 하며,
29 그와 같은 세상을 만들고자 하는 것이

나 여호와의 뜻이요, 또한 너희가 역
사하는 길임을 알라.
30 정녕 나 여호와가 지배하는 세상이요,
나 여호와가 역사하는 지도자요, 나
여호와의 뜻으로 이끌어 가는 목자와
같은 자들이 이 세상을 지배했다면,
31 너희가 위에서 물이 흐르듯이, 조용히
나의 진리는 흘러들어 가 모든 백성이
행복과 축복 속에서 조용히 살아갈 수
있을 것이니라.
32 그러나 내 뜻을 따르지 아니하며, 엉
뚱한 방법이요, 내 뜻을 거역하는 그
와 같은 백성이 내 뜻을 모르고 세상
을 지배했기 때문에,
33 핵이 터지는 것과 같은, 화약고가 터
지는 것과 같은 험악하고 무서운 이
세상에 불안과 공포 속으로 너희가 살
아가는 세상을 만들었음이니,
34 그러고도 저희가 정통파요, 저희만이
옳은 진리요, 저희만이 하늘에 오르는
길이라 하는 그 백성 그들을 어찌 바
로 다스려 나가겠느냐?
35 이 험악한 세상에서 이를 바로잡는 것
은 너희가 기초를 다져 놓고 다져 놓
았을 때,
36 너희의 후손이요, 너희 아들딸들이 또
한 이와 같은 모든 대업을 역사할 수
있는 기회가 될 것이니,
37 너희는 오늘의 기초를 만듦에 몸과 마
음 그 모두를 다 바치라.
38 내가 나의 아들을 통하여 세상에 핵폭
탄이 폭발할 수 있는 이 무서운 세상
의 분위기 속에 너희가 위험 속에 살
아간다 하였음이니,
39 그것이 아니라 하면 너희는 나의 아
들의 뜻을 따르지 아니하며 나의 법전
을 보지 아니하여도 될 것이니라.
40 그와 같은 세상이 이렇게 되었다면,
하늘에서 이루어진 것같이 이루는 지
상에 핵폭발이요, 화약고가 터지기 직
전인 위험한 상태에 있는 세상이며
그것이 맞다면,
41 너희는 이를 다스리며 이를 제거하는
데 몸과 마음을 다 바쳐야 됨을 잊지
말라, 사랑하는 나의 아들딸들아!
42 너희가 그 지뢰요, 화약이요, 폭발물
을 제거할 때, 과연 제 생명의 소중함
을 알며 제 생명을 내놓지 아니하면
그를 제거하며 그를 분해하는 작업을
할 수 있겠느냐?
43 결코 할 수 없을 것이니라.
44 그러니 네 생명을 내놓고 물에 빠져
죽어 가는 자를 구원하고자 하는 마
음이 아니면, 어찌 구원할 수 있겠더
냐?
45 그러니 지금 화약고 앞에 사는 백성
들이 험악하고 불안한 삶을 살고 있
으니,
46 그 많은 백성들을 영원히 구원하여 하
늘에서 이루어진 것같이 지상의 낙원
을 이루는 대명을 받은 너희가 네 목
숨과 네 몸과 네 마음의 정성이요, 모
두를 다 바치지 아니하고 어찌 이룰
수 있단 말이더냐?
47 내가 너희에게 이를 바치고 역사하라
하면 나 여호와는 너희에게 무엇인가
를 어렵고 힘든 것을 강요한다 하나,
48 너희가 그리 가도 나에게 은혜를 갚을
길이 없는 것이라는 것을 먼저 깨우치
라, 사랑하는 나의 아들을 따르는 선

택된 나의 백성들아!

## 9,893 번째 하나님 말씀

*2004년 3월 10일 17시 09분*

1 사랑하는 나의 아들아!
2 "네, 아버님! 말씀하옵소서."
3 너희가 내가 가장 큰 은혜요, 영광은
아담과 하와에게 내려 준 것이라 그리
하지 아니하였더냐?
4 그러니 아담과 하와가 사탄의 유혹에
무너짐이니, 이 세상이 그 순간부터
무엇이더냐?
5 나의 뜻과는 관계없는 세상이 되어 버
렸으며, 너희가 말하는 사탄의 세상이
되어 버린 것이 아니더냐?
6 그가 무너지며 그가 내 뜻을 거역함이
니, 그 아름다운 지상의 낙원이 무너
짐이니,
7 이는 곧 사탄의 세상이 되었다는 것을
너희는 알아야 될 것이며 깨우쳐야 될
것이니라.
8 그러나 나의 백성이 사탄의 세상에서
지금 살고 있음이니, 이를 어찌한단
말이더냐?
9 아담과 하와가 나의 뜻을 거역하여 사
탄에게 무너짐이니, 너희가 그 세상은
사탄으로 되었으니, 그 후예요, 그 백
성은 과연 어느 세상을 사느냐?
10 내가 이룬 낙원의 동산에서 살아야 할
백성이 사탄의 세상에서 살고 있는 것
이며, 이와 같은 것을 너희는 알고 있
고 생각해 보았느냐?
11 내가 너희로 하여금 나의 나라를 만들
고자 하였으니, 너희를 통하여 새로운
세상이요, 나의 천국을 만들고 나의
낙원을 만들고자 하는 것이 나 여호와
의 뜻이요, 나의 백성 너희에게 모두
를 다 기대했던 것이니라.
12 그 세월이 흐르고 흘러 지금의 6천 년
의 길고도 긴 세월이 흘렀음이니라.
13 6천 년의 흐르는 그 세월 속에 너희는
나의 뜻을 저버렸으며, 나의 뜻으로
원상 복구하는 데 모두를 바쳐 역사한
백성이 없음이니,
14 6천 년이라는 세월이 지난 지금 결국
나는 무엇이더냐?
15 너희는 그 6천 년의 길고 긴 세월을
무엇이라 말할 수 있느냐?
16 나 여호와의 마음은 그러하니라, 이
세상을 내가 바라볼 수도 없을 만큼
나의 가슴이 아픈 세월이었으며, 내
피눈물의 세상의 삶이었거늘, 이를 모
르는 것이 너희들이니라.
17 그러니 이제 나의 아들을 따르는 제자
너희는 이를 알 것이니라.
18 아담과 하와가 사탄에 무너짐이니, 그
순간에 사탄의 세상이 되었으며,
19 6천 년 동안 내가 지상을 내려다보는
그 마음이 얼마나 아픈 세월이었는가
를 나의 아들을 따르는 제자요, 나의
법전을 읽고 깨우친 만백성 너희는 알
것이니라.
20 그리고 나의 애절한 마음을 또한 너희
가 알 것이니라.
21 그러니 너희가 나의 뜻을 모르고 지금
과 같이 이 길을 그냥 가서는 아니 될
것이니라.
22 모든 백성이 지금까지 믿음의 길을 오
는 종교 집단이요, 지도자요, 그 많은

백성이 내 뜻이 무엇인가를 정녕 모르
며, 내가 이루고자 하는 것이 무엇인
가를 그들은 모르며,
23 다만 저 자신이 구원받는다는 것, 제
가 천국에 오르는 것, 나의 나라에 오
르겠다는 거기에 매달려 지금의 신앙
생활을 하고 있는 것이 아니더냐?
24 믿음과 신앙이란 무엇이더냐?
25 너희가 나 여호와 큰 뜻을 같이 역사
하여 한 부분을 담당하는 충실하고 착
한 백성으로서 살아가고자 하는 것이
아니라,
26 내 뜻은 저버리고 그저 제가 구원을
받아 영원히 사는 하늘나라에 올라가
겠다는 그 구원에 매달려 지금까지 왔
음이니,
27 어찌하여 너희가 내 뜻에 의해 역사하
는 백성이라 그리 말할 수 있겠느냐?
28 그저 예수를 믿고 나를 믿으면 구원을
받는다는 것이 저 자신의 구원이 아닌
가?
29 너희가 아담과 하와가 사탄의 세상으
로 만들어 놓은 것을 나의 나라로 되
돌려 놓는 그 역사를 하고자 하는 것
이 나의 뜻임을 알아야 될 것이니라.
30 너희는 알아야 될 것이니라.
31 내가 원하지 않는 그 흘러가는 역사를
나 여호와의 뜻으로써 이루고자 하는
것이 내가 지금 너희를 필요로 하는
것이며, 너희가 존재하는 가장 큰 이
유라는 것을 알라.
32 지금의 수천 년 동안 흘러오는 그 믿
음이요, 신앙생활 속에서 살아가는 백
성이 나 여호와를 울렸으며,
33 내 가슴이 아픈 그와 같은 역사요, 내
가슴의 슬픔만을 안겨 준 것이 그들이
니,
34 내가 그들에게서 무엇을 더 원하며
더 기대할 수 있단 말이더냐?
35 내가 6천 년이라는 길고도 긴 세월의
유예기간을 주었으며 그 기간을 기다
렸음이니라.
36 그래도 너희가 지금 이 험악한 세상이
되었으며, 화약고 앞에 서 있는, 화약
고 앞에 불을 들고 있는 그와 같은 험
악하고 불안한 세상을 만들었음이니,
37 이제 바로 내가 너희를 통하여 이 역
사를 이루고자 하는 내 뜻을 알겠느냐?
38 그러니 이를 아는 나의 아들을 따르는
제자들이요, 나의 법전을 읽고 깨우친
만백성 너희는 목숨 바쳐 내 뜻을 이
루는 데 주저하지 말며, 충성을 다하
여 나의 뜻을 이루도록 그리하라, 사
랑하는 나의 아들딸들아!
39 과연 너희에게 이루라는 내 뜻이 잘못
되었더냐?
40 너희가 말하기를, 아담과 하와가 내
뜻을 따르지 아니하여 사탄의 꼬임에
넘어갔다 함이니, 그 순간에 바로 이
지상은 무엇이 되었느냐?
41 사탄의 세상이 된 것임을 너희는 알라.
42 그리고 사탄들이 지배하고 있음을 알
라.
43 그리고 사탄 속에서 너희가 존재하고
살아왔다는 것을 잊지 말라.
44 그 모두를 내가 되돌려 놓고자 함이
니, 그 역사를 너희와 더불어 하고자
하는 것이 내 뜻이며, 마지막 너희에
게 기대함이 여기에 있음이니라.
45 나의 법전의 160권을 내려보내어 이

를 읽고 깨우친 제자들이 바로 서지
못하며 깨우치지 못하여 지상의 낙원
을 이루는 데 기초를 다지지 못한다면,
46 나 여호와는 너희와의 인연을 모두 끊
을 수밖에는 없음이니, 그 무서운 세
상이 이루어지는 것은 너희들이 막아
야 됨을 알라, 사랑하는 나의 아들딸
들아!

## 9,894 번째 하나님 말씀

*2004년 3월 10일 17시 14분*

1 사랑하는 나의 아들아!
2 "네, 아버님! 말씀하옵소서."
3 나의 피조물 만백성을 사랑하며 너희
에게 한 번의 마지막 그 기회를 주고
자 하며, 6천 년의 길고 가슴 아픈 세
월을 인내한 나 여호와가 너희에게 한
번의 기회를 주는 것이 무엇이더냐?
4 곧 이것이 나의 새로운 성경이요, 나
의 법전이 세상에 내려가는 것이 아니
더냐?
5 그러니 나의 성령이요, 새로운 성령이
이 세상에 내려가며 너희를 구원하고
자 하여 160권의 법전을 내가 만들어
세상에 내려보낸들 과연 어찌하겠느
냐?
6 내려보내고 내려온들 너희가 어찌 이
를 보고 깨우치겠는가?
7 오늘의 믿음의 길을 가는 그 백성이
이를 보려 하지 아니하며 이를 듣지
아니함이니, 이를 어찌 깨우쳐 역사할
수 있단 말이더냐?
8 새로운 세상을 시작한다 해도, 사탄이
지배하는 이 세상이요, 욕심이 그득
찬 백성이 이 세상을 지배하며 다스리
고 있는 이와 같은 형국이 되어 버렸
으니,
9 어찌하여 그 속에서 열매를 거둘 수
있단 말이더냐?
10 그러니 그 속에서 열매를 거두는 것은
물이 흘러 세상의 대지를 적시듯이,
11 소리 없이 너희가 그저 있는 듯 없는
듯, 존재하는 듯 존재하지 아니하는
듯 그저 흘러들어 가 그 모든 대지를
적시는 역사와 같이 너희가 역사해야
함을 잊어서는 아니 됨이니라.
12 사랑하는 나의 아들딸들아!
13 농사를 짓는 그 농부가 1년 동안 몸과
마음의 정성을 다하여 농사를 지었거
늘,
14 1년 후에 그 정성을 다하여 거둬들이
려 하니, 그 농작물이 알곡식은 하나
도 없으며 쭉정이요, 가라지만이 잔뜩
얽혀 있다면,
15 과연 그 농부가 실망하고 허망하여 그
슬픔이 과연 어떠하겠느냐?
16 거기에 비할 수 없이 천배 만배 더 가
슴 아프며 더 허망하며 더 내 마음이
저려 오는 것이 나 여호와라는 것을
너희는 어찌 모른단 말이더냐?
17 사탄의 마음의 뿌리를 뽑아 버리고 그
와 같은 뿌리를 뽑아내는 데 너희가
온갖 생각을 다하며 몸과 마음을 다
바치지 아니하고,
18 시기와 질투요, 욕심 그 모두를 놔둔
채 너희는 어찌하여 그와 같은 말을
하느냐?
19 구원을 받았다 하며 나에게 오른다 하
며 더러는 너희가 정신 나간 자들의

소리를 하느니라.
20 '우리는 들림을 받아 천국에 들어간 다.'는 그와 같은 말을 하고 있음이니,
21 너희가 구원을 받는다는 것도 욕심이요, 들림을 받으려는 것도 욕심이니, 욕심만이 가득 찬 것이 너희들의 오늘의 믿음이요, 신앙의 길이니,
22 그와 같은 백성이 과연 천사들이 존재하는 그 세상에 올 수 있다 생각하느냐?
23 사랑하는 나의 아들을 따르는 제자 너희는 들으라.
24 내가 160권 법전에 구구절절이 모두를 풀어서 세상의 이치요, 하늘의 뜻을 내려보냄이니,
25 너희가 이를 읽고 깨우쳐 이것이 정녕 맞지 아니하거든, 너희는 나의 아들을 버리며 나의 법전을 버리며 나를 버려도 말하지 아니할 것이니라.
26 그러나 너희는 이 뜻이 맞으며 나 여호와의 뜻이 맞다면, 나의 아들을 따를 것이며, 나의 법전을 지킬 것이며, 내 뜻을 따라 너희가 그 모두를 역사하는 백성으로서 물러나지 말며 양보하지 말며 버림 받는 백성이 되지 말라.
27 내가 너희를 사랑함이니, 나의 이 애절한 마음을 너희가 알겠느냐?
28 모든 역사하는 것은 너희를 통해서만 이루어질 수 있음이니라.
29 너희를 통하지 아니하고는 이룰 수 없기 때문에, 누군가는 선택된 백성이 되어야 하며, 나로부터 초청받아야 하며, 나에게 부름을 받아 내 뜻에 따라 역사하는 백성이 되어야 하니,
30 그것이 바로 너희니 그리 알라, 사랑하는 나의 아들딸들아!

## 9,895 번째 하나님 말씀

*2004년 3월 10일 17시 21분*

1 사랑하는 나의 아들아!
2 "네, 아버님! 말씀하옵소서."
3 사랑하는 너의 제자들에게 그리 전하라.
4 지금의 너희가 이 무서운 대개혁이요, 대변화요, 이 모든 무서운 역사가 소용돌이치는 것, 너희는 이를 보려 하지도 말며, 그를 자랑하지도 말며, 남에게 전하지도 말라 그리 전하라.
5 그대로 그냥 너희가 이 길을 위하여 지금처럼 법전을 읽고 깨우쳐 믿음의 가는 길에 최선을 다하여, 나의 법전 160권을 세상에 내보내 그 빛을 보는 역사를 하도록 그리하라.
6 너희가 160권의 법전을 세상에 냈을 때, 그 빛이요, 찬란한 빛은 그 누구도 감당키 어려울 것이니라.
7 그러면 너희가 어느 때인가는 너 자신이 무섭게 변한 것을 알 것이며, 너 자신이 변하는 그 상황을 알게 되며, 너 자신을 발견하게 될 것이며, 세상을 보는 눈까지 변해져 있음을 너희는 알게 될 것이니라.
8 사랑하는 나의 아들딸들아!
9 욕심이 그득 찬 자요, 세상의 이치요, 나 여호와의 뜻을 모르는 그 백성과 너희가 얽히고설키며 이해관계에 따라서 시시비비하지 말라.
10 그것이 다 아무것도 아니니라.

11 그저 낙엽 하나만도 못함이니, 나 여
호와가 너희들의 그 모두를 알고 바
라보고 있음이니라.
12 그러니 욕심이 그득 찬 백성에게 너
희가 이해관계에 시시비바하지 말며,
그 백성에게 책을 전하는 것, 그것이
또한 무엇하겠느냐?
13 그러니 너희가 나의 법전이요, 책을
전하는 그것도 너희가 전하지 못하여
섭섭한 마음을 갖지 말며, 전하지 못
한다 하여 마음 아파하지 말라.
14 다 부질없음이니라.
15 너희가 욕심이 그득 차 깨우치지 못한
백성에게 책을 전한들 무엇하겠느냐?
16 이제는 나의 법전을 그리 전하지 아니
할 것이니라.
17 그러니 원하는 백성에게 조용히 나의
책을 전할 것이며, 나의 성경이요, 새
로운 법전을 전할 것이니라.
18 그리고 너희는 시시비비하지 말며 두
려워하지 말라.
19 나 여호와가 너희와 더불어 같이 있음
이니, 다만 너희가 누구에게 자랑할
것도 없으며, 보여 줄 것도 없으며, 말
하지도 말며, 그들에게 보이려 하지도
말라.
20 그러니 이것이 나 여호와의 뜻이니라,
사랑하는 나의 아들딸들아!
21 이제 스스로 나 여호와가 너희가 변하
는 역사를 이끌 것이며, 내 스스로 모
두를 주관하여 갈 날이 머지않았음이
니, 너희는 그와 같은 날이 있을 것이
니 두려워하지 말라.

## 9,896 번째 하나님 말씀

*2004년 3월 10일 17시 29분*

1 사랑하는 나의 아들아!
2 "네, 아버님! 말씀하옵소서."
3 나 여호와가 성서에 기록한 나의 뜻을
너희가 정녕 모른단 말이더냐?
4 내가 구구절절이 전하는 그 내용의 뜻
을 너희가 그대로 읽고 깨우쳐 받아들
이면 지혜를 얻을 수 있거늘,
5 정녕 너희는 나의 뜻을 모르기에 내
뜻을 거역하는 그와 같은 행위를 주저
없이 지금 하는 종교 집단의 지도자들
이 세상을 지배하는 이와 같은 것이
되었는가?
6 나의 아들 예수가 너희에게 무어라 전
했느냐?
7 '이것을 비사로 너희에게 일렀거니
와', 나의 뜻을 예수는 비사로써 가르
치고 전하였지만,
8 '때가 이르면 다시 비사로 너희에게
이르지 않고 나의 아버지가 나의 아버
지 뜻에 대한 것을 자세히 밝히며 모
두가 깨우치는 그와 같은 시대가 올
것이라'
9 나의 아들을 통하여 너희에게 기록한
성서의 대목을 모르느냐?
10 지금은 너희에게 예수를 통하여 비사
로 전하나, 때가 되면 그의 아버지요,
창조주 나 여호와가 그 뜻을 밝히며,
11 비사가 아닌 너희가 직접 들어 깨달을
수 있는 그와 같은 시대가 올 것이라
나의 아들에게 밝혀 성서에 기록하여
전한 것을, 그 뜻을 너희는 어찌 알고
있는가?

12 지금의 제3의 시대에 오늘의 160권의
법전이요, 이보다 너희에게 알기 쉽게
깨우쳐 전하는 것이 있더냐?
13 그러니 내가 나의 아들 예수가 말한
'내 아버지가 그 뜻을 비사로 전하지
아니하며, 너희가 바로 듣고 깨우칠
수 있도록 전하는 시대', 그것이 바로
제3의 시대요, 오늘을 준비하도록 내
가 명한 것이며 내가 준비시킨 것이니,
14 바로 160권이 나의 뜻이요, 내가 언약
을 지키고 있다는 것을 너희는 정녕
모른단 말이더냐?
15 나는 성서에 기록하여 전했느니라.
16 지금 내가 나의 아들 예수를 통하여
비사로 가르치고 비사로 전하나,
17 때가 이르면 다시는 비사로 너희에게
이르지 아니하며, 내 뜻을 직접 전하
여 너희가 깨우치고 보고 읽을 수 있
는 그 세상을 이룬다 하였음이니,
18 지금의 제3의 시대에 160권의 법전보
다 너희가 더 직접 깨우치고 전할 수
있는 그와 같은 시대가 올 수 있던가?
19 성서에 기록되어 있거늘, 너희가 그러
면서도 나의 법전을 이단이요, 사탄이
요, 마지막 거짓 선지자가 와 세상을
혼동케 한다는 그와 같은 말을 주저
없이 함이니,
20 과연 너희가 성서를 읽고 깨우치며 그
뜻을 아는 백성이더냐?
21 그저 성서는 글씨요, 종이 위에 써 있
는 것처럼 지나가는 것이요, 오로지
구원이요, 천국 가는 것이요, 그저 더
큰 은혜요, 더 축복을 받는 것, 그것만
을 연연하는 믿음으로 왔기에,
22 내가 성서의 기록된 이 애절한 뜻을
너희는 알지 못하고 지금 가는 백성이
니라.
23 지금의 법전이 이 시대에 대하여 내
가 전하여 기록했음이니, 언약의 시대
요, 언약의 약속을 내가 시행하는 이
무서운 것을 어찌 너희가 모르고,
24 때가 되었음이니, 나의 뜻을 직접 읽
으며 들으면 알 수 있도록 내가 명하
여 지금 내리는 이것을 너희가 그리
함부로 찢어 버리고 태우고 사탄이요,
마귀의 장난이라 감히 그리 말할 수
있단 말이더냐?
25 그것이 성서를 읽은 백성이요, 성서를
공부한 백성이요, 성경이 한 획도 빼
지 못하며 더하지도 못하며 고치도 말
라는 무섭고 두려운 말로써 나의 피
조물 만백성에게 족쇄를 채워 끌고 가
는 너희가 과연 이 뜻을 모른단 말이
더냐?
26 너희가 알면서도 모르는 체하는 건가,
읽으면서도 모르는 체 외면을 한단 말
이더냐?
27 모르는 자, 이 뜻을 가슴에 안고 이 뜻
을 그대로 받아들이지 아니하는 자,
또한 나의 뜻을 거역하는 자들이니라.
28 제3의 시대요, 나의 뜻을 풀이하여 내
가 내려보내는 시대가 되었으며 때가
되었음을 너희는 알라.
29 그리고 그것이 이루어지고 있음이니
라.
30 그러니 너희가 나의 이름으로써 구하
고자 하는 때가 될 것이라 내가 성서
에 또한 기록하지 아니하였더냐?
31 너희는 그날이 되어 예수의 이름으로
써 온갖 것을 구하며 너희가 바라며

그것으로써 이루어질 것 같은 그와 같
은 세상이 있다 하였음이니,
32 그러니 그때가 되면 나의 아들 예수가
예수의 이름으로 구하는 것을 구하지
말라 그리 전했음이니라.
33 내가 나의 아들 예수를 통하여 또 어
느 때가 되면 나의 아들 예수의 이름
으로써 모두를 구한다는 때가 올 것
이며 그리 부르짖는 때가 올 것이니,
34 그때가 되거든 너희가 나의 아들 예수
의 이름으로써 구할 것을 구하지 말라
그리 성서에 기록한 대목도 찾아보라.
35 그것이 엄연히 거기에 기록되어 있음
을 알라.
36 나 여호와에게 너희를 위하여 나의
아들 예수가 구하겠다는 것은 나의 가
르침이 아님을 예수는 전했느니라.
37 또한 예수가 나에게 와 너희를 구원
하기 위하여 모두를 역사하며 그를
위하여 너희에게 가르치며 예수가 세
상에 존재함이 아니요,
38 나에게 너희를 구원하는 길이 아니요,
그것을 바라는 것이 아니라 한 뜻을
너희는 어찌 모르느냐?
39 그러니 정면으로 너희가 내 뜻을 거
역하는 것이며 나를 능멸하는 것이니
라.
40 나는 너희에게 스스로 깨우쳐 역사하
는 것, 너희가 오를 수 있는 그 길을
인도하고 가르치는 것이 나 여호와의
뜻이요, 그리 나의 아들 예수가 세상
에 왔음을 전했느니라.
41 더욱이 너희가 나의 아들 예수가 전
한 그 뜻을 다시 한 번 기억하라.
42 나의 아들 예수의 이름을 찾으며 모두
를 구하며, 그를 부르고 울부짖는 그
때가 올 것이니, 그때가 되거든 나의
이름으로 아무것도 구하지 말라, 구해
서는 아니 된다는 그 무서운 뜻을 너
희는 과연 받아들이고 그를 읽고 깨우
치는 백성이라 말할 수 있겠는가?
43 이것이 바로 너희들의 오늘의 잘못된
것이요, 지옥의 길로 가는 것이요,
44 그리고 새로운 법전이요, 새로운 뜻을
내가 풀이하여 160권이라는 대장정의
책으로 내려보내며,
45 예수요, 구세주라 부르고 부르는 그와
같은 시대가 올 때, 예수의 이름을 불
러 구원을 찾지 말며 구원을 바라지
말며 구원을 얻을 수 없다 그리 전했
으며,
46 예수가 나에게 오는 것도 너희를 구원
하기 위해서 오는 것이 아니라 그리
말한 뜻을 과연 어찌 가르치고 어찌
듣고 역사하느냐?
47 이것이 오늘의 종교 집단이요, 지도자
들이니,
48 너희는 내 뜻을 거꾸로 가르치는 자
요, 너희가 말로써 내 뜻을 폐하게 하
며 나를 패망케 하는 것이 오늘의 종
교 집단이요, 지도자들이요, 그리고
울고불고 광란의 짓을 하는 그 신도들
이 하는 짓이라는 것을 잊지 말라.

## 9,897 번째 하나님 말씀

*2004년 3월 10일 17시 35분*

1 사랑하는 나의 아들아!
2 "네, 아버님! 말씀하옵소서."
3 모든 믿음의 길을 가는 그 백성이 오

늘의 종교 집단이요, 그들이 잘못되었
으며 잘못 가고 있음을 정녕 모른단
말이더냐?
4 나는 너희에게 기록하여 전했느니라.
5 예수를 믿고 따르는 백성 너희는 보
낸 이를 모르고 보냄을 받은 나의 아
들을 찾고 부르는 시대가 올 것이니,
6 이는 잘못된 자들의 하는 짓이라 하여
내가 성서에 기록하여 전한 그 뜻을
정녕 모르는가?
7 나는 그와 같은 뜻을 나의 아들 예수
를 통하여 기록하여 전했음이니라.
8 너희가 보낸 이를 모르고 보냄을 받은
나의 아들을 찾고 부르짖는 것, 그리
고 '주여, 주여!' 하며 구원의 길이라
너희가 울부짖는 것,
9 그것이 잘못된 자들이요, 잘못 가고
있는 길이라는 것을 기록하여 전한 뜻
을 모르고, 안 읽어 너희가 모른단 말
이더냐?
10 수없이 읽고 그 대목을 그냥 넘긴 자
들이 오늘의 종교 집단이요, 지도자
너희들이니라.
11 예수는 모든 권세를 나로부터 받아
나가 그 모두를 역사했으며, 나와 더
불어 그가 내가 내린 그 권세 안에서
모두를 다 역사했음이니라.
12 너희가 나의 백성임을 알리고자 했던
것이 나의 아들 예수의 뜻이니라.
13 나의 아들 예수가 나로부터 모든 권세
요, 모든 능력을 받아 행한 것은 보낸
이가 따로 있으며, 나의 아들 예수는
보내진 자요,
14 그리고 나 여호와의 백성이라는 것,
모두는 예수의 백성이 아니요, 나 여
호와의 백성이요, 나의 아들딸이라는
것을 알리고자 하였으며,
15 너희가 모두 예수에게 속한 것이 아
니요, 나 여호와에게 속한 백성이라는
것을 전하고 가르치고자 했던 나의 아
들 예수의 뜻을 너희는 알겠느냐?
16 그러나 어찌하여 너희가 이 뜻을 거
역하는가?
17 그리고 인간인 너희 뜻대로 이 모두
를 거역하여 말하기를, 삼위일체라는
해괴망측한 말을 하는가 하면,
18 나의 아들 예수의 몸을 빌어 내가 직
접 세상에 나간 것이요, 내가 세상에
온 것이요, 하나님이요, 창조주가 세
상에 왔다 간 것이라 그와 같은 말을
하느니라.
19 그리고 아들과 나 여호와가 같다 하여
너희가 같이 평가하는 그와 같은 흉악
한 짓을 하고 있는 것이니, 그와 같은
것이 어디 있는가?
20 너희가 나의 뜻을 따라 직접 오고자
하면 어렵고 힘든 길이기에 이와 같
은 사악한 행위를 하고 있는 자들이니
라.
21 나의 아들 예수를 통하여 모두를 역사
한다 가르치고 그리 알고 있는 것이
너희가 잘못됨이니라.
22 나의 아들은 그리 말하였느니라, 모두
는 나 여호와의 뜻에 의하여 역사한다
는 것, 그리고 모두가 나 여호와가 직
접 너희에게 교통한다는 것을.
23 나의 아들을 따르는 제자들이요, 법전
을 읽고 깨우친 만백성 너희는 알라,
내가 직접 교통하며 내가 역사하며 너
희를 다스리는 것을.

24 그리하여 나의 법전에 기록하여 전했
음이니라, 너희는 나의 백성이요, 내
가 직접 터치하고 다스려서 나의 뜻
에 의해 이루는 천국의 세상을 이루
고자 함이니라.
25 너희가 모두를 전하고 역사하는 것을
한 다리 걸쳐 두 다리 걸쳐 전하고 전
하여 그 말이 퇴색되며, 그 내용이 제
대로 전해지지 못하는 그와 같은 형
국이 되느니라.
26 그리하여 지금의 이 세상이 이루어진
것처럼 내가 직접 나의 아들을 통하
여 내가 새로운 시대요, 아담과 하와
가 사탄에게 넘겨준 이 세상을 다시
찾고자 함이니,
27 여기에 나의 아들 예수를 통하여 너희
가 역사할 수 없으며, 대신할 수 없으
며, 지금의 나의 아들이 내 뜻을 받아
그가 직접 대신할 수 없음이니라.
28 다만 내가 직접 내리는 나의 법전이
요, 나의 새로운 성경, 이것만이 내 음
성이요, 내가 전하는 것이니,
29 이걸 보고 너희가 직접 깨우쳐 나의
아들과 더불어 새로운 시대를 역사하
도록 하는 것이 내 뜻이니,
30 두 다리, 세 다리를 거쳐 역사함이 아
님을 너희는 알라, 사랑하는 나의 아
들딸들아!

## 9,898 번째 하나님 말씀

*2004년 3월 10일 20시 58분*

1 사랑하는 나의 아들아!
2 "네, 아버님! 말씀하옵소서."
3 나 여호와 창조주의 뜻이요, 내 가르
침은 그 모든 언약이요, 약속이 그대
로 행해지고 지켜지는 것이 나 여호와
의 뜻임이니라.
4 내가 나의 법전에 기록하여 너희에게
전하는 모든 것은 이것이 나의 법전
이요, 새로운 성경이 나의 뜻이 맞고
아닌 것은 여기에 기록한 대로 역사
하고 이루어지느냐 안 이루어지느냐
그것으로써 너희가 모두를 증거해야
됨을 잊지 말라.
5 내가 10년이라는 세월에 세상의 모두
를 다 덮으며 나의 법전에 모두를 구
할 자와 버릴 자를 내가 다스린다 하
였음이니, 너희는 그와 같은 의미를
알겠느냐?
6 사랑하는 나의 아들딸들아!
7 너희는 내가 6천 년 동안 아담과 하와
에게 주었던 지상의 낙원을 만들기 위
하여 기다리고 기다린 길고도 긴 세월
의 그 아픔을 너희가 과연 얼마나 알
며 얼마나 생각하는 백성이더냐?
8 그러니 그와 같은 역사를 너희를 통하
여 이루고자 하는 것이 나 여호와의
뜻이니,
9 더 이상 기다릴 수 없으며 더 이상 내
가 견딜 수 없는 그와 같은 형국에 와
있음을 너희는 알아야 될 것이니라.
10 그러니 너희가 나의 뜻이 옳고 그름을
시시비비하지 말며, 내가 너희에게 무
어라 말하였느냐?
11 너희가 깨닫지 아니하며 깨닫지 아니
하는 자, 욕심이 그득히 있는 사람들
에게 나의 법전을 전하면 무엇하며 내
뜻을 전하면 무엇하느냐 하였느니라.
12 그러니 너희가 나의 뜻을 전하며 나의

법전을 전하고 역사하는 것, 깨우친
자요, 마음이 열린 그와 같은 백성에
게 전해야 된다 그리 말하였음이니라.
13 성경을 너희가 천 번 만 번 읽으면 무
엇한단 말이더냐?
14 너희가 그 속에 있는 뜻을 모르며 그
의미를 모르고 읽는다면, 아무런 얻음
이 없으며 깨우침이 없으며 너희가
길을 열어 주지 못함이니라.
15 그러니 너희가 나의 법전을 전하는
것도 또한 그러하니라.
16 인간의 욕심을 버리지 못하고 욕심이
그득히 있는 백성에게 너희가 전하고
전한다 해도 그들이 깨달을 수 없는
것임을 너희는 알아야 될 것이니라.
17 다만, 너희가 6천 년이라는 길고 긴
세월을 내가 가슴 조이며 기다렸던
그 세월 속에서, 내가 나의 아들을 통
하여 새로운 성경이요, 새로운 법전을
내려보냄이니,
18 그 모두를 지키고 그대로 행하여 그
뜻이 이루어지지 아니하였을 때, 너희
가 이를 시시비비하며 나를 탓해도
늦지 아니할 것이니 그리 알도록 하
라, 사랑하는 나의 아들딸들아!

## 9,899 번째 하나님 말씀

*2004년 3월 11일 06시 11분*

1 사랑하는 나의 아들아!
2 "네, 아버님! 말씀하옵소서."
3 나의 피조물 만백성이요, 나의 법전을
읽고 깨우친 백성이요, 그리고 너를
따르는 그 제자들이요, 또한 너 자신
도 그러하니라.
4 네가 아무리 변하고 변하는 그와 같은
삶을 산다 해도, 너희가 지금의 변화
의 역사가 이루어졌을 때,
5 정녕 너희는 이 지금의 마음 자세도
지키지 못하며 무너지고 쓰러지는 것
을 나는 알고 있음이니라.
6 그러니 너희가 그 마음이 다스려지며
무너지지 않는 그와 같은 마음이 이루
어지는 그날까지 거듭 훈련에 임해야
할 것이며, 너희가 마음을 다스려 가
지 아니하면 아니 될 것이니라.
7 지금 내가 나의 아들 너에게 모든 부
귀와 영화요, 재물을 부어 주며, 네가
그리 바라듯이 가난한 너의 제자의 어
렵고 힘든 모든 걸 이루어 주었을 때,
너희는 정녕 오늘의 이 자세에서 무너
짐이니라.
8 너희 자신이 인간 세상에 살아가면서
수시로 내 뜻을 거역하며, 너희가 또
한 나의 뜻에 거역한 행위를 하며 후
회하고 또 후회하는 그와 같은 삶을
사는 것처럼,
9 지금의 이 어렵고 힘든 자세에서도 너
희가 바로 서지 못함이니,
10 너희가 마음의 여유요, 생활의 여유로
움이 있으며 그와 같이 환경이 변화될
때, 과연 얼마나 무섭게 무너질 수 있
는지 알겠는가?
11 나의 아들 너 또한 그와 같지 않다 생
각하나, 육을 가지고 살아가는 모든
백성은 내가 신이 아니라 하였음이니
라.
12 그러니 육을 가지고 있는 백성 너희는
아직도 환경에 여유로움이 생길 때 뒤
돌아볼 것 없이 무너지는 그와 같은

삶을 가게 되는 것이 너희들이니라.
13 이와 같은 고비요, 다져지는 그 훈련
이 없이는 아무것도 너희에게 이루어
지는 것이 아니니라.
14 내가 너희에게 베풀어 주는 것이요,
그것이 약이냐 독이냐 하는 것,
15 지금은 내가 너희를 바라보기에, 너희
에게 베풀어 줌이 약이 되는 것이 아
니요, 독이 되기에 너희에게 베풀어서
는 아니 되며 투여해서는 아니 되는
것이니,
16 그와 같은 것이 너희들의 오늘의 마음
자세요, 깨달음이니라.
17 너희는 무어라 말하여도 나 여호와가
보는 것이 그러하며, 너희가 미래의
마음의 변화가 그러하니,
18 내가 너희에게 좀 더 훈련을 거듭하여
다져지고 다져지는 그 순간까지 너희
는 어렵고 힘든 그 훈련이 계속 너희
들에게 임함을 알아야 될 것이니라.
19 너희에게 지금 환경의 변화요, 부귀와
영화요, 재물이요, 너희의 어렵고 힘
든 그 모두를 풀어 주어 수고함을 내
가 칭찬할 때,
20 정녕 너희들이 무너지지 아니할 자 하
나도 없음이니라.
21 지금도 너희가 살아가면서 완벽한 삶
을 살지 못하고 있음이니라.
22 오늘의 고통과 시련 속에서 변하는 길
을 가라 하나, 너희가 완벽하게 변하
지 못하는 그와 같은 백성임이니,
23 너희가 거기에 어떠한 변화가 이루어
질 때 무너지는 것은 당연함이니라.
24 너희는 아니라 하나, 아직도 멀었음을
알아야 될 것이니라.
25 이제 너의 제자 중에서 바로 가는 길
이 무엇이며, 너희가 역사하는 길이
무엇이며, 아무리 너희가 인간의 생각
으로써 무엇을 원하고자 해도 그것은
아니 되며,
26 오로지 나 여호와의 뜻에 의해 살아가
는 그와 같은 삶으로 변하고자 너의
제자들이 피나는 노력을 하고 있음이
니라.
27 그러니 내가 정녕 이를 줘도 무너지지
아니할 제자가 한 명이라도 있다면,
28 내가 어떠한 것이든 너희에게 주지
못할 것이 없다 하지 아니하였더냐?
29 그러니 너 자신도 지금 무너질 수 있
으며, 네가 가장 아끼는 제자들도 수
없이 무너지는 그와 같은 형국이 됨이
니,
30 너희는 꿀을 따러 이곳에 온 자요, 나
의 법전을 만들어 만백성을 구하는 그
와 같은 대명으로 오늘에 와 있는 것
이 아니라며 너희가 역사하는 것을
착각할 것이며,
31 내 뜻대로 행할 수 없는 그와 같은 백
성이기 되기 때문이니라.
32 너희가 믿음의 길을 가는 것, 그리고
나의 법전을 만들어 만백성에게 전하
는 것,
33 네 이웃이 너를 비방하며 네 이웃이
너를 이단이라 할 때, 그리고 네 가족
이 이단이요, 너희를 잘못된 자라 말
할 때, 흔들리는 것이 너희의 마음이
니,
34 바로 그와 같은 마음 자세가 너희가
지금 잘못되어 있음이니라.
35 그러니 거기에 흔들리는 자요, 그와

같은 남들이 말하는 것, 남들이 공격
하는 것에 흔들리는 마음 자세를 가지
고 있는 것이 너희며,
36 어떠한 길을 역사했다 해도 목숨을 바
쳐 이 길을 갈 수 있는 각오와 자세가
아직도 너희가 되어 있지 않고 흔들
리는 것이 바로 환경의 변화에 따라서
무너질 수 있는 마음이니,
37 이 마음이 너 또한 똑같으니, 너와 너
의 제자들이 다스려 가야 된다는 것을
잊지 말라.

## 9,900 번째 하나님 말씀

*2004년 3월 11일 06시 17분*

1 사랑하는 나의 아들아!
2 "네, 아버님! 말씀하옵소서."
3 수천 년 동안 믿음의 길을 달려오는
백성, 너희는 나의 아들 예수의 보혈
로써, 그를 찾으며, 너희 손으로 지은
교회요, 그리고 나 여호와를 부름으로
너희가 구원을 받는다, 그리고 구원을
받을 것이라 하는 그 믿음이요, 그 소
원 속에서 살아가느니라.
4 그러나 이제 나의 아들을 따르는 제자
너희는 알아야 될 것이니라.
5 나의 아들 예수도, 또 그 누구도 너희
를 구원할 수는 없음이니라.
6 나 또한 너희를 임의대로 직접 구원
하고 구원하지 아니하는 그와 같은 것
은 해 줄 수가 없음을 알아야 될 것이
니라.
7 나 여호와도 감히 너희를 마음대로
임의대로 구원해 줄 수 없거늘,
8 어찌하여 나의 아들 예수가 너희들
임의대로 마음대로 부르고 찾기만 하
면 구원해 주는 것처럼, 구원해 줄 수
있다 그리 어리석은 믿음의 길을 가고
있는가?
9 하늘에는 엄연한 하늘의 법도가 있으
며, 너희가 나 여호와를 공의의 아버
지라 그리하지 않는가?
10 그러니 너희가 그리 말함이니, 나 여
호와가 어찌 임의대로 너희를 마음대
로 구원해 주고 구원하지 아니하는 그
와 같은 선택권을 마음대로 할 수 있
다 생각하느냐?
11 이것이 너희의 오늘의 잘못됨이니라.
12 그렇다면 이 세상에서 심판이 무엇 때
문에 존재하며, 하늘나라에 또 무엇
때문에 심판이 필요하단 말이더냐?
13 너희가 인간 세상에서도 법을 집행한
다 하여 그 법을 집행하는 자는 기존
의 법의 한계 내에서 제가 그 직무를
하는 것이요,
14 제가 마음대로 법관이라 하여 그를 행
할 수 있는 것이 없으며, 기본법을 무
너트리면서 제가 행하는 것은 그것은
법관이요, 법을 집행하는 자의 도리가
아님이니라.
15 하늘의 법도가 또한 그러함을 너희는
알아야 될 것이니라.
16 너희는 천사요, 사탄이요, 그 모두가
보고 있으며, 그들이 심판에 참여함을
알라.
17 그러니 누구도 너희를 구원해 줄 수
는 없음이니라.
18 누구에게도 구원을 애걸복걸하지 말
라.
19 너희가 구원이라는 이루기 위하여 나

여호와에게 애걸복걸하며 나의 아들
예수에게 애걸복걸하는 그와 같은 것
은 잘못되었음이니,
20 그렇다 하여 너희가 구원을 받고 구
원을 해 주고 해 주지 아니하는 것이
아니라는 것을 알라.
21 다만, 나 여호와요, 그리고 나의 아들
예수가 세상에 와 너희에게 전한 것
은, 악에 빠지지 아니하도록 너희들을
깨우쳐 주며, 사탄의 유혹에 넘어지지
않도록 너희를 가르치고 그와 같은
길을 갈 수 있도록 알려 주는 것이며,
거기의 뜻을 전해 주는 한계에 있음이
니라.
22 그러니 너희가 예수도 또한 이와 같
은 뜻을 나의 성경에 기록하여 너희에
게 전한 역사가 있음을 알아야 될 것
이니라.
23 이제 나의 아들을 따르는 제자들이요,
그리고 나의 법전을 읽고 깨우친 만백
성 너희는 하늘의 법도가 어떠한 것
인가를 깨달아 너희 스스로 행해야
될 것이니라.
24 구원이요, 너희가 나에게 오르는 것은
모두는 다 너희 손에 달렸으며 너희
자신에게 달렸으며, 너희 스스로 해결
하고 역사하고 가야 하는 길이 하늘에
오르는 길이라는 것을 절대 잊지 말도
록 그리하라, 사랑하는 나의 아들딸들
아!
25 그것이 너희가 오늘의 잘못 가는 믿
음이요, 잘못 가는 길임이니라.
26 누가 구원해 주고 누가 역사해 주며
하늘로 너희에게 문을 열어 주며 열
어 주지 아니하는 그와 같은 것이 아
니라,
27 너희 스스로 노력하여 그 모두를 얻을
수 있도록 하는 것이 하늘의 법도이니
그리 알라.
28 내가 공의의 하나님이요, 너희가 말하
는 창조주 아버지요, 그러니 여기에는
사사로운 것이 없으며,
29 인간이 마음대로 좌우하듯이 나 여호
와가 너희를 구원하고 구원하지 아니
함을 마음대로 할 수 없는 것이니라.
30 심판이 있지 않으냐?
31 그 심판에 의하여, 결과에 의하여 너
희가 그 상을 받는 것이요,
32 그렇다면 너희가 죽어 와 나에게 심
판이 필요없는 것이며, 너희가 심판대
에 설 이유도 없지 않으냐, 사랑하는
나의 아들딸들아!

## 9,901 번째 하나님 말씀

*2004년 3월 11일 06시 26분*

1 사랑하는 나의 아들아!
2 "네, 아버님! 말씀하옵소서."
3 구약 시대에 그 한 곳의 성전이라는
것은 무엇이었더냐?
4 나의 백성이 제사를 지내는 그와 같
은 장소요, 그곳에서 나의 피조물 만
백성을 이끌고 다스려 가는 그와 같은
역사를 하는 곳이니, 한 곳에 너희가
제사를 지내는 그 성전이 있었음이니
라.
5 그러니 그 성전에서 나의 아들 예수
가 세상에 나오기 전까지 나의 피조물
만백성을 이끌어 가는 곳이요, 다스
리는 곳으로써 성전이 있었음이니,

6 또한 그 성전이라는 곳은 너희가 제
물을 바쳐 제사를 지내기 위하여 그것
이 존재했던 단 한 곳의 유일한 곳이
었음이니라.
7 그러니 그곳에서 너희가 제사를 지내
고 제물을 만들기 위하여, 너희가 그
를 가지고 활동하고 움직이기는 너무
복잡하고 번거로우니,
8 그곳에서 너희는 순수하게 그 먼 곳
에서 와 제사를 지내러 오는 자들에
게 제물을 제공해 주는 그와 같은 역
사를 하였음이니라.
9 그러나 너희가 그와 같은 아름답고
순수한 것이, 제물을 제공해 주며 그
를 편리하게 구입할 수 있는 그와 같
은 역사로 시작했던 것이,
10 점점 그것이 변하고 변하여 너희가
먼 곳에서 제물을 가져오지 못하는
자가 그곳에 제물을 구하려 함이니,
너희가 그보다 더 많은 재물을 받기
시작함이니,
11 그것이 바로 장삿속으로 변화되고 변
질되어 그와 같이 그 성전이 장삿속
으로 변하지 아니하였더냐?
12 너희가 제사를 지내는 유일한 한 곳
의 그 장소가 그리 타락되었음이니,
13 그곳에서 처음에 시작했던 그 의도와
목적이 다 변하게 되었음이니라.
14 멀리서 제물을 가져오지 못하는 자,
그 성전에서 너희가 제물을 구하도록
했던 순수한 사업이, 그 목적이 변화
되어 사업적으로, 장삿속으로 변질되
어,
15 신성한 그 성전 자체가 타락되었으며,
장사꾼의 소굴이 되어 버리지 아니하
였더냐?
16 그리고 그리 전락했던 것이 그 구약
시대의 너희의 작태였느니라.
17 그러니 그와 같은 작태와 같이 지금의
종교 집단이요, 지도자들이 그대로 타
락되었음을 알고 있는가?
18 너희는 참진리요, 나 여호와의 뜻을
아는 그 백성이 그와 같이 장사를 하
며 이해관계에 따라 그 모두가 변화
된 구약 시대처럼, 지금의 시대도 그
와 같이 전락하고 타락되었음을 알아
야 될 것이니라.
19 참진리의 길을 가고자 전하기 시작했
던 믿음의 백성이, 처음에는 순수하게
나의 아들 예수가 전하고자 한 내 뜻
을 전하고 역사하는 그와 같은 순수한
것으로써 믿음의 길이 시작되었으며
너희 마음이 또한 그리 정립되는 백
성이었느니라.
20 그러나 너희가 죄 속에 죽어 가는 영
혼을 살리기 위한 신앙생활이 점점 진
정한 그와 같은 근본의 길은 버리기
시작하며,
21 진정한 목회자를 찾아볼 수 없는 것으
로 지금 너희가 이와 같이 전락하고
타락된 세상이 되었으니,
22 구원할 자 하나도 없다 하는 나의 말
의 의미가 거기 있음을 알라.
23 나의 뜻을 감당하고 가르치고 깨우쳐
야 할 그들이 지금 그 사명의 본분은
찾아볼 수 없음이니라.
24 그러니 모든 종교 집단이 목회자라는
것을 직업으로써 선택하게 되었으며,
25 직업의 목회자들만이 이 세상에 우글
거리며, 직업을 선택하기 위해 너희가

목회자가 되고자 하는 길이 되었음을
알라.
26 그러니 정녕 나 여호와의 뜻이요, 영
혼을 살리고 구원하는 그와 같은 종교
지도자요, 목회자가 아니라, 직업의
목회자들만이 우글거리는 세상이 되
었음을 너희는 알라.
27 바로 목회자의 그 교회는 무엇으로
전락하였더냐?
28 교회가 돈 버는 장소로 다 전락되며
목회자가 장사꾼으로 전락되었으며,
사업장으로 지금 모두가 변질되어 있
는 것이 아니더냐?
29 그러니 2천 년 전에 재물을 팔고 사는
그 성전이 너희가 순수한 마음으로써
시작했던 것이 장삿속으로 타락하고
타락하는 그와 같은 형국이 되었듯이,
30 지금의 모든 종교 집단이요, 교회의
지도자들이 존재하는 것이 다 너희가
사업장으로써 장사꾼으로서 돈 버는
장소로써 변질되었으니,
31 너희가 대가를 받고 먹고살기 위한
종교 지도자요, 목자만이 이 세상에
득실거리며,
32 진정한 나의 백성이요, 모든 진리를
깨우쳐 영혼을 구하는 그와 같은 진정
한 지도자가 세상에 하나도 없다면 너
는 믿겠느냐?
33 너의 제자들도 그와 같은 자가 하나도
없다는 것을 믿어야 할 것이니,
34 그러니 바로 너를 따르는 제자들이요,
지금 나의 법전을 읽고 깨우친 만백성
너희가 직업이요, 생활의 윤택함이요,
부귀와 영화를 누리고 어려움에서 벗
어나기 위해서 나의 성전을 찾으며,
나의 법전을 읽는다면, 그와 같은 백
성 너희는 그것을 헤어날 수 없으며
벗어날 수 없음이니라.
35 다만 너희가 어찌 노력하며 살아가느
냐 하는 것, 구원을 받고 못 받는 것도
너희들의 노력에 달렸듯이, 그를 얻고
못 얻는 것도 다 너희들의 노력에 있
는 것이니,
36 누구도 탓하지 말며, 나를 원망하지
말며, 하늘을 보고 눈물을 짓지 말라.
37 모두는 다 스스로 너희들에게 달렸으
며, 너희의 노력 여하에 달려 있는 것
이니라.
38 그러니 이것이 모든 하늘의 법도이며
하늘의 이치임을 너의 제자들은 알아
야 될 것이니라.
39 그러니 지금 사업적으로 변한 자, 돈
버는 장소로 변한 그와 같은 곳, 그와
같은 너희가 되어서는 아니 될 것이며,
40 그들과 너희가 차별화되지 아니하면
아니 된다는 것을 일찍이 깨우쳐 바로
서도록 그리하라, 사랑하는 나의 아들
딸들아!

## 9,902 번째 하나님 말씀

*2004년 3월 11일 06시 33분*

1 사랑하는 나의 아들아!
2 "네, 아버님! 말씀하옵소서."
3 너희는 구약 시대의 그 성전이 무엇
때문에 존재했느냐?
4 그는 나의 피조물 만백성들이 제사를
지내며 또한 그들을 모아 다스려 가는
그와 같은 곳이 필요했기 때문이었느
니라.

5 그러니 이는 나의 아들 예수가 세상
에 나와 나의 뜻을 전하기 전까지 그
대로 지켜 주고 이끌기 위한 그와 같
은 제사를 지내는 장소로서 그 성전
이 필요했던 것이니라.
6 지금같이 그 성전이요, 교회요, 성막
이라 하여 너희가 짓는 그 역사가 아
니었음이니라.
7 그러기에 내가 너희에게 손으로 짓는
교회요, 건물이요, 성당이요, 성막이
라는 것을 짓지 말라 하지 아니하였
더냐?
8 이것이 내가 그를 다 철폐하고자 하며
철폐하라는 뜻임을 너희는 알라.
9 다만, 예수가 세상에 나와 나의 뜻을
직접 전하기 전까지 너희를 이끌어
가는 것이요, 제사로써 너희를 다스려
나가는 그와 같은 역사를 위하여 그
성전이 필요했던 것이니라.
10 그러니 나의 아들 예수가 세상에 나와
그 모두를 전하기 시작함이니, 너희가
제사를 지내기 위한 주목적이었던 그
성전은 폐함이 당연한 것이니라.
11 그러니 너희 말대로 구약 시대는 끝
난 시대요, 지나간 시대요,
12 예수가 나의 성령을 너희 가슴에 전
하는 그와 같은 시대가 되었다 하며,
너희는 구약은 모든 역사가 끝난 것
이라 하였으니,
13 지금에 그 구약 시대에 있던 그 성전
을 빙자하여 너희가 사업장으로 장삿
속이요, 돈을 벌기 위한 것으로써 교
회를 짓고 있는 이와 같은 행위는 나
의 뜻을 거역하는 것이라는 것을 여
기서 명확히 알아야 될 것이니라.
14 너희는 성전이라는 것은 나의 아들 예
수가 세상에 내려와 그가 모든 백성에
게 나의 뜻을 가슴에 심어 줘 가슴에
교회를 짓기 시작하는, 그리고 가슴에
성전을 짓기 시작하는 그 시대의 전까
지만 그것이 필요했던 것임을 알라.
15 그러니 이제는 손으로 지은 그 성전이
요, 교회라는 것이 있어서는 아니 됨
을 알라.
16 신약 시대는 예수를 통하여 모두를 역
사하지 않았느냐?
17 그러니 성전이 필요 없는 것이니라.
18 나의 아들 예수가 너희 가슴속에 마음
속에 직접 교회를 짓는 것이요, 성전
을 지어 너희를 다스리고 통제하는
그와 같은 변화된 시대의 삶으로써 역
사하도록 한 것이 나 여호와의 뜻임이
니,
19 너희가 그와 같은 오늘의 교회를 짓는
것, 그리고 성전을 짓는 것이 얼마나
내 뜻을 거역하는 것인가를 나의 아들
을 따르는 제자 너희는 만백성에게
전하여, 그들을 깨우쳐 줘야 됨을 알
라.
20 예수가 태어나기 전까지 성전이라는
곳이 필요한 것임을 알라.
21 지금의 성전은 과연 그러면 무엇이더
냐?
22 나의 아들이 이끄는 이 성전이요, 이
곳은 나의 법전을 가르치며 나의 법도
를 가르치는 교육의 장소로서 존재하
는 것이며,
23 이곳을 거쳐 나가 세상에 만백성을 구
하는 것이요,
24 너희처럼 그리 장삿속이요, 사업적으

로써 가는 것이 아님을 알아야 될 것
이니라.
25 오로지 이곳 한 곳에서 너의 제자들
이요, 나의 백성을 육성하여 그들이
나가 세상의 만백성에게 전하는 그와
같은 역사를 이루는 것이며,
26 지금의 나의 성전은 나의 뜻이요, 내
가 내린 나의 법전을 전하고 깨우치는
그와 같은 연락의 장소로서 운영되어
가고 있음을 너희는 알아야 될 것이
니라.
27 오늘처럼 너희가 그 교회 속에서 장
삿속이요, 사업의 장으로 돈을 거둬
들이는 그와 같은 것으로써 있는 것이
아니요,
28 오로지 교육의 장소로써, 그리고 나의
법전을 전하는 장소로서 존재함이니,
너희의 교회와 같은 곳이 아님을 알
아야 될 것이며,
29 너희가 생업을 위해 살아나기 위하여
그와 같은 뜻으로 짓는 교회요, 그 성
전은 이제 철폐되어야 한다는 그 의
미를 알았을 것이니 그리 알라.

## 9,903 번째 하나님 말씀

*2004년 3월 11일 06시 40분*

1 사랑하는 나의 아들아!
2 "네, 아버님! 말씀하옵소서."
3 밤이라는 그 과일은 그 알을 보호하는
것이 거친 가시로써 모두가 되어 있
음이니라.
4 그것은 과연 왜 필요하던가?
5 밤이라는 그 과일이 영글어 모든 백
성이 취할 수 있도록 결실을 맺는 데
까지, 성장하는 과정까지 그 모두가
필요한 것이요,
6 그리하여 그 밤껍질이 존재하는 것이
아니더냐?
7 그리고 너희가 세상사의 모든 과일이
또 그 결실을 맺기 위하여 준비 과정
에 껍질이요, 그 보호막이 다 필요한
것이 아니더냐?
8 그러니 너희가 모든 결실을 맺을 때까
지 필요한 그 모든 과정은 결실을 맺
는 데까지 필요한 것이니라.
9 그러니 신약 시대에 나의 아들 예수가
세상에 오기 전까지 너희가 구약 시대
에는 성전이 필요했다 하지 않더냐?
10 그 백성을 이끌어 가는 것으로써, 그
리하여 나에게 제사를 지내는 것으로
써, 너희가 지금 오늘의 교회처럼 십
자가를 매달아 열 발짝에 한 곳씩 있
는 것이 아니라,
11 그 백성이 제사를 지내며 소원을 빌
수 있는 곳은 단 한 곳이었음이니라.
12 그러나 그것도 나의 아들 예수가 세상
에 옴이니, 그 책임이요, 직분이요, 임
무를 다했음이니,
13 그들을 모두 폐하라 하는 것이 나 여
호와의 뜻이었음이니라.
14 그러니 나의 아들 예수가 세상에 왔음
이니, 이제 그 예수가 오기 전까지 모
든 임무를 다했던 그 성전은 폐하게
되는 것이며, 그는 문을 닫는 것이며,
그는 지워지는 것임을 너희는 알아야
될 것이니라.
15 나의 아들 예수를 통하여 모두를 역사
하며, 지금은 내 뜻을 그가 직접 전하
고 가르치는 새로운 시대의 역사가 이

루어지지 아니하였더냐?
16 그러니 그와 같이 모두를 역사하는 것
이니, 구약의 그 모두는 버리는 것임
이니라.
17 그러니 지금의 너희가 교회요, 성당이
요, 성전을 짓는 장사의 터전이요, 사
업장을 만드는 데 모두를 다 바치며
거기에 혈안이 되어 있느니라.
18 그리고 그곳에 종교 지도자도 내가 무
어라 하였느냐?
19 진정한 나의 백성의 영혼을 구원하는
것이 아니요,
20 제 직업으로써 존재하기 위하여 그 모
두가 단상에 서서 직업가로서 지금 나
의 뜻을 전하는 것이니, 그곳을 팔고
사는 것이 성행하고 있으니,
21 이곳을 다 태워 버리며 이곳의 문을
닫아야 되는 것이 내가 이루고자 하는
뜻이며, 그 역사를 이루는 것이 나의
법전이요, 너희의 책무라는 것을 알아
야 될 것이니라.
22 그리하여 지금의 나의 법전이 세상에
내려옴이니라.
23 그리하여 160권의 법전으로써 세상에
내려와 그를 보고 깨우치는 백성이
그들을 단죄하며 그 모두를 철폐하는
그와 같은 역사를 이루고자 함이니라.
24 그러니 교회요, 성당이요, 그 성전 모
두를 폐하고자 하며, 폐하는 것이 내
뜻임을 너희는 굳건히 알아야 될 것
이니라.
25 이와 같은 내 뜻을 알았다면, 너희는
나의 법전을 만들어 만백성에게 전하
여, 그들이 법전을 보고 깨우쳐 하늘
에 오르는 길이 무엇이며 나 여호와가
역사하는 것이 무엇인가,
26 열 발짝마다 너희가 십자가라는 것을
세워 놓고 밤마다 불을 켜 나를 고문
하는 그 사악한 행위, 그것이 얼마나
잘못되었는가를 이제 너희들은 알겠
는가?
27 구약 시대에 나의 피조물 만백성을 이
끌어 가 그들이 제사를 지내는 곳이었
으며, 만백성이 그곳에 와 제사를 지
내는 단 한 곳이었음을 너희는 알라.
28 그것도 나의 아들 예수가 세상에 오기
전까지 그 책무요, 임무요, 그와 같이
사용되도록 하였다 하였음이니라.
29 그리하여 나의 아들이 왔음이니, 그
모두를 폐하고 그 모두를 다스려 가는
그와 같은 변화 속에서 가야 하거늘,
30 그를 빙자하여 너희가 오늘의 이 세
상에 내 몸에 상처를 내는 것처럼 지
금 그 사악한 교회요, 성전이요, 성막
이요, 성당이라는 것을 짓는 짓을 하
고 있다 함이니라.
31 그러니 이제 나의 아들을 따르는 제자
너희는 나의 성전인 이곳에서 사고파
는 거래의 말을 해서도 아니 되며, 너
희가 그와 같은 행위를 해서도 아니
됨이니라.
32 오로지 나의 법전을 읽고 깨우치며 나
의 아들을 통하여 내리는 그 강론을
들어 너희가 지도자로서 거듭나는, 그
리고 변화되는 삶을 생각해야 될 것이
니라.
33 너희가 나의 성전에 와서 사업이요,
인간관계의 교류요, 그와 같은 것을
얘기해서도 아니 되며,
34 또한 너희는 나의 성전에 나옴으로써

너희가 무엇인가를 이루고 얻고자 하
는 그와 같은 생각을 가진다면,
35 너희가 이 나의 성전을 옛날의 구약
시대에 마지막에 무너질 때 물건을 사
고팔며 제물을 사고팔아 이익을 취하
던 그와 같은 곳으로 만드는 것이며,
36 지금의 모든 종교 집단이 교회라는 곳
에서 장삿속으로 장사의 터전이요, 재
물을 긁어모으는 그와 같은 곳으로 변
화시키는 것처럼, 너희가 대화하고 거
래하는 것도 그러할 것이니,
37 그와 같은 모두를 너희가 자제하고,
그리 행해서는 아니 될 것이니 그리
알라.

## 9,904 번째 하나님 말씀

*2004년 3월 11일 15시 03분*

1 사랑하는 나의 아들아!
2 "네, 아버님! 말씀하옵소서."
3 시간은 잠시도 멈추지 아니하고 흘러
가지 않더냐, 나의 아들아! 그러니 너
희가 그 시간이라는 것은 바로 무엇
이더냐?
4 너희가 인간 육의 세상의 삶을 살다
나에게 오는 심판의 날을 향해 달려
오는 것이라 하지 아니하였더냐?
5 그러니 너희가 내가 내려 준 그 시간
은 쉬지 않고 점점 줄어 가며, 그 시간
은 너희를 압박해 가고 있거늘,
6 너희가 그 시간을 어찌 사용하고 어
찌 쓰느냐에 따라서 모두 다 역사한
다는 것을 어찌 모르느냐?
7 시간은 잠시도 쉬지 아니하니, 나의
법전을 만들어 나의 뜻을 만백성에게
전하는 그와 같은 대명을 받은 너희가
과연 어찌 지금의 이 시간을 써야 되
는가?
8 모든 백성이 지금 시간에 딸려 가며
시간에 끌려가나,
9 사랑하는 나의 아들, 너는 네가 시간
을 따라가는 것이 아니라, 그 시간의
앞을 네가 가야만 되는 것을 어찌 모
른단 말이더냐?
10 너는 시간을 쫓아가는 것이요, 시간의
흐름을 네가 따라가는 삶이 아니라,
11 네가 시간보다도 앞에 가는 것, 시간
보다 더 멀리 가는 것, 그리고 시간보
다 네가 더 멀리 앞에서 달려가는 그
와 같은 삶을 살지 아니하면 아니 되
는 것이 너라는 것을 어찌 모르느냐?
12 네가 나의 성령이요, 나의 뜻을 받아
기록하는 것도 그러하니라.
13 네가 쉬지 않고 달려갈 때, 나의 법전
은 이 세상에 빨리 나올 것이며, 네가
노력하지 아니하면 아무것도 이룰 수
가 없음이니,
14 하루의 스물네 시간이라는 그 정해진
시간을 네가 스물다섯 시간이요, 서른
시간의 그 일은 과연 할 수 없는가?
15 네가 그를 한번 연구하고 생각해 보라.
16 너는 항상 생각하고 또 행하며 모든
것을 같이 네가 행할 때, 네가 시간보
다 앞에 달려갈 수 있는 것이 아니더
냐?
17 시간은 한 시간이라는 것을 흘러가며
네가 한 가지를 하고 한 시간을 가지
고 몸부림치면 시간과 같이 가는 것이
요,
18 네가 두세 가지를 깨우쳐 같이 간다

면, 너의 깨달음이 그와 같이 높다면
바로 무엇이더냐?
19 너는 그 시간보다 세 배 앞에 달려가
는 그와 같은 삶을 사는 것이 아니더
냐?
20 나의 아들 네가 그리 살아야 됨을 너
는 잊지 말라, 사랑하는 나의 아들아!
21 나의 법전을 기록하여 내 성령을 받아
만백성에게 전하는 데 네가 쉬지 않고
달려가야 될 것이며,
22 너 스스로 마음이 변하는 것, 네 마음
을 다스리는 것, 그리고 하늘을 향하
여 한 점의 부끄러움이 없는 그 삶을
살아가는 것, 그리고 네가 모든 언약
을 했을 때 지키고 행하는 것,
23 그리고 나의 뜻 모두를 지키는 것을
네가 동시에 같이 다 변화되는 역사를
이루어 간다면, 감히 시간이 너를 어
찌 따를 수 있단 말이더냐, 사랑하는
나의 아들아!
24 네가 다섯 가지를 생각하며 다섯 가지
를 고쳐 가는 그와 같은 한 시간의 삶
을 살면, 시간이 아무리 빠르고 쉬지
않고 간다 해도 그 시간은 한 시간이
한 시간이 되어 흘러가나, 네가 다섯
가지를 하면 다섯 배를 앞에 가는 것
이요, 열 가지를 네가 깨우치고 변하
여 가면 열 배를 앞에 가는 것이 아니
더냐?
25 그러니 네가 잠시도 쓸데없는 생각이
요, 쉬는 시간이요, 너희가 아무런 의
미 없는 시간을 가져서는 아니 되는
것이니라.
26 의미 없는 시간을 갖는 것은, 나의 아
들아, 네가 시간에 뒤지는 것이요,
27 네가 한 가지만을 가지고 계속한다면,
네가 한 시간 동안 기도를 한다면 너
는 한 시간 동안 기도를 같이 가나,
28 네가 이 한 시간을 기도하면서 활용하
는 것, 너 스스로 변하는 마음을 다지
며, 네가 천사와 같은 삶을 살며, 한
점의 부끄럼이 없는 삶을 같이 다져
나간다면,
29 너는 시간보다 앞에 가는 그와 같은
삶을 사는 것이 아니더냐?
30 이 세상의 모든 백성 그 누구도 시간
의 앞에 가는 백성의 삶이라 하면,
31 그들은 다 너에게 정신이상자요, 미친
자요, 바보라 그리 말할 것이니라.
32 그리고 세상을 혼란케 하는 자라 그리
말할 것이니라.
33 그러나 사랑하는 나의 아들아! 네가
정녕 생각해 보라, 과연 어떠하더냐?
34 시간의 앞에 가는 삶을 살아야 되는
것이 나의 아들 너이니라.
35 그 누구도 갈 수 없는 삶이요, 누구도
역사할 수 없는 삶이요, 누구도 생각
할 수 없는 것을 너는 많은 것을 깨우
치고 변해야 되며,
36 그와 같은 삶을 살아 네가 시간의 앞
에 가며 시간을 끌고 가는 그와 같은
나의 아들로 살아야 된다는 걸 잊지
말거라, 사랑하는 나의 아들아!
37 쉬지 말고 노력하며, 쉬지 말고 생각
하며, 쉬지 말고 변하라.
38 그리고 쉬지 말고 깨달으라.
39 그리고 쉬지 말고 나의 백성 나의 아
들딸 그들을 위해서 네가 무엇인가를
역사해야 할 것이며,
40 네가 얼마나 한 점의 부끄럼이 없는

그와 같은 삶을 살아야 될 것인가를 너는 깨우치고 다스려 나가야 됨이니 잊지 말라, 사랑하는 나의 아들아!

41 네가 눈으로 보며, 감정으로 받아들이며, 눈으로 눈물을 흘림이니,

42 이 모두가 다 시간의 앞을 향하여 달려가는 삶이라는 것을 너의 제자들과 나의 법전을 읽고 깨우친 백성 그들에게 전하도록 하라.

43 시간보다 몇 배 앞에 가느냐, 얼마나 멀리 너희가 앞에 달려가느냐에 따라서 모든 변하는 역사가 같이 동반하여 이루어지는 그 현명함을 잊지 말라 그리 전하라.

## 9,905 번째 하나님 말씀

*2004년 3월 11일 15시 09분*

1 사랑하는 나의 아들아!

2 지금의 나의 백성이 참진리의 길을 보지 못하고 교회요, 성당이요, 성전의 위대함에, 지금 거기에 모든 백성의 마음이 쏠리며, 마음이 끌려 믿음의 길을 가는 것이며,

3 그 웅대함이요, 방대함이요, 그 조직의 큼에 따라서 선택을 하는 것이 너희의 그 믿음이 아니더냐?

4 그러니 나의 아들을 따르는 그 제자들, 또한 과연 어떠하던가?

5 지금 나의 법전을 읽고 깨우친 너를 따르는 그 제자들, 그들도 그 웅대함이요, 장대함에 잠시라도 정신을 팔고 거기에 매료되는 그와 같은 마음을 가지고 가는 너의 제자들이 있어서는 아니 될 것이니라.

6 정녕 그렇다면 너희가 나에게 오르는 길이 아니요, 지옥으로 가는 길에서 헤어나지 못하고 있는 것임을 스스로 깨닫도록 그리 전하라.

7 그 모두는 아무것도 아님이니라.

8 그 모두는 나 여호와의 창조함이요, 내 역사의 뜻에 이루고자 할 때, 그는 하나의 떨어지는 낙엽의 무게만도 못한 것이라는 것을 너희는 알라.

9 그러나 모든 백성이 그 웅장함과 장대함이요, 거기에 눌려 믿음의 길을 가고 있으며,

10 그리하여 헤어나지 못하는 그와 같은 너희가 지금 되어 있다 함은 이 얼마나 슬프고 고통스러운 일이더냐?

11 결국 너희가 그러기에 내가 폐하라는 것, 그리고 지어서는 안 된다는 그 성전을 짓고 있는 것이 아니더냐?

12 그 성전이라는 것은, 또 교회라는 것은 무엇이더냐?

13 일찍이 구약에 기록했듯이, 그들은 나의 아들 예수가 오기 전에 제사를 지내는 곳으로써 사용되어 그 모든 직분을 다했으며, 이제는 그 존재 가치가 없음을 너희는 알아야 될 것이니라.

14 그러니 그 모두는 폐쇄하며 문을 닫을 때가 되었거늘,

15 어찌하여 너희는 그와 같은 것을 지금도 계속 나의 뜻이요, 나에게 바치는 기쁨이라 하여 그 역사를 하고 있는가?

16 그러니 교회라는 것은, 그 성전이라는 것은 구약 시대에 나의 아들 예수가 오기 전에 그 직분을 다했다는 것을 알아야 될 것이니라.

17 그를 모르고 그 의미를 모르는 백성이

지금 너희가 하늘을 향하여 십자가로
써 나를 고문하는 그와 같은 교회라는
것을 수없이 지어 가고 있음을 알라.
18 그리고 너희가 유지하고자 하는 그곳
에서 아름다운 마음이요, 참진리요,
정의로움을 보지 못하며,
19 너희가 거래하는 자요, 그리고 불법을
행하는 그와 같은 종교 집단이요, 지
도자들로 타락되며,
20 그 신도들 또한 그를 유지하고 관리하
기 위해 지금 얼마나 많은 고통 속에
너희 마음을 팔며 양심을 팔며 그를
지탱하고자 하는가?
21 너희가 나 여호와의 뜻으로써 이루는
것이 아니요, 인간의 생각이요, 인간
의 욕심에 따라서 그 교회요, 성전을
운영하며 유지하기 위하여, 관리하기
위하여 어떠한 방법과 편법을 쓰고 가
는가?
22 그러니 너희가 그들에게 이제는 종이
되었으며, 그들의 하수인이 되었으며,
그들의 명에 움직이는 그와 같은 웃지
못할 형국이 되었다 내가 일찍이 나의
법전에 기록한 그 뜻을 너희는 알아야
될 것이니라.
23 바로 내가 짓지 말라는 그 성전을 지
은 자들이요, 교회라는 것을 지은 자
요, 그를 너희가 유지 관리하기에 혈
안이 된 그 백성이 결국 하는 것이 무
엇이더냐?
24 나의 아들 예수를 핍박하고 그를 죽게
한 자들이 그들이니라.
25 지금의 너희가 짓지 말라는 그 교회를
짓는 것, 그 신도들, 그 집단, 과연 너
희가 내 뜻에 의해 역사하는 것이라
생각하는가?
26 그들이 또한 어떠한 행위를 하는가?
27 지금 내가 지어서는 아니 되며 마음의
교회를 지으며 나의 복음을 마음으로
전하라 하였음이니,
28 그러니 너희가 인간의 손으로 짓는,
보이는 그 죄의 온상을 짓는 것으로써
지금 모두를 다 바치고,
29 그것이 크고 작은 것으로써 진정한 종
교 지도자인지 아닌지를 평가하며, 위
대한 자요, 나의 뜻에 의해 역사하는
자냐 아니냐 하는 평가를 하는 그와
같은 웃지 못할 형국이 되었음이니,
30 그와 같은 백성이 나의 아들 예수를 2
천 년 전에 죽였듯이, 지금 나의 법전
을 태우고 찢어 버리고 던져 버리는
그와 같은 행위를 함이니라.
31 그뿐이던가, 너희가 나의 아들을 십자
가에 못 박아 고통 속에 거둬 죽어 가
도록 했으니,
32 그 후손들이 지금 나의 아들의 가슴에
독화살을 쏘는 행위를 할 것이며, 호
시탐탐 나의 아들을 제거하기 위하여
노리는 것이 너희며,
33 그를 역사하는 것이 나 여호와의 뜻에
이루는 자요, 가장 효성스러우며 충성
스러운 나의 아들이라 부채질하며 충
동질하는 자들이 오늘의 믿음의 집단
이요, 지도자가 할 행위라는 것을 나
는 미리 알고 있음이니,
34 너희가 감히 그와 같은 생각을 지우지
아니하면 너희가 먼저 그 대가를 치른
다는 것을 잊지 말라.

## 9,906 번째 하나님 말씀

*2004년 3월 11일 15시 16분*

1 사랑하는 나의 아들아!
2 "네, 아버님! 말씀하옵소서."
3 나 여호와가 너희에게 가장 큰 사랑
의 그 표시가 아담과 하와에게 내려
준 지상의 낙원이 아니었더냐?
4 그러니 아담과 하와가 사탄에게 무너
져 그 세상이 어찌 되었더냐?
5 나의 천국이 사탄의 세상으로 변했으
며, 그와 같이 만들어져 지금까지 흘
러온다 하지 아니하였더냐?
6 그러니 그와 같이 지금 사탄의 세상이
된 것을 내가 아담과 하와에게 내려
주었던 그 아름다운 지상의 낙원으로
써 그를 만들고자 하는 것이, 선택된
백성 너희로 하여금 그 역사를 이루
고자 했던 것이 나 여호와의 뜻이니라.
7 그리하여 내 사랑하는 만백성에게 깨
우침을 주고자 하였으며, 너희가 그
깨우침을 얻어 하늘의 뜻을 알아 나의
뜻을 역사하는 것, 그리하여 내가 선
택된 백성 그들로 하여금 그 모두를
이루고자 하였으며,
8 그러나 너희가 그 역사를 이루고자
하여 내가 또한 너희들에게만 모든 짐
을 지워 주었던가?
9 그렇지 아니함이니라.
10 나의 아들 예수를 세상에 내려보내 너
희와 더불어 그 모두를 역사하며, 그
를 정점으로 하여 지상의 낙원으로 되
돌려 놓는 그와 같은 역사를 하라 하
였거늘,
11 그를 따라서 같이 행하고 역사할 그
백성이 나의 아들 예수를 그리 처참하
고 고통스럽게 죽어 가도록 그 삶을
너희가 연출하지 아니하였더냐?
12 그러니 그리하여 지금 더 험악한 세상
이요, 더 무너진 이와 같은 세상이 되
었음이니라.
13 그러니 사랑하는 나의 아들딸들이 사
탄의 세상에서 지금 고통스러운 삶을
산다 내가 너희에게 그리 말하지 아
니하였더냐?
14 이제는 나 여호와가 나의 법전이요,
새로운 성경으로써 동양의 작은 나라
요, 사랑하는 나의 백성 너희들로 하
여금 이 지상의 낙원을 만들고자 하며,
15 그를 시작하여 기초를 다지고자 하는
것이 지금 선택된 나의 아들을 따르는
제자 너희임을 알아야 될 것이니라.
16 나 여호와가 영원히 기거할 수 있고
거주할 수 있는 지상의 나의 집을 만
들고자 하는 것이 나 여호와의 뜻이니,
17 그리하여 나의 집을 만들어 내가 하늘
과 땅에 그 모든 하나의 권세의 그 영
광을 같이 이루고자 하는 것이 나의
뜻이요,
18 내가 나의 법전을 내려보내는 것임을
너희는 알아야 될 것이니라.
19 나의 법전이 곧 모든 나 여호와가 기
거할 수 있는 지상의 집을 만드는 것,
그를 건축하는 설계도요, 기초요, 기
본임과 동시에,
20 지금 너희가 동양의 작은 나라 이곳
에 내가 그 집을 짓는 터전을 먼저 닦
기 시작하며, 가장 큰 주춧돌 하나를
여기다 놓고 터를 다스려 나가고자 하
는 것이 나 여호와의 뜻이니라.

21 나의 법전으로써 내가 거할 수 있는
집을 짓는 그 주춧돌을 동양의 작은
나라에 놓기 시작함이니,
22 그리하여 동양의 작은 백성 너희로부
터 더불어 이 하나를 다스려 나가며
다져 나가는 그와 같은 역사를 내가
너희들과 같이하고자 함이니라.
23 사랑하는 동양의 작은 나라요, 그중에
서 선택된 너희는 나와 이 역사를 하
며, 즐겁고 행복한 마음이요, 행복함
속에서 그 모두를 이룰 수 있고 즐거
운 마음으로써 너희가 행할 수 있는
그와 같은 환경이요, 분위기로써 이끌
어 가고 만들어 가야 되는 것이 또한
너희가 같이 행해야 할 책무라는 것을
알아야 될 것이니라, 사랑하는 나의
아들딸들아!
24 여기에서 내가 선택된 동양의 그 백성
이요, 그중에서도 또 나에게서 선택된
나의 아들을 따르는 제자들이요, 나의
법전을 읽고 깨우치는 너희를 통하여
내가 이루고자 하는 그 집을 짓기 시
작하며, 그 집을 짓고자 하는 것이 나
여호와의 뜻임을 너희가 알아야 될
것이니라, 사랑하는 나의 아들딸들아!

## 9,907 번째 하나님 말씀

*2004년 3월 11일 15시 31분*

1 사랑하는 나의 아들아!
2 "네, 아버님! 말씀하옵소서."
3 이 지상에 존재하는 모든 것은 사랑
하는 나의 아들딸 너희를 위하여 존
재한다 하였음이니라.
4 그러니 안식일 또한 너희가 그 안식
일을 위하여 존재하는 것이 아니요,
너희를 위하여 안식일이 존재한다 하
지 아니하였더냐?
5 그러니 나의 법전이요, 나의 성령이
요, 그 모두를 위하여 나의 사랑하는
나의 백성, 아들딸 너희가 존재하는
것이 아니라,
6 너희를 위하여 나의 법전이요, 새로운
성경이요, 그 모두가 세상에 존재한다
는 것을 너희는 알아야 될 것이며,
7 너희를 위하여 나의 뜻을 또한 세상에
내려보내며, 이를 전하여 너희를 깨우
치고자 하는 것이 나 여호와의 뜻이라
는 것을 알아야 될 것이니라.
8 그리하여 그 모두로써 깨닫고 변화되
는 백성, 너희가 나의 나라요, 천국에
올 수 있도록 내가 너희를 구원하고
자 하여 그 모두가 존재하며 그 모두
를 세상에 내려 줌이니,
9 또한 내 뜻도 그를 위하여 내가 전하
고 또한 너희가 내 뜻을 알라 함이니
라, 사랑하는 나의 아들딸들아!
10 나 여호와가 너희와 항상 같이하고
있으며, 너희가 나의 법전을 접하며
그 뚜껑을 열 때, 그 표지를 열 때 내
가 너희와 같이한다는 그 뜻을 알겠느
냐?
11 그 모두는 내가 너희와 항상 같이하
고 있기 때문이니,
12 너희와 같이함은 너희를 구원하며, 너
희가 나에게 오르고자, 나의 뜻에 따
라서 영원히 사는 거듭나는 영광을 얻
기 위하여 항상 내가 너희와 같이하고
있다 함을 너희는 잊지 말라.
13 그리하여 너희는 형식적인 건물이나

그 성전을 짓는 것, 그와 같은 곳에서
내가 너희와 같이하지 아니하며,
14 또한 너희의 행사요, 그 요란을 떠는
것, 그리고 나의 피조물 만백성으로부
터 재물을 거둬들이기 위해 형식적인
행사요, 집회를 하는 것,
15 그 모두 그와 같은 속에서 내가 존재
하지 아니하며, 내가 너희와 같이하지
아니함이라 하였음이니라.
16 나의 참진리요, 진정한 뜻이요, 나의
뜻만이 내가 너희를 구원하고자 모두
가 같이하는 것이며, 너희를 위하여
존재함이라.
17 그들은 그를 원하는 것이 아니요, 그
들은 그것을 바라는 것이 아니니라.
18 인간의 생각이요, 저희의 교리로써 인
간의 지도자들이 부귀영화요, 권세요,
영광을 누리기 위해 하는 짓이기에,
19 거기에는 내가 같이하지 아니하며 그
들과 동행하지 아니함을 너희는 알아
야 될 것이니라.
20 조용히 너희가 나의 법전이요, 그리고
나의 십계명이요, 이를 지키고 살아가
고자 하는 그 백성, 내가 그들을 위하
여 모두가 존재하기에, 그와 같은 백
성은 내가 항상 같이하고 있다 하였음
이니라.
21 특히나 말씀으로써 너희가 내 뜻으로
써 모두를 역사하며 너희를 지배하고
다스린다 그리 말하지 않느냐?
22 그러니 바로 나의 뜻이요, 너희가 말
하는 아버지의 말씀인 것이 바로 나의
새로운 성경이요, 나의 법전이니라.
23 그리하여 내가 나의 법전의 표지를 열
때 내가 너희와 같이한다는 그 의미
가 거기 있음을 알라, 사랑하는 나의
아들딸들아!
24 나 여호와의 백성인 너희는 네 마음
속에 내가 항상 같이하고 있음을 절대
잊지 말라.
25 너희가 바로 살고자, 바로 가고자, 그
리고 나의 법전대로 살아가고자, 나의
계명대로 살아가고자 하는 너희 마음
속에 나 여호와가 항상 같이하고 있음
을 잊지 말라, 사랑하는 나의 아들딸
들아!

## 9,908 번째 하나님 말씀

*2004년 3월 11일 15시 37분*

1 사랑하는 나의 아들아!
2 너희가 말하느니라, 이제는 때가 왔느
니라, 구원할 자와 구원하지 않을 자
그때가 왔느니라,
3 그리하여 때가 되었으니, 너희는 회개
하고 나의 아들 예수를 찾으며 예수의
보혈로써 구원을 받는 그 길을 가라,
4 그리하여 너희 손으로 지은 교회요,
그 성전에 와 기도하고 경배하라,
5 그리 너희가 지금 울고불고 부르짖고
있지 않은가?
6 그리하여 그 의미가 과연 무엇이냐?
7 너희가 때가 되었다는 것은 예수가 재
림하여 세상에 내려오니, 너희는 회개
하라, 그렇지 아니하면 지옥으로 가며
너희는 구원의 길을 볼 수 없다, 그러
니 예수가 내려올 때가 되었다 너희가
그리 부르짖고 또 전하느니라.
8 그러나 너희가 아무리 외치면 무엇하
느냐?

9 너희가 때가 되었다 소리 지르고 그리
외친들, 나의 아들 예수가 무어라 하
였느냐?
10 너희를 거처할 곳을 그 처소를 하늘에
와 만들어 놓고 다시 세상에 내려가
너희를 구원하며 인도한다 하였거늘,
11 다시 거처를 만들고 인도했다는 나의
아들은 아직 오지 아니하였으며 내려
가지 아니하였음이니,
12 너희가 깨우치고 안들 무엇하던가?
13 그러니 너희가 아무리 때가 되었다
부르짖은들 무엇하겠느냐?
14 더욱이 나의 아들이 하늘에 와 너희
거처를 만들고 세상에 내려간다 하는
것을 믿고 있는 너희들, 나의 아들은
지금 그리 내려가지 아니하고 있음이
니라.
15 다만, 나의 아들이 다른 보혜사로서
그 뜻을 전한다는 그 의미를 너희가
잘못 가르치고 잘못 알고 있기 때문이
니,
16 지금 바로 내가 새로운 성경이요, 160
권의 법전이라 하여 새로운 보혜사요,
새로운 나의 아들을 통하여 그 모두를
세상에 내려보내고 있거늘,
17 너희가 나의 아들 예수가 내려오며,
나의 아들이 천군을 데리고 나팔 불며
너희를 구원하러 온다는 그 환상적인
꿈속에 젖어 나의 법전이 내려옴을 아
직도 모르고 있으니,
18 거처를 만들고 다시 내려온다는 나의
아들이 아니요, 너희를 깨우쳐 하늘에
오를 수 있도록 하는 그 뜻을 가지고
세상에 다시 내려보낸다 하였으니,
19 그 뜻이 지금 세상에 바로 내려와 있
음을 너희는 알라.
20 그러니 나의 아들 예수는 내려오지 아
니하였으며, 너희가 또한 지상에서는
어찌 가는가?
21 나의 성경을 가지고 너희가 공부하고
깨우친다 하나, 나의 성경의 인봉된
그 부분이 아직 개봉도 되지 아니하였
으며 개봉도 하지 못한 너희이니라.
22 그러니 인봉된 부분을 개봉하여 나의
뜻을 알지도 못하며, 내가 예언한 뜻
을 알지 못하며, 내가 역사하고자 하
는 것을 아무것도 알지 못하는 백성이
니,
23 그러니 너희는 아무것도 준비되지 아
니하였으며, 아무것도 예비된 것이 하
나도 없거늘,
24 너희는 때가 왔느니라, 때가 되었다,
그저 너희가 회개하고 반성하면 나의
아들 예수의 이름을 찾으라,
25 그러면서 너희가 죄의 온상에 와 재
물을 바치며 구원을 받으라, 지금 너
희가 그리 강요하고 나의 백성을 이
끌어 가는 그와 같은 천국의, 구원의
사기극을 벌이고 있는 것이 모든 종교
집단이요, 지도자라 함을 알아야 될
것이니라.
26 예수가 직접 내려감이 아니요, 다른
보혜사로서 나의 성령이 전해짐이니,
너희는 이 뜻을 알라.
27 그러니 지금 내가 나의 아들을 통하여
나의 법전을 세상에 내려보내는 이 뜻
을 알라.
28 그리하여 나의 법전이야말로 바로 무
엇이더냐?
29 너희가 지금까지 인봉된 성경의 그 내

용을 열지 못했으며, 그 내용을 알지
못하는 것, 예언의 말씀이요, 언약의
그 모두를, 너희가 알지 못하는 것을
나의 법전으로 하여금 이를 읽고 깨우
치는 자 그 열쇠를 얻음이니,
30 너희가 열어서 그 뜻을 보고 깨우치고
있지 않더냐?
31 그러니 나는 이 모든 언약을 실행하고
있음을 너희는 알라.
32 첫째는 내가 종교 지도자요, 목회자
너희가 지금 아무것도 모르는 자들이
요, 그를 깨닫지 못하는 백성이요,
33 세상에 지금 새로운 보혜사요, 나 여
호와의 성령이요, 너희가 말하는 전지
전능한 아버님의 말씀이요, 뜻이 세상
에 내려와 지금 역사하는 것을 아직
모르고 있는 자들이요,
34 그리고 너희가 성경의 개봉하지 못한
것을 개봉하여 만백성을 깨우치고 전
하는 것을 모르는 어리석은 백성이
지금의 종교 집단이요, 지도자요, 구
원을 받았다는 백성임을 알라.

## 9,909 번째 하나님 말씀

2004년 3월 12일 06시 07분

1 사랑하는 나의 아들아!
2 "네, 아버님! 말씀하옵소서."
3 너희가 과연 나로부터 어떠한 백성이
요, 어떠한 역경이요, 어떠한 모습으
로써 거듭나야 하는지 너는 보았느냐?
4 "네, 아버님! 그를 보았사옵나이다.
5 인간인 저희가 살아가면서 지금까지
살아온 그 죄가 모든 몸에 바늘을 꽂
아 놓은 것, 그 숫자보다도 더 많은 죄
를 짓고 더 악을 행하며 살아온 것이
인간 저희의 그 모습이옵나이다.
6 그러니 저희가 눈에 보이지 아니하여
보지 못하며, 만질 줄 모르니 그를 보
지 못함이니,
7 저희가 살아가면서 하나의 죄를 범하
며 하나의 부끄러운 짓을 할 때마다
그 바늘이 저희의 몸에 하나씩 꽂히
기 시작함이니,
8 모든 백성이 지금 고슴도치라는 것처
럼 그 바늘이 꽂히지 않는 곳이 없이
모두가 다 지금 꽂혀 있으며 온몸이
바늘투성이로 되었사옵나이다."
9 그러니 그것을 어찌해야 되겠느냐?
10 "네, 아버님! 그를 하나하나 뽑아내는
것, 그를 뽑아서 버리지 아니하면 결
코 사람은 갈 수가 없으며, 저희는 인
간의 형태를 볼 수가 없사옵나이다.
11 오늘의 아버님께서 명하신 저나 저를
따르는 그 제자들이나 모든 백성이
그 고슴도치라는 동물처럼 수없이 바
늘이 다 덮고 있사옵나이다.
12 머리털이 또 털이 저희의 몸에서 나
있는 것보다 '소'라는 짐승이 그 털로
덮여 있는 것이며, 모든 들짐승이 그
털로 덮여 있는 것처럼, 그보다도 더
바늘이 많이 꽂혀 있으며, 그보다 더
바늘이 많이 저희 몸에 꽂혀 있어 그
형국으로 되어 있는 것이 저희 모습이
니,
13 이게 사람의 모습이 아니요, 짐승의
모습보다 못한 흉악한 모습으로써 저
희가 하나하나 그를 꽂고 있사옵나이
다.
14 아버지께서 일찍이 말씀하시기를, 너

희가 잘못 살아온 그 죄가 너희에게
서 떨어져 나가고 없어지는 줄 아나,
너희의 그 몸에 붙어 있다는 그 말씀,
15 그것이 바늘이 되어 저희에게 하나하
나 꽂혀 있는 그와 같은 형국이며, 그
와 같이 꽂혀 있사옵나이다.
16 그러니 그를 뽑아야 하며, 그를 모두
뽑아야 되옵나이다.
17 저 자신이 그를 뽑아내고 또 뽑아내
니, 제 눈에 보이지 않아서 뽑지 못하
며, 제 손이 닿지 아니하여서 뽑지 못
하는 것은, 그것은 아버님께서 결국
뽑아 주시며 아버님께서 털어 주시는
그와 같은 저희가 뽑을 수 있는 변화
된 삶으로써 살아가야만 그 모두를 다
뽑을 수 있사옵나이다.
18 그를 다 뽑아내지 아니하면 결코 아
버님의 나라에 거듭나는 영광이 있을
수 없으니,
19 몸에 수없이 새털보다도 더 많이 박혀
있는 그 바늘을 다 뽑아내야만 된다
는 것,
20 그를 뽑아내지 아니하면 결코 저희는
아버님께 불려가 거듭나는 영광을 얻
을 수 없으며,
21 또한 제 손으로 잡히지 아니하며, 눈
으로 보이지 아니하며, 그리하여 제
손으로 더듬어 뽑을 수 없는 그와 같
은 곳까지도 모두를 다 뽑아내야 됨이
니,
22 그는 오로지 아버님께서만 역사해 줄
수 있으며 아버님께서만 거둬 주시는
그와 같은 은혜와 영광이 있어야 될
것이요,
23 그와 같은 영광이 없이는 모두를 다
뽑아낼 수가 없다 그리 생각되옵나이
다.
24 그 저희가 죄지은 것이 지금 새털보다
도 더 많은 바늘이 꽂혀 있는 것이 저
희의 오늘의 형국이요, 오늘의 삶이니,
25 과연 그와 같은 형국으로써 그 바늘을
뽑아내지 못하고 제 몸에 붙어 있는
하나하나의 그 바늘을 뽑지 못하고 구
원을 받았으며 하늘에 오르며 거듭나
는 영광을 얻었다는 것이 저희이니,
26 그러니 얼마나 어리석고 불쌍한 백성
이요, 오늘의 만백성들이 그리 가고
있는지, 이 불쌍하고 가련한 백성에게
그것을 깨우쳐 주시며 그 지혜를 주시
며,
27 또한 새로운 성경으로써 아버님의 법
전에 기록하여 만백성에게 전하도록
하시는 것, 그 모두가 아버님의 은혜
요, 큰 영광이요, 축복이라는 것을 알
고 있사옵나이다.
28 아버님! 저 자신부터 그 바늘을 뽑을
것이며, 그리고 정녕 그를 뽑지 못하
면 저의 제자들이 뽑을 자격이 있는
자로 하여금 그를 뽑을 수 있는 그와
같은 삶으로써 살아가겠사옵나이다."
29 사랑하는 나의 아들아!
30 "네, 아버님! 말씀하옵소서."
31 네 몸에 붙어 있는 그 수많은 바늘을
네가 뽑음이니, 또한 너의 제자들이
뽑을 자격이 있는 자, 내가 그를 명하
여 그를 뽑도록 해 줄 것이니,
32 너의 제자들이 네 몸에 있는 바늘을
뽑을 수 있으며 제 몸에 있는 바늘을
뽑을 수 있는 그와 같은 제자가 이 세
상에 나와야 됨이니라.

33 너는 내가 뽑아 준다 하나, 나는 뽑지
않을 것이며, 너희 손에 닿지 않는 것,
보이지 않는 바늘을 뽑지 아니할 것이
니라.
34 다만, 너의 제자들이요, 너의 동료가
그와 같이 변했을 때 죽기 전에 이 세
상에서 그 모두를 뽑을 자격이 있는
자로 하여금 그를 다 제거해 주며 거
둬 줄 것이니라.
35 그러니 너는 오늘부터 바늘 하나하나
를 뽑아내는 그와 같은 삶이요, 그 길
을 가도록 하며, 그것 외에 바라보지
말고 살도록 그리하라, 사랑하는 나의
아들아!
36 모두를 다 제거해야 되며 모두를 다
털어 버려야 하는 것을 너는 보았을
것이니라.
37 그리고 너는 네 몸에 있는 그 바늘을
어찌 뽑아내며 어찌 털어내는지, 그리
고 누가 뽑아 줄 것인지도 너는 어제
다 보았을 것이니라.
38 "네, 아버님! 보았사옵나이다.
39 뽑아 줄 가정도 보았으며, 뽑아 줄 사
람도 보았으며, 그 모두를 보았사옵나
이다.
40 오로지 아버님께서 그리 가라 하시며,
그 모두가 뽑아지는 형상을 보여 주
셨으며, 모두를 제거해 주시는 모습을
제가 보았으며,
41 제거된 제 모습이 어떤 것인가를 보았
사옵나이다, 아버님!
42 그를 하나하나 뽑아내는 삶이요, 절대
더 꽂는 그와 같은 짓은 하지 아니하
며, 절대 더 꽂는 그와 같은 아버님의
뜻을 거역하는 길은 없도록 그리 살아
가겠사옵나이다, 아버님!
43 저의 죄를 용서해 주옵시고, 저를 거
두어 주옵소서."

## 9,910 번째 하나님 말씀

*2004년 3월 12일 06시 15분*

1 사랑하는 나의 아들아!
2 "네, 아버님! 말씀하옵소서."
3 새털보다도 많은 너의 죄의 바늘이 네
몸에 꽂혀 있음이니, 그리고 너의 제
자들, 또한 나의 피조물 만백성 너희
에게도 그리 꽂히기 시작하며 꽂혀 있
느니라.
4 그리고 너희는 그를 뽑아내지 못하며
계속 너희들이 더 꽂는 행위를 함이
니, 그 바늘은 너희 몸에서 그대로 그
꽂힌 곳에 멈춰 있음이 아니니라.
5 그 바늘은 너희가 그 하나의 죄악을
하여 하나의 바늘을 더 꽂을 때마다
너희 몸속에 파고들며 깊이깊이 파고
듦이니라.
6 그러니 네 몸에 박혀 있는 그 모든 바
늘이 다 그 몸속에서 보이지 아니할
정도로 너희 몸에 박힘이니, 그때 너
희가 과연 어찌 견디고 살아갈 수 있
단 말이더냐?
7 너희가 그 모두가 박히고 끝나는 순간
에 죽어 나에게 와 심판을 받음이니,
8 그와 같은 너희들의 형국이요, 그와
같은 형태로써 나에게 와 심판을 받았
을 때, 너희는 과연 나로부터 어떠한
은혜를 받을 수 있다 생각하느냐?
9 그러니 너희 자신이 걸을 수 없으며,
너희 자신이 견딜 수 없으며, 너희 자

신이 숨을 쉴 수 없는 그 죽은 자가 됨
이니,
10 그게 바로 너희가 죄를 안고 지옥으
로 가는 그와 같은 너희들의 모습이
라 함을 알라.
11 이제 너는 너의 제자들에게 이르라.
12 그 모든 바늘이요, 그 가시는 너희 몸
과 마음을 수없이 쑤시고 지금도 박혀
가고 있음이니라.
13 그 무서운 현실 속에서, 너희가 뺄 수
없는 그 바늘을 너희가 빼지 아니하
면 아니 됨이니라.
14 그는 바로 무엇으로 빼느냐?
15 너희가 아름다운 마음이요, 천사와 같
이 변하는 자세요, 너희가 나의 계명
이요, 나의 법전을 읽고 깨우쳐 내 뜻
대로 살아가는 것,
16 그리하여 하나하나 악습을 버릴 때마
다 또한 그 바늘을 너희는 뽑을 수 있
으며, 그때마다 그 바늘은 몸을 침투
하지 아니하며 멈춰섰으며 그리 물러
나기 시작함이니,
17 너희가 선하고 악한 일을 어찌 행해야
될 것인가를 알아서 하라.
18 너희 몸으로 계속 그 바늘이 들어감이
니, 그 바늘이 너희 몸에 다 파고들었
을 때 그 바늘은 흔적이 없음이니, 뽑
으려야 뽑을 수 없음이니,
19 그때야말로 너희가 죽어 나에게 와
심판을 받으니,
20 너희가 온갖 가시의 바늘로써 몸에 찔
려 오니, 어찌 너희를 내가 거듭나게
할 수 있으며, 거듭날 수 있는 영광과
은혜를 주겠는가?
21 그것이 바로 그 바늘의 죄목을 너희가
네 몸에 붙이고 지옥으로 가는 형국이
니,
22 너는 이와 같은 것을 네 제자들에게
깨우쳐 전하도록 하라.
23 그리고 너희가 정녕 그러고도 두려움
과 무서움을 모르며, 하늘을 향하여
부끄럽이 없는 삶을 살지 아니하며,
너희 눈을 속이고 마음을 속이는 그와
같은 백성이 되어서는 아니 될 것이니
라.
24 이를 명심하고 또 명심하여 행하도록
그리 전해야 될 것이니라.
25 사랑하는 나의 아들딸들아!
26 너희가 세상의 이치는 모두 너희 몸
에서 이루어지며 너희 몸에 다 있음을
잊지 말라.
27 너희가 나에게 오르고 못 오르는 것,
구원을 받고 못 받는 것, 그 죄의 바늘
의 가시를 뽑고 못 뽑는 것도 너희 자
신에게 달렸지 않느냐?
28 그러니 세상의 이치가 어떠한지 알겠
느냐?
29 너희가 무엇을 먹느냐, 모든 동식물이
살아가면서 무엇을 먹으며 무엇을 마
시느냐에 따라서 너희는 그것을 또
세상에 다 내보냄이니라.
30 물을 많이 마시는 너희는 물을 배설
하게 되어 있음이니, 이것이 하늘의
이치요, 너희가 그 모두를 깨우쳐 가
는 그 이치니라.
31 너희 몸속에서 너희 몸에 변화되는
그것으로써 세상 이치를 다 깨우치며
너희가 그를 알고 깨달을 수 있음이
니라.
32 물을 많이 마시는 백성은 그 물을 배

설함이니, 너희가 악을 마시며 독을
마시느냐 아니면 선하고 아름다운 것
을 마시느냐 하는 것,
33 네 마음속에 무엇을 다스리며 무엇을
받아들이며 무엇을 심느냐에 따라서
너희가 그 형태로 그대로 이루어지는
것이니라.
34 악을 마시고 악이 존재하는 자, 그 악
이 나올 것이며,
35 선을 마시는 자, 선을 가슴에 안는 자,
그 모두는 선이 나올 것이니,
36 너희 몸에 세상의 이치가 다 있으며,
세상의 가르침이 다 거기에 있음이니,
이를 명심하여 따르도록 하라.
37 무엇을 마시고 먹느냐에 따라서 그를
너희가 또 세상에 내보내는 그것은 그
대로 이루어짐이니,
38 너희가 어떠한 것을 받아들이느냐에
따라서 그대로 변화되며, 그대로 너희
가 세상에 내보내는 그와 같은 인간의
삶이 되니,
39 모든 진리가 너희 몸에서 너희 스스
로 이루어지는 것을 거울삼아 깨우치
도록 그리하라.

## 9,911 번째 하나님 말씀

*2004년 3월 12일 06시 21분*

1 사랑하는 나의 아들아!
2 "네, 아버님! 말씀하옵소서."
3 나의 피조물 만백성 너희는 알고 있
느니라.
4 이 동양의 작은 나라에서 의인이 나올
것이며,
5 동양의 작은 나라에서 진정한 믿음의
길이요, 나 여호와의 뜻이요, 그 모든
새로운 믿음의 길을 역사하는 자가 올
것이라는 것을, 동양의 작은 나라의
백성 너희는 알고 있으며, 너희 입으
로 그리 전하고 전해져 있음이니라.
6 그러니 너희가 그 모두는 무엇이더냐?
7 나 여호와의 언약이요, 내가 모두 예
언한 것임을 너희는 알아야 될 것이
니라.
8 동양의 작은 나라의 언어가 세계 공
통어가 된다 하며, 지금 나의 아들이
그를 부르짖으며 그 역사를 위하여 지
금 달려가는 것, 이 모두가 다 예언된
것이며 미리 예약된 것임을 너희는
알아야 될 것이니라.
9 그러하기에 동양에 사는 백성들이요,
세상의 백성들이 동양의 작은 나라에
의인이 올 것이며,
10 내 뜻을 받아 역사하는 새로운 지도자
요, 새로운 믿음이요, 새로운 신앙의
길이요, 바르고 고운 참진리의 길을
가는 역사가 동양의 작은 나라의 어
느 한 곳에서 이루어질 것임을 너희
는 이미 알고 있으며, 그를 깨달은 자
들이 있음을 알아야 될 것이니라.
11 그러니 동양의 작은 나라가 축복의 나
라요, 영광된 나라로서 거듭난다는
것, 또한 너희가 수없이 너희끼리 말
하고 있으며, 구전으로 전해지는 사실
을 너희는 부인하지 아니할 것이니라.
12 동양의 작은 나라에서 나의 아들이 태
어남이니, 또한 이것이 무엇인 줄 알
겠느냐?
13 그리고 동양의 언어로써 세상을 다스
리고자 하는 것, 그리고 동양의 언어

요, 습관으로써 너희가 이를 기준으로
하여 만백성을 깨우치는 그 촛불이 켜
짐이니, 이게 바로 또한 무엇이더냐?
14 다 이것이 예언된 것이며 예약된 것
이며, 나 여호와의 뜻에 의하여 이루
어지는 것을 너희는 알아야 될 것이
니라.
15 나의 아들이 동양의 작은 나라에서 태
어나지 아니하였다면, 이는 나의 아들
이 아니요, 내 뜻을 역사하는 백성이
아니니라.
16 그는 예언된 것이 아닌 역사이기 때문
이니라.
17 그러니 내가 예언하였으며 너희가 미
리 깨우쳐 알고 있으며, 지혜 있는 백
성이 동양의 작은 나라에서 의인이 오
며, 나의 아들이요, 그 모두를 이끄는
자가 온다는 것을 너희가 알고 있음이
니,
18 그리하여 동양의 작은 나라에서 나의
아들이 태어남이니, 곧 이것이 나의
아들임을 너희는 알며,
19 그를 통하여 내리는 나의 법전이요,
나의 성령이 내 뜻이라는 것을 알아야
될 것이거늘,
20 어찌하여 올 것이 온다며 반드시 그
역사가 이루어진다 하면서, 너희는 그
모두를 아는 백성이 너희에게 그와
같은 은혜요, 축복이요, 영광을 내려
주니,
21 막상 너희는 이를 거부하며 이를 찢
어 버리며 그의 가슴에 화살을 쏘려는
것이더냐?
22 모두가 준비되었으며 모두가 준비된
대로 이루어지는 그 절차이거늘, 어찌
하여 너희가 이를 보지 못하며,
23 축복이요, 영광이요, 너희가 나의 법
전 앞에 경배하며 나에게 감사의 기도
를 드리지 아니하고 어찌하여 나를
능멸하며 욕되는 짓만을 하고 있단 말
이더냐?
24 너희는 모두를 들어서 알고 있음이니
라.
25 그리고 깨달아서 그 역사가 이루어지
는 걸 알고 있음이니라.
26 그러나 많은 종파가 저희 앞에서 이
루어지지 아니하며 제가 이루어지지
아니하며 제가 스스로 그와 같은 자로
서 세상에 나오지 아니함이니, 그리고
세상을 다스리는 대명을 받지 못했으
니,
27 너희는 시기요, 질투로써 그것을 너희
가 이루지 아니하며, 가지 아니하며,
듣지 아니하려는 어리석은 백성이니,
28 너희가 나의 아들 예수를 그리 죽게
한 자들이니라.
29 나의 아들 예수가 베들레헴에서 태어
나지 아니하였으면 나의 아들이 아니
었음을 알아야 될 것이니라.
30 그는 그곳에 태어나도록 예언되었으
며 예약되어 그는 거기에서 태어났음
이니라.
31 과연 나의 아들 예수가 어찌하여 베들
레헴에서 태어났는가?
32 너희는 그 역사를 들여다보면 그것을
알게 될 것이니라.
33 그러니 지금 동양의 작은 나라에서 나
의 아들이 태어났으며, 동양의 작은
나라의 언어로 세상을 다 통제하며 다
스리고자 함이니, 이게 바로 다 예언

된 것이며 예약된 것이니,
34 나의 아들이 동양의 이 작은 나라에서
태어나지 아니하였다면, 이는 나의 아
들이 아니요, 나의 목자가 아니요, 내
가 보낸 선지자가 아니라는 것을 너희
는 알아야 될 것이니라.
35 모두가 다 이와 같이 이루어지며 이와
같이 어긋남이 없거늘,
36 어찌하여 그를 통하여 내리는 나의
성령이요, 새로운 법전이요, 이게 너
희가 욕된 것이라 그리 말한단 말이더
냐!
37 어리석은 백성들아! 너희가 욕심을
버리고 마음의 창문을 열도록 하라,
그리 전하라, 사랑하는 나의 아들아!

## 9,912 번째 하나님 말씀

*2004년 3월 12일 06시 30분*

1 사랑하는 나의 아들아!
2 "네, 아버님! 말씀하옵소서."
3 지금의 나의 피조물 만백성을 구원한
다는 종교 집단이요, 지도자들이 과연
저희가 어찌하여 이 세상의 지도자라
단상에 서서 나의 피조물 만백성에게
고혈을 빨아 가는 그와 같은 흡혈귀로
변하여 생활하고 살아가는지 알겠느
냐?
4 내가 하늘에서 보는 너희가 그러하느
니라.
5 인간 세상에 살아감에 있어서 너희가
실력이 부족하며, 너희가 말하는 좋은
곳에 역사할 수 없는, 그와 같이 부족
한 실력을 가진 자들이 결국 살기 위
하여 찾아가는 곳이 지금 종교 학교
요,
6 그 학교라는 곳에 입학하여 거기서 소
정의 교육의 과정을 마쳐 종교 지도자
라 하여 세상에 나와 나의 피조물 만
백성의 피를 빠는 그와 같은 사악한
자들이니, 실패한 너희가 그와 같은
짓을 하고 있느니라.
7 그뿐이더냐? 너희가 인간 세상에 살
아가면서 아무리 그 믿음의 길이요,
종교의 신앙에 매달려도 너희가 이루
지 못하며, 낙오자가 되며, 계속 무너
지며, 사업에 실패하며 견딜 수 없을
때,
8 너희가 선택하여 가는 것이 그 믿음의
길이요, 그 종교 학교에 너희가 또 입
학하며 그곳에 가 종교 지도자로서
변신하여 나오는 그와 같은 자들이 오
늘의 종교 지도자요, 단상에 서서 너
희가 목회자라 말하는 자들이 그러하
니라.
9 그리고 제 부모가 목회자로서 편안히
살아가며 제왕적인 대우를 받고 살아
가는 것, 그것을 보고 그보다 이 세상
에 더 좋은 직업이 없으며 직장이 없
다 하여 그리 감이니,
10 너희가 정녕 종교 지도자요, 출발하는
그 선에서부터 나의 진리를 깨우치며
내 뜻을 전하고자 하는 것이 아니요,
11 너희가 사업적으로, 장삿속으로써 살
아가기 위해 뛰어든 자들이 바로 오늘
의 종교 집단의 지도자라 하여 단상에
서서 지금 강론하며, 나의 피조물 만
백성의 피를 빠는 그와 같은 사악한
자들만이 세상에 존재함을 너희는 알
겠느냐?

12 내가 나의 아들에게 전하였느니라.
13 너희가 죄를 짓는 자, 솜털보다 더 많
은 바늘의 가시를 꽂고 있으니, 그곳
에서 흐르는 피를 빠는 것이 바로 오
늘의 종교 집단의 지도자의 그 형국
이니라.
14 그리하여 너희의 세 치 혓바닥의 말
장난에 현혹된 백성이 수없이 모여든
다면,
15 너희가 복권이라는 걸 사서 대박이 터
지는 것처럼 대박 터진 인생이라며,
너희가 그때부터 살아가는 모습이 바
뀌며, 교세가 늘어남으로써 너 자신이
요, 네 주변의 모든 살아가는 생활까
지도 바뀌는 것이 아니더냐?
16 그리하여 너희가 복권에 당첨되듯이
모여들지 아니하고 대박이 터지지 못
하면, 그는 고생길에 들어서며 너희는
그 문을 걸어 두고 닫아 버리는 것이
아니더냐?
17 그러니 과연 그것이 믿음의 길이더냐?
18 너희가 정녕 나로부터 선택된 목자요,
내 뜻에 따라 역사하며 만백성을 구하
는 진정한 믿음이요, 신앙의 길을 가
는 백성은 너희 말대로 사람들이 네
말에 현혹되어 모두 너희가 복권 당
첨되듯이, 그저 대박이 터진 자라,
19 그렇지 않으면 고생길이요, 고생에서
고생으로써 역사하는 자, 단 한 사람
을 깨우치고 가르친다 해도, 너희가
그를 놔서는 아니 되며, 그를 떠나서
는 아니 되는 것이 지도자가 가야 할
길이며, 진정한 믿음의 길을 가는 백
성 너희가 가는 길이 아니더냐?
20 이것이 다름이니라.
21 나의 아들이 나의 법전을 기록하여 세
상에 전함이니, 그 제자들이 등을 돌
리고 떠난다 해도 나의 아들은 굳건히
그 길을 갈 것이니라.
22 나의 아들 예수가 목숨을 바쳐 내 뜻
을 전했으며 그가 역사하고자 한 것이
무엇인가를 그는 보여 주었음이니라.
23 그보다도 더한 고통과 시련이 있다 해
도 나의 아들은 이 길을 버리지 아니
하고 갈 것이니라.
24 그리고 절대 등 돌리지 아니하며 떠나
지 아니할 것이니라.
25 이것이 진정한 나의 아들이요, 나의
목자요, 내 뜻을 전하는 지도자라 함
을 너희는 알라.
26 너희는 그저 대박이 터지는 것처럼 그
와 같은 역사를 이룬 자는 제왕적인
대우를 받고 살아가는 것이요,
27 고통과 시련 속에 있는 모두는 너희가
그 모든 문을 닫아 버리며 떠나 버리
는 것이 너희의 그 형국이 아니더냐?
28 그리고 너희가 얼마나 사악한 자들이
며 얼마나 잘못된 자들이더냐?
29 나는 너희에게 말하였느니라.
30 너희가 나의 성전이라 하여 우리 부자
의 이름을 팔아 거둬들여 만든 그 모
두를 팔고 사고, 힘들 때 너희가 사업
하는 자가 넘기고 거래하는 것처럼 그
와 같은 형국이 똑같이 이루어지니,
31 거기서 어찌 의인이 나올 수 있으며,
내 뜻을 따르는 백성이 나올 수 있으
며, 나의 뜻의 가르침의 전당이라 그
리 말할 수 있느냐?
32 사랑하는 나의 아들을 따르는 제자들
이요, 나의 법전을 읽고 깨우친 만백

성 너희는 이 세상의 돌아가는 이치
를 거역하는 자, 그리고 너희가 해서
는 아니 되는 행위를 하는 그와 같은
자들,
33 그 귀하고 소중한 거듭남을 버리는 그
불쌍한 백성에게 나의 법전을 전하고
전하도록 그리하여,
34 그를 깨우쳐 인도하는 데 주저하지 말
며, 잠시도 머물러서는 아니 될 것이
니 그리 알라, 사랑하는 나의 아들딸
들아!
35 나 여호와의 이 타는 마음을 너희는
알아야 될 것이니라.

## 9,913 번째 하나님 말씀

*2004년 3월 12일 06시 40분*

1 사랑하는 나의 아들아!
2 "네, 아버님! 말씀하옵소서."
3 너희가 나의 계명대로 지키지 못하며
죄를 짓지 아니하고 살 수 없다는 말
을 하지 말라 그리 전하라.
4 내가 너에게 무어라 말하였느냐?
5 물을 많이 마시는 자, 그 물을 배설하
게 되어 있으며,
6 너희가 그리하여 어떤 마음으로써 어
떠한 것을 너희 마음에 받아들이느냐
그 모두가 네 몸에서 그와 같이 똑같
이 나오는 것이며, 그리 변화되는 것
이라 하지 아니하였더냐, 사랑하는 나
의 아들딸들아!
7 그러니 모든 동식물이 무엇을 섭취하
고 무엇을 먹고살았느냐에 따라서 그
들이 그 형태로 닮아 가는 것이니라.
8 그리고 그것으로써 그들은 변해지느
니라.
9 단것을 많이 먹는 식물이면 달게 변
하는 것일 것이며, 쓴 것을 먹고 자라
면 쓴 것이 됨이니라.
10 그 이치가 다 거기에 있음이니라, 사
랑하는 나의 아들딸들아!
11 너희가 무엇을 먹고 무엇을 받아들이
느냐에 따라서 체질이 변하며 그 몸이
또한 변하는 것이니라.
12 그러니 너희가 어떠한 것을 받아들이
며 어떠한 것을 가지고 사느냐에 따라
서 모두가 변하는 그 이치를 알라 함
이니라.
13 그러니 너희에게 내가 같이하고 있으
며 너희가 있는 곳에 내가 같이하고
있다는 그 뜻을 알겠느냐?
14 그 모두는 너희가 가지고 있는 것이
요, 너희가 살아가는 그 모습이 참진
리요, 너희를 통하여 살아가는 생활
속에서 모든 깨달음을 다 얻을 수 있
는 것임을 알라.
15 너희가 살아가는 생활이요, 육의 믿음
이요, 그리고 정신의 그 살아가는 믿
음에 거기에 진리가 다 있으며, 거기
서 깨달음이 있으며 얻을 수 있는 것
이니라.
16 무엇을 먹고 그를 내보내느냐 하는
것처럼, 너희가 무엇을 듣고 배워 네
가슴에 심어 너희 입으로 나오느냐 하
는 것처럼,
17 그러니 너희 자신이 진리요, 너희 자
신이 깨우침이요, 너희 자신이 나 여
호와가 같이 있다 함이 거기에 있음
이니라.
18 그러니 너희가 어찌 가고 어찌 선택하

느냐 하는 것이거늘,
19 어찌하여 너희가 나의 계명을 지킬
수 없다 그리 말하며, 죄를 짓지 아니
하고 살 수 없다는 그 무서운 말을 함
부로 할 수 있단 말이더냐?
20 모두 내가 너희와 같이하고 있다는
것은 너희가 악과 선도 네 몸에서 너
스스로 만들고 네가 얻고 버리는 것이
요,
21 그리고 진리의 깨달음도 비진리의 길
을 가는 것도 모두가 스스로 네 몸에
서 이루어지며 너희 자신에서 이루어
지는 것이기 때문이니,
22 어찌 선택하고 어떤 것을 받아들이며
어떤 것을 취하느냐에 달렸음이니라.
23 그러니 내가 너희와 같이한다는 그
의미를 알겠느냐?
24 항상 나의 성령이 너희와 같이하며,
너희가 나요, 내가 너희라는 그 의미
를 아느냐?
25 너희가 어떠한 것을 역사하고 받아들
이느냐에 따라서 나와 같이하는 것이
요, 사탄과 같이하는 것이니, 너희는
그리되어 있는 것이 나의 사랑하는 백
성이기 때문이니라.
26 그러니 못 이룰 것이 없으며 변화되지
못하는 것이 없는 것이 너희니라.
27 다만, 너희가 무엇을 선택하여 무엇을
원하여 어찌 가느냐 거기에 달렸다 함
을 알라.
28 그러니 모든 진리도 너희 안에 있으
며, 모든 깨달음도 너희에게 있음이니,
29 그리하여 남의 강론에 울고불고 몸부
림치며 재물을 바치며 무엇을 얻으려
하지 말며, 재물로써 너희가 구하려
하지 말라 함이니라.
30 너희가 진리요, 참뜻은 다 너희 생활
속에, 네 몸속에 다 있으며, 네 마음속
에 다 있으며, 어떠한 것을 깨닫느냐
에 달렸음이니,
31 그것을 너희가 재물을 주고 지상에서
얻으려 하지 말며, 그 재물을 바쳐 너
희가 거듭나는 영광까지도 거기서 얻
고 얻으려 하지 말라.
32 너희 자신이 깨닫고 너희 자신이 변
화되는 것, 그것이 가장 위대함이니라.
33 너희가 악의 가시가 꽂혀 있는 것, 그
것을 뽑는 것이 너 스스로 하는 것이
요,
34 정녕 너희가 보이지 아니하여 뽑지
못할 때는 내가 그를 뽑을 수 있는 의
인으로 하여금 뽑도록 도와준다 하지
아니하였더냐?
35 그러니 너희가 나요, 내가 너희요, 나
의 뜻이 너희와 같이하고 있으며 내가
항상 너희와 같이 가고 있다는 그 의
미를 알라.
36 너희 자신에게서 세상의 천지조화가
다 이루어지며, 모두가 다 너희의 삶
이요, 너희 정신세계에서 그 모두가
다 있으니,
37 거기를 벗어나서 이루어지는 천지조
화가 없다 함을 너희는 알라.
38 천지조화의 모든 역사가 너희 몸 안
에 있으며 너희 마음 안에서 모두가
다 이루어짐이니라.
39 다만, 너희가 어찌 선택하고 어찌 가
느냐에 달렸음이니, 너희가 못 이루고
못 역사함이 없음이니라.
40 너희가 기업을 하며, 역사하는 그 모

든 사업을 하고자, 그리고 너희가 깨
달음의 진리의 길을 가고자, 누구를
가르치고자 지도하고자 할 때,
41 너희가 거기에서 너희 스스로 모든
것을 다 얻을 수 있으며 거기서 생성
될 수 있음을 알라.
42 어떠한 교과서요, 어떠한 과학적인 책
이요, 그리고 너희가 읽어서 눈물을
흘리는 시집이요, 그 모두는 다 어디
서 나오느냐?
43 너희 마음에서 나오며, 너희 몸에서
나오며, 머리에서 나오니, 너희가 못
할 것이 없으며 역사하지 못할 것이
없음이니라.
44 그러니 너희가 그와 같은 것을 깨우
치라.
45 너희가 그 철학을 가르치는 자요, 의
인이라 하는 자요, 한 시대의 의인이
라는 명성이 있는 자요, 그리고 너희
가 선생이라는 이름을 남기는 자, 그
모두가 다 어디에서 나왔느냐?
46 그 머리에서 나왔으며, 생활에서 나왔
으며, 그가 살면서 그 모두를 얻어 너
희에게 가르치고 전함이니라.
47 그러니 너희의 그 머릿속에, 너희 육
의 삶 속에 모두가 다 있음이니라.
48 악도 거기 있으며, 선도 거기 있으며,
진리도 거기 있으며, 깨달음도 거기
있으며, 나에게 오르는 길을 보는 것
도 거기에 있음이니라.
49 그러니 내가 너희와 항상 같이한다는
것을 알라.
50 세상에 너희가 과학의 문명이요, 그
모두 역사한 것도 다 너희 머릿속에
서 나왔으며, 너희 몸속에서 나왔으
며, 너희 생활 속에서 지혜를 얻어 이
루지 아니한 것이 하나도 없음이니라.
51 나의 뜻을 따라 사업하는 백성, 그리
고 나의 뜻을 따라 역사하는 백성, 나
의 뜻에 따라 성전을 운영하는 지도
자, 너희가 모든 생각이요, 너희의 노
력에 따라서 그 속에서 이루어짐이니,
52 너희가 남들처럼 생각하지 아니하며,
두뇌를 쓰지 아니하며, 연구하지 아니
하며, 너희가 위대한 것을 모르기 때
문이니라.
53 이제 나의 법전을 읽고 깨우친 만백성
너희를 내가 가장 소중하고 위대한 백
성이라 함을 알겠느냐?
54 너희는 무한한 것을 만들어 낼 수 있
으며, 무한한 것을 깨달을 수 있으며,
55 무한한 진리를 깨달아 하늘에 오르는
것도 너희 자신의 생활이요, 네 마음
속이요, 네 육이 움직이는 속에 있다
는 것을 잊지 말라, 사랑하는 나의 아
들딸들아!
56 용기를 가지라.
57 주저하지 말라.
58 너희가 이를 깨닫고 두 주먹 쥐고 힘
차게 일어설 때, 모두는 너희에게 영
광이 있을 것이니라.

## 9,914 번째 하나님 말씀

*2004년 3월 13일 06시 05분*

1 사랑하는 나의 아들아!
2 "네, 아버님! 말씀하옵소서."
3 인간 세상에 살아가는 너희들의 삶이
그러하니라.
4 남을 가르치는 지도자요, 그리고 남을

가르치는 선생으로서, 그리고 또한 남
을 지도하는 그와 같은 지도층에 있는
지도자의 백성이 과연 부를 누리며 살
아간다면,
5 결코 그는 정도를 가는 길이 아니며,
제가 그 순리를 거역하는 그와 같은
삶을 사는 자가 아니더냐?
6 너희가 청빈한 자요, 그리고 너희가
남에게 손을 내밀지 아니하며, 구걸하
지 아니하며, 권력이나 자기가 가지고
있는 제 직급을 남용하지 아니한다면,
7 지도자요, 그리고 선생이요, 그와 같
은 자들은 청빈한 속에서 그 삶을 살
아가도록 되어 있는 것이니라.
8 그러니 너희가 지도자요, 권력을 가지
고 있는 자요, 그리고 만백성을 가르
치는 그 선생이라는 지도층에 있는 자
들이 부를 거머쥐며 부와 더불어 살아
간다면,
9 그는 결코 아름다운 사람이 아니요,
청빈한 삶을 사는 자가 아니요, 정의
로운 삶을 사는 백성이 아님을 알아야
될 것이니라.
10 오늘의 종교 집단이요, 지도자라는 그
들의 삶이 무엇이더냐?
11 인간 세상에서 가르치는 선생도 아니
요, 인간 세상에서 너희를 지도하는
지도층에 있는 자들도 아니니라.
12 너희가 나의 뜻을 따라서 만백성을 구
하며 나의 뜻에 의하여 역사하는 백성
이, 그 지도자라 하는 자들이 부와 영
화를 한 손에 쥐고 살아간다면,
13 과연 그가 정상적인 삶이요, 청빈한
삶을 살았다 말할 수 있느냐?
14 공직 사회라는 그와 같은 곳에 있는
자들도 정상적인 삶을 사는 자, 너희
가 더럽고 추한 곳에 눈을 돌리지 아
니하며, 손을 내밀지 아니하는 백성은
청빈한 삶이요, 근면 검소한 삶으로써
살아가며,
15 부라는 것을 가지고 제 명의로 가지
고 있는 것, 재물을 쌓아 놓는 그와 같
은 길은 결코 갈 수 없는 것이 아니더
냐?
16 하물며 너희 종교 지도자들이 재물을
쌓아 놓으며 궁궐과 같이 성전을 지으
며 그곳에 호화로운 삶이 인간 너희
삶보다 높은 삶을 살며, 그와 같은 청
빈함을 벗어나서 산다고 하면,
17 그 자체가 검은 재산이요, 잘못된 것
이니라.
18 그러니 이것이 잘못됐다 함이니라.
19 이를 바로잡고 가야 될 것이니라.
20 이제 나의 아들을 따르는 제자, 너희
는 인간 세상의 모든 선생이 되어야
될 것이니라.
21 너희가 가야 할 길이 많이 남아 있으
며 역사할 길이 많이 남아 있으니,
22 너희들이 청빈을 모르고 가서는 아니
되며 너희가 정도의 길이 아니면 아
니 되는 것이니라.
23 그러니 내가 너희에게 훈련을 시키며
너희를 달구고 있음을 알아야 될 것이
니,
24 이 고비를 스스로 넘도록 그리하지 아
니하면, 결코 너희는 나의 뜻에 의해
청빈한 그 지도자요, 청빈한 백성이
요, 청빈한 관리로서 너희가 인간이
가지 못하듯이,
25 나 여호와의 뜻이요, 내 뜻을 가지고

역사하는 너희가 결코 갈 수 없으며
무너지게 되어 있음이니라.
26 그러니 내가 나의 아들을 통하여 너희
에게 알려 주었음이니라.
27 나의 아들의 마음이 곱고 가벼울 때
나의 아들이 공중으로 떠오른다 하였
음이니,
28 그는 가벼운 마음이요, 악한 생각을
하지 아니하며 죄의 생각을 하지 아니
하고 앉아 있을 때, 나의 아들은 그대
로 공중으로 자연히 들림을 받는다 내
가 하지 아니하였더냐?
29 이것이 너희가 마음을 비운 것이니라.
30 너희가 나의 법전을 놓고 앉아 정독하
며 나에게 기도할 때, 너희 자신이 들
림을 받는 것처럼 공중으로 네 육이
요, 네 모두가 떠오르는 그와 같은 경
지를 느껴야 될 것이니라.
31 그걸 느끼지 못하면 너희는 결코 비운
백성이 아니라는 것을 알라.
32 내가 너희를 사랑하기에 나의 아들을
통하여 하늘의 그 이치를 가르쳐 주며
그 비밀을 전해 줌이니라.
33 너희가 앉아서 나에게, '아버님! 감사
합니다.' 기도드릴 때, 너희 스스로 몸
이 공중으로 뜨는 그와 같은 경지에
이르지 못했다면,
34 너희가 아직도 다 비우지 못한 것이
요, 비우지 아니하였음을 알라.
35 그와 같은 경지에 오르는 백성 너희가
그 모든 것이요, 그리고 세상의 이치
를 알 것이며, 또한 모두가 네 뜻대로
이루어질 것이니라.
36 그것은 너희가 마음을 비웠으며 어떠
한 길에도 넘어지지 아니할 수 있는
백성이요, 경지에 오른 백성이니,
37 너희가 앉아서 나에게 '아버님! 감사
합니다.' 기도드릴 때, 그리고 나의 법
전을 읽을 때,
38 너희 스스로 네 몸이 높이 치솟는 그
와 같은 경지에 올라 네가 그와 같은
체험을 나로부터 했을 때, 너희가 마
음을 비운 자요, 그 순간은 깨끗한 백
성이라는 것을 알라.
39 그러니 그것이 씻어 내지 아니한 것이
요, 때가 묻어 있는 마음이기에 너희
가 그러한 체험을 하지 못하며, 그와
같은 은혜를 나에게 받지 못함이니,
40 그와 같은 체험이요, 경험을 얻을 수
있도록 그리 살아가도록 너의 제자들
에게 전하라.
41 그와 같은 경지에 오르지 아니하면 너
희가 마음이 비워지지 아니하여 아직
도 내가 생수를 부을 수 있는 그릇이
안 됨이니,
42 너희가 생수를 부을 수 있는 그릇이
될 때까지 너희가 태우고 씻어 내고
깨끗이 할 때까지 나는 훈련의 고통
을 거듭할 것이니 그리 알라.

## 9,915 번째 하나님 말씀

*2004년 3월 13일 06시 09분*

1 사랑하는 나의 아들아!
2 "네, 아버님! 말씀하옵소서."
3 나 여호와는 너희에게 금은보화를 주
며 권력을 줌이 아니라, 지혜를 준다
하였음이니라.
4 그러니 너희가 들림을 받았으며 휴거
를 당했다는 것, 그 모두가 바로 나의

아들을 통하여 너희가 그리되라 하였으며,

5 너희 스스로 공중에 떠서 움직이는 그와 같은 그 경지에 오르는 것, 그것을 가지고 그들이 들림을 받았다 말하며 휴거라 하여 내가 거둬들인다 함이니,

6 너희가 지상에서 그와 같이 느끼며, 그와 같은 경지에 오르며, 모두를 비운 것이 휴거요, 들림이라는 그 이치이니라.

7 너희가 정녕 이 세상에서 삶을 마치지 아니하고 나에게 들려 오는 것이 아님을 알라.

8 그러니 내가 너희에게 무어라 말하였느냐?

9 천 년의 왕국이 이루어진다는 그 종교집단이요, 지도자 그들도 그것을 바로 알지 못함이라 하지 아니하였더냐?

10 나 여호와가 천사와 하는 이야기를 저희가 엿들었음이니라.

11 다만, 저희가 그와 같은 깊은 뜻을 모르며 제대로 알지 못하기에 너희가 천 년의 왕국을 이룬다며 휴거가 있어 들림을 받는다 말하느니라.

12 나는 천사들에게 모두를 명하느니라.

13 나의 사랑하는 백성이요, 나의 아들딸들이 너희처럼 공중에 들림을 받는 그와 같은 마음이요, 그와 같은 느낌이요, 그와 같은 깨달음을 얻었을 때, 그가 마음을 비운 상태이니,

14 그와 같은 상태가 계속 지속될 수 있도록 노력하지 아니하면 안 되며, 그와 같은 삶을 살라 하였음이니,

15 그것을 너희가 휴거요, 하늘에 오르는 들림을 받는다 하며 들려서 너희가 나에게 온다 그리 말함이니,

16 그 이치가 여기에 있음이니, 너희는 혼동치 말라.

17 내가 너희에게 지혜를 주기에 그와 같은 지혜를 깨우쳐 주며, 그와 같은 변화되는 삶을 살라 내가 너희에게 모든 지혜를 다 내려 주며, 너희가 거듭날 수 있는 방법을 가르쳐 주었음이니, 이를 행하고 행하지 못하는 것은 너희에게 달렸느니라.

18 아무리 너희가 어렵고 힘들며 고달프다 해도 죽음 앞에서보다 더 고달프고 힘든 건 없으니,

19 죽음을 너희가 두려워하지 않는 그와 같은 마음이 되었을 때, 그리고 내 뜻을 실천하기 위해 목숨과 바꿀 수 있는 그와 같은 자세를 가졌을 때, 너희가 나에게 들림이라는 그와 같은 영광의 은혜를 얻게 될 것이니,

20 이는 너희가 육으로 오는 것이 아니요, 너희 자신의 마음으로 들림을 받는 것이니 그리 알라, 사랑하는 나의 아들딸들아!

## 9,916 번째 하나님 말씀

*2004년 3월 13일 06시 14분*

1 사랑하는 나의 아들아!

2 "네, 아버님! 말씀하옵소서."

3 지금의 모든 백성이요, 믿음의 길을 가는 그 백성이 무엇이더냐?

4 작은 바람 하나만 저희에게 스쳐도 나에게 은혜를 받았으며 은사를 받았다 그리 말함이니라.

5 그러면서 저희의 은사는 곧 무엇이던

가?
6 구원의 은사요, 구원을 받는 은혜를
받았다 그리 말하느니라.
7 그러면서 저희는 구원의 은혜를 한 손
에 쥐고 있으며, 또한 인간 세상에 재
물의 은혜요, 권세의 은혜도 또 한 손
에 쥐고자 나에게 울고불고 달라 기도
하는 것이 아니더냐?
8 그 모습을 바라보는 내가 뭐라 말하였
느냐?
9 가장 추한 모습이라 내가 그리 말하였
느니라.
10 나 여호와는 너희에게 부서지고 무너
지는 그와 같은 은사를 내림이 아니
며, 구원의 은사가 아니며, 재물의 은
사가 아니며,
11 너희에게 나 여호와가 지혜의 은사를
내리며, 참진리를 깨달아 내 뜻에 따
라 거듭나는 그와 같은 지혜를 내림이
라 하였음이니,
12 그것이 내가 너희에게 내리는 큰 은사
라 하지 아니하였더냐?
13 이러한 것들을 너희는 믿어야 될 것이
며, 이 길을 가기 위하여 모두를 다 바
치고 가야 됨이니라.
14 그리고 너의 제자들은 마음 자세를 바
꿔야 될 것이니라.
15 오늘의 어떠한 역경이요, 그 모두는
스스로 너희 손에 달린 것이며, 나는
그와 같은 은혜를 너희에게 베풀지 아
니함이니라.
16 내가 나의 아들을 통하여 너희에게 뭐
라 말하였느냐?
17 나는 너희에게 구원의 은사요, 구원을
주는 것이 아니라 하였느니라.
18 모두는 너희 스스로 겪은 것에 대한
너희 스스로 책임져 나에게 은혜를 받
고 안 받는 것이요,
19 그것이 공의의 하나님이요, 창조주 아
버지요, 법도를 어기지 않는 나요, 진
리의 길을 가는 나 여호와이니라.
20 그러니 너희에게 어떠한 것을 특별히
내린다면, 천사도 따르지 아니할 것이
며, 사탄도 따르지 아니하고 거부할
것이니라.
21 그러니 너희가 이와 같은 이치를 알
아, 내가 너희에게 깨우침의 지혜를
주어 너희 스스로 깨닫도록 하니,
22 그것을 받아 너희 것으로 만들고 안
만드는 것은 너희에게 달렸음을 알아
야 된다 내가 하였음이니 그리 알라.
23 그러니 나의 아들을 따르는 제자, 너
희는 구원의 은사요, 어떠한 은사라는
것을 생각하지 말며, 너희에게 직접
내려 줄 것이라는 걸 생각하지 말라.
24 그와 같은 것을 바라는 믿음이요, 그
와 같은 생각을 하고 가는 자가 낙오
자가 되며, 뒤처지는 자가 되며,
25 오늘의 현실을 깨닫지 못하며, 오늘의
현실에서 너희가 승자가 될 수 있는
길을 못 가는 것이니, 너희가 발목을
묶는 것이니라.
26 그 모두가 사탄의 생각이요, 사탄의
욕심이요, 사탄의 마음으로써 너희가
지금 충만해 있기 때문이라는 것을 너
의 제자들에게 전해야 될 것이니라.

## 9,917 번째 하나님 말씀

*2004년 3월 13일 06시 18분*

1 사랑하는 나의 아들아!
2 "네, 아버님! 말씀하옵소서."
3 모든 종교 집단의 지도자 그들이 주의
종이라 그리 말하느니라.
4 '우리는 주의 종으로서 주의 뜻을 역
사한다.' 그러느니라.
5 그리고 만백성을 위한 종이며 만백성
을 구하기 위하여 세상에 내려온 나
여호와의 종이라 그리 말하느니라.
6 그러나 과연 지금의 지도자요, 광신하
는 신도들, 그리고 수십 년 동안 저희
가 그 믿음에서 돈을 주고 직급을 산
그 백성, 과연 그들이 살아가는 모습
이 하늘의 종이더냐?
7 그리고 하늘의 종으로서 살아가며, 너
희 신도들이 만백성의 종이 되어 생활
하고 살아가는가?
8 과연 그들이 종의 자세로써 살아가느
냐, 그렇지 않으면 주인의 자세로 제
왕적인 자세로써 제왕과 같은 마음을
가지고 살아가는가, 너희는 그들을 들
여다보라.
9 그러니 나 여호와가 진정한 지도자가
없으며, 나에게 오른 백성이 없다 함
을 너희는 알아야 될 것이니라.
10 그 모두를 폐하며 그를 다스리고자 하
니, 나의 아들을 핍박하고 사탄이요,
이단이라 하여 나의 법전을 찢어 버리
고 태우는 자의 그 만행을 이루 말할
수 없음이니, 그것이 사악한 자들의
하는 행위이니라.
11 어려운 신도에게 헌금이요, 십일조를
거둬들이면서 저희가 윤택한 생활을
한다면,
12 그것이 바로 하늘의 나 여호와의 종이
요, 만백성의 종이라 말할 수 있겠느
냐?
13 그들은 지금 상전이 되어 있음이니라.
14 그러니 상전이 되어 있으면서 말로만
종이라 함이니, 그들이 무엇을 가르치
고 무엇을 깨우치겠는가?
15 그들은 오로지 제왕이요, 상전의 대우
를 받는 것만 제 머리에 가득히 차 있
음이니, 악의 욕심으로 차 있는 자들
이니라.
16 내가 선한 생각을 하는 자, 선한 것이
계속 세상에 나와 만백성을 선한 것으
로 이끄나, 악을 가지고 악을 행하는
자는 계속 악을 행하게 된다 하지 아
니하였더냐?
17 그러니 그들이야말로 상전이요, 제왕
이요, 그와 같은 욕심이요, 악의 뿌리
로써 머리에 그득히 차 있는 자들이
나의 피조물 만백성을 이끈다 하니,
18 그러한 생활의 태도부터 그들의 근본
이 이루어지며 다스려지지 아니하면
아니 됨이니라.
19 그리하여 그 모두를 무너트려야 되며,
그 근본을 갖다가 너희가 지금 다시
정립하며 다시 시작하는 그와 같은 역
사를 이루고자 하는 것이니,
20 과연 너희가 그와 같은 마음으로 되
어 있는가를 봐야 될 것이니라.
21 내가 너희에게 권세요, 부귀영화를 내
린다 하자.
22 너희는 이것으로써 하늘의 법도에 어
긋나며 이는 있을 수도 없다 하지만,

그리했을 때 과연 너희가 바로 지탱
하고 바로 살아갈 수 있는 마음 자세
가 되어 있는가?
23 너희는 하늘을 향하여 나의 종이요,
만백성의 종의 자세로 살아가는 마음
이 되어 있으며, 자세가 되어 있는가?
24 너희는 조금만 지나면 튕겨 나가며,
조금만 지나면 변하는 그와 같은 흔
들리는 마음에서 아직도 헤어나지 못
하고 있음을 알아야 될 것이니,
25 이와 같은 내가 너희에게 변하라 하
는 그 뜻을 가슴 깊이 새겨야 될 것이
니라.

## 9,918 번째 하나님 말씀

*2004년 3월 13일 06시 23분*

1 사랑하는 나의 아들아!
2 "네, 아버님! 말씀하옵소서."
3 길거리에서 동전 몇 닢을 구걸하는 그
걸인은 정녕 구걸하는 자의 형태가 아
님을 너희는 알아야 될 것이니라.
4 정녕 구걸하는 자는 지금의 종교 집단
이요, 믿음의 길을 가는 그 백성, 그들
의 구걸의 그 추한 모습은 정녕 바라
볼 수 없는 것이니,
5 길거리에서 금화와 은화 몇 닢을 얻기
위하여 구걸하는 행위는 걸인이 아니
요, 구걸하는 자가 아니니라.
6 더 무엇인가를 구하고자 하는 백성이
요, 지금의 너희가 가진 자가 더 갖기
위하여, 그리고 권세를 잡은 자가 더
갖기 위하여 너희가 하는 것, 그것이
바로 구걸하는 자들이니라.
7 너희가 구걸하는 것은 정녕 내가 눈을
뜨고 볼 수 없는 것이 오늘의 종교 집
단이요, 그 지도자요, 그리고 그 백성
이요, 신도라는 자들이니라.
8 정녕 구걸하는 걸인은 무엇을 구걸하
느냐?
9 제가 그 끼니가 없고 제가 정녕 가진
것이 없으며 쥐고 있는 것이 없기에,
그들은 구걸을 하느니라.
10 그러니 그 단순한 것을 얻기 위하여
그들은 구걸하고 있음이니라.
11 그러나 지금의 종교 집단이요, 지도자
요, 그 광분하는 신도들, 너희는 무엇
이더냐?
12 더 갖기 위하여, 더 이루기 위하여 너
희가 그리 거둬들이고 구걸하는 것이
아니더냐?
13 그러면서 너희는 울고불고 더 구걸하
는 것, 더 이루고자, 더 욕심을 내고자
나에게 구걸하는 그 모습이야말로 추
한 구걸하는 자요, 구걸하는 백성이라
는 걸 알라.
14 그 모습이 사악하기 끝이 없으며, 그
모습을 보기가 추하기 끝이 없음이니
라.
15 그러니 너희가 구하고 달라는 것은,
길거리에 손을 내밀며 금화와 은화를
하나 얻기 위하여 내미는 그 단순한
구걸하는 것보다, 너희는 이루고 또
이뤘으나 더 갖기 위하여 더 이루고자
그저 애걸복걸하는 너희가 그 구걸하
는 모습이야말로 정녕 추한 걸인이요,
구걸하는 자들이니라.
16 너희는 그리 말하느니라.
17 두드리면 열릴 것이요, 구하면 얻는
것이라, 그것이 너희가 지금 구걸하는

마음을 위로하는 대명사가 되어 있음을 알아야 될 것이니라.

18 내가 너희에게 말하는 구걸하는 자, 걸인보다도 더한 구걸하는 백성이 어떠한 자들이던가?

19 너희는 추하고 더러운 모습으로써 구걸하여 평생을 살며, 그와 같이 손을 내밀고 사는 자들이라는 것이 바로 오늘의 종교 집단이요, 지도자요, 은혜요, 구원을 받았다는 신도 너희의 모습이라는 것을 돌아다보도록 그리하라.

## 9,919 번째 하나님 말씀

*2004년 2월 13일 06시 30분*

1 사랑하는 나의 아들아!

2 "네, 아버님! 말씀하옵소서."

3 네가 지난날의 삶에 네가 재물이 쌓여 있으며, 네가 작은 권세가 있을 때, 너는 무어라 말하였느냐?

4 네 이웃이요, 너희 형제들이 교회라는 곳에 가 광분하니, 그 형제들에게 너는 그리 말했으며 네 이웃에게 그리 말했음이니라.

5 너희가 빛이 있는 자는 주일에 일하며, 그 교회라는 곳에 가 광분하며 이성을 잃고 살아가지 아니한다면,

6 네가 가지고 있는 재물이요, 그 모두를 그들에게 나눠 줄 수 있으며 너희를 도울 것이라 그리 말했느니라.

7 나의 아들 네가 그와 같이 말하던 나의 아들이었음이니, 그러한 나의 아들 네가 지금 가고 있는 길이 어떠한 길이더냐?

8 나 여호와를 찾고 있으며 내가 너에게 내리는 새로운 성경이요, 나의 법전 160권을 기록하여 세상에 내고자 하여 지금 네가 오늘의 이 힘들고 어려운 길을 가고 있지 않으냐?

9 너희는 알라, 너희 형제요, 너희 주변에 있는 그 백성에게 이것이 바로 기적이요, 나 여호와가 역사함이요, 나로부터 선택된 나의 아들이기 때문에 이와 같은 변화요, 이와 같은 역사가 있었다는 것을.

10 너희가 모든 성서에 이와 같은 반대 급부를 가진 그 백성이 나로부터 성령의 은혜를 받아 그가 반대의 삶을 살아가는 그와 같은 형국을 보았음이니,

11 나의 아들도 또한 지난날 그리하였음이니라.

12 그리고 네가 재물을 가지고 작은 권세를 가졌을 때, 그 주일에 너희가 가서 일하지 아니하고 그 교회라는 곳에 광분하는 백성에게, 너희가 그 길을 가지 아니하면 도와준다 그리 말했던 나의 아들이니,

13 그때 그들이 봤을 때는 이단이요, 사탄이요, 악마라 그리 말하였으나,

14 또한 그때 나의 아들이 말하는 것은 인간이기 전에 나의 심성이요, 내 뜻이 그에게 있었기 때문에,

15 너희에게 바로 깨우쳐 주며 바른길을 인도하기 위하여 나의 아들은 과감히 그리 말할 수 있었으며 자신 있게 말을 했던 나의 아들이니라.

16 그 아들이 지금 변하는 역사 속에서 나를 찾으며 나에게 기도하며 160권의 법전을 세상에 내는 대역사를 진행

하고 있지 않으냐?
17 그러니 이것이 대역사요, 이것이 기적
이라는 것을 너의 형제들이요, 네 이
웃에 사는 백성이 아직도 알지 못하며
깨닫지 못하며,
18 네가 이와 같은 것을 역사할 수 없는
사람이요, 나의 법전을 받을 자격이
없는 사람이요, 나의 성령을 받아 역
사할 수 없는 사람이라는 그 틀을 벗
어나지 못함이니, 그들에게 전하라.
19 이제 너는 말할 때가 되었음이니라.
20 이제 네가 정녕 그들에게 지금의 그
믿음의 길에서 발을 돌려 나의 법전을
가슴에 안고 정독하고 읽고 깨우쳐 너
희가 하늘에 오르는 길을 보라 말할
때가 되었음이니라.
21 나의 아들 네가 그와 같이 네 이웃이
요, 네 형제에게 말한다 해도 손색이
없음이니라.
22 지금까지는 네가 너 자신이 불안과 너
자신의 자신과 그리고 너 자신의 변하
는 모습이 과연 변했으며 역사했으며,
그리고 그들에게 대화를 할 수 있는
것인가 하는 네 마음의 초조한 것 때
문에 네가 말을 하지 아니하였으며,
23 네가 지나온 삶에 의하여 그들이 받아
들이지 아니할까 두려운 마음에서 네
가 말을 하지 아니하였으나,
24 이제 네가 그때 그들에게 말했듯이,
이제는 너희가 바로 변하라는 그와 같
은 법전을 읽고 깨우치라는 말을 네가
할 때며, 그들을 인도할 때니,
25 네가 나서고 말을 해도 될 때가 되었
음이니 주저하지 말라, 사랑하는 나의
아들아!
26 그들에게 깨우쳐 주도록 그리하며, 그
들에게 그 뜻을 전해 주도록 그리하라.
27 과거에 교회라는 곳에 하나님을 찾는
것을 네가 그들을 받아들이지 아니하
였으며, 그들에게 재물을 나눠 주지
아니했던 네가 오늘의 이 역사를 이룬
다는 것,
28 그 형제들이요, 그 네 이웃에 있는 백
성이 이것이 기적이요, 나 여호와가
역사하는 것이며, 선택된 것이며, 나
의 뜻이라는 것을 그들이 알게 되도
록, 깨우치도록 그 뜻을 먼저 전해 주
라, 사랑하는 나의 아들아!

## 9,920 번째 하나님 말씀

*2004년 3월 13일 06시 38분*

1 사랑하는 나의 아들아!
2 **"네, 아버님! 말씀하옵소서."**
3 사랑하는 나의 아들 네가 멀리 그 교
회라는 곳에 찬송 소리가 들려 옴이
니, 너는 그때 무어라 생각하였더냐?
4 어리고 어린 나이에 네가 찬송을 부르
지 않는 저 교회가 있다면, 네가 그와
같은 성전이요, 교회를 만들어 만백성
에게 나 여호와의 하늘의 뜻을 가르칠
수 있겠다는 것,
5 그리고 모두를 다스리는 자가 될 수
있겠다는 것을 너는 생각했으며, 그와
같은 네 마음의 의지를 굳히지 아니하
였더냐?
6 그 어린 나이에 네가 저 찬송을 부르
는 것만 아니면, 네가 하늘의 뜻을 전
하고 그 모두를 역사할 수 있는 그와
같은 자로서 세상을 다스릴 것이라는

그런 생각을 그 어리고 어린 나이에
너는 하지 아니하였더냐?
7 그러한 것이 지금 40년 이상의 세월
을 나 여호와는 기다렸으며 그 이상이
흘렀음이니라.
8 모세의 그 백성이 광야에서 고생한
그 시간만큼 같은 세월을 지금 나는
기다리고 너는 훈련해 왔음이니라.
9 이제 네가 그리 말하듯이, 찬송이라는
걸 부르지 아니한다면 네가 만백성을
구하며 하늘의 뜻을 전하겠다 생각했
던 그 어린 시절의 그 마음, 지금 찬송
가가 없이 나의 뜻을 전하는 그 역사
가 있었음이니,
10 그러니 4·50년 전에 너는 이미 오늘
의 그 길이요, 네가 갈 것을 나 여호와
가 너에게 그 모두를 깨우쳐 줬으며,
내가 너를 바로잡아 가고자 했던 것임
을 너는 알고 있어야 될 것이니라.
11 다만, 네 영혼의 역사의 변함을 육을
가지고 있는 네 육만이 몰랐을 뿐이
니,
12 이제 내가 너를 오기를 기다렸으며 그
많은 세월 속에서 네가 원하던 그 길
을 가며 네가 말했던 그 길을 가고 있
음이니,
13 이것이 나 여호와의 뜻이요, 하늘의
뜻이며 네가 명받은 자이니라.
14 그리하여 나의 아들로서 네가 이미
세상에 와 있었음이니,
15 너는 오늘의 나의 법전을 전하며 만백
성을 구하는 길에 최선의 노력을 다하
도록 그리하라.
16 잠시도 멈춰서는 안 되며 잠시도 하늘
을 향하여 한 점의 부끄럼이 있어서
는 아니 됨이니라, 사랑하는 나의 아
들아!
17 네가 바로 서고 곱게 설 수 있는 그 길
에 모두를 다 넘으라.
18 그리했을 때 모두는 다 너를 따를 것
이니라.
19 그렇지 아니하면, 내가 무어라 말하였
느냐?
20 사랑하는 나의 아들이 하늘에 오르는
길을 먼저 밟고 그 줄을 따라옴이니,
21 그 줄이 감기지 않도록 너의 제자들이
바로 바짝 붙어, 네가 한 발을 뗄 때마
다 그들이 그곳에 발을 디디는 그와
같은 연결된 고리로써 나의 나라에 온
다 했음이니,
22 너의 제자들이 변하는 역사는 역사고,
나의 아들 네가 말과 행동이 한 점의
부끄럼이 없는 천사와 같은 마음으로
다스리며 예수와 같은 그 심성의 지혜
로써 살아가도록 그리하라.
23 그렇지 아니하면 아니 됨이니라.
24 조금만 더 두 주먹을 쥐고 달려 나가
도록 그리하라.
25 그리고 모든 악습을 버리는 것에 네가
최선을 다하라.
26 그것이 지금 가장 큰 오늘의 과제이
며, 그리고 그걸 따라서 너의 제자들
이 또한 무섭게 변화될 것이니라.
27 그러니 너희는 이와 같은 이치를 알
며, 사랑하는 나의 아들아! 네가 하늘
을 향하여 한 점의 부끄럼이 없는 마
음이요, 삶을 살며, 생각조차도 해서
는 아니 됨이니라.
28 그러니 너의 제자들도 또한 그리 살라
말하라.

29 너희가 모여서 남의 이야기를 하며,
남의 흉을 보며, 남의 잘못된 것을 말
할 수 있는 것, 그것도 아니 됨이니라.
30 그와 같은 것도 있어서는 아니 됨이니
라.
31 잠시 스쳐 가는 생각에서도 남을 질투
하고 시기하고 미워하는 것, 그리고
두려워하는 마음이요, 너희가 걱정하
는 마음을 가져서도 아니 됨이니라.
32 그것까지도 모두를 다 털어 버리는 그
와 같은 대변화의 역사를 이루어야 될
것이니라.
33 손을 쥐었다 펴니 아무것도 없는 그것
이 네 모습이며, 너의 제자들이 가야
할 길이요, 변화될 모습이니라, 사랑
하는 나의 아들아!
34 이와 같은 말을 하며 이와 같은 것을
가르치는 내 마음도 아픔이니라.
35 그러나 나의 아들은 할 수 있으며, 갈
수 있으며, 너를 따르는 제자들은 갈
수 있음이니라.
36 오늘의 고통의 훈련을 견디고 난 그
제자들은 어떠한 역사에도 갈 수 있음
을 알라, 사랑하는 나의 아들아!

## 9,921 번째 하나님 말씀

*2004년 3월 13일 06시 43분*

1 사랑하는 나의 아들아!
2 "네, 아버님! 말씀하옵소서."
3 어리고 어린 네가 이 세상의 모든 믿
음이요, 하늘의 뜻을 전하는 역사로써
이 세상을 다스리겠다는 생각을 했던
것은 바로 무엇이더냐?
4 그는 네가 나로부터 선택된 나의 아들
이요, 선택된 너이기 때문에 네가 그
와 같은 생각이요, 그 모든 역사를 할
수 있었음이니라.
5 그러니 모든 것은 나 여호와의 계획에
의하여 역사하고 이루어지며, 반드시
그 틀을 벗어나지 아니하는 것이니라.
6 그러니 지금 어렵고 힘든 길을 가는
선택된 너의 제자들 또한 그 모두가
저희가 이 길을 가도록 준비된 백성
이며, 선택된 백성이며, 계획된 백성
이니라.
7 너희를 그저 아무나 불러 쓰도록 하는
것이 아니요, 미리 너희가 태어나기
전부터 모든 이 길을 갈 수 있으며, 이
것을 역사할 수 있도록 정해진 것이니
라.
8 그러나 너희가 살아오면서 안고 있는
모든 그 버릴 수 없는 죄악이요, 추하
고 더러운 그 모두를 씻어 내지 아니
하면 아니 되기 때문이니, 너의 제자
들에게 그리 전하라.
9 두려워하지 말라 그리 전하라, 그리고
최선을 다하라 그리 전하라.
10 나 여호와의 약속은 모두가 이루어질
것이며 모두가 집행되니,
11 너희는 그를 믿고 나에게 달려오는 길
만을 보고 달려오라 그리 전하라.
12 무엇도 좌우도 보지 말며, 다른 생각
도 하지 말며, 나 여호와가 역사하는
그 뜻은 이루어질 것이라는 것, 그리
고 역사한다는 것, 그것을 믿는 마음
이요, 그리고 약속은 실행된다는 것을
가지고 너희는 달려오라.
13 나의 아들을 따라 끝까지 존재하는 백
성, 너희는 다 준비된 백성이며, 미리

계획된 백성이라는 걸 잊지 말라.
14 그렇지 아니한 자, 정녕 나의 아들과
더불어 같이 오지 못하며, 나의 법전
을 읽어도 한 자도 깨우치지 못하는
백성이니,
15 깨닫는 백성 너희는 나로부터 준비되
고 선택된 백성이라는 것을 잊어서는
아니 된다 그리 말하라.
16 나로부터 선택된 백성의 책무가 있으
니, 그를 벗어 버리고 너희가 간다 한
들 되겠느냐?
17 내가 세상에 너희를 내보낼 때 한 가
지씩의 기술이요, 특성을 주었다 했음
이니라.
18 그 기술과 특성을 다스리지 못하면,
너희가 이 세상의 삶에 슬픈 삶을 산
다 하지 아니하였더냐?
19 그러니 나로부터 선택된 백성이 이를
버리고 다른 길을 갔을 때, 과연 너희
가 무엇을 얻으며 이룰 수 있다 생각
하는가?
20 너희는 이곳에서 딛고 일어서야 되며,
여기에서 강한 훈련이요, 고통의 훈련
을 넘고 가야 되는 것이니라.
21 나의 아들이 선택된 아들인 것처럼 너
희가 모두 계획되며 선택된 아들딸이
라는 것을 잊지 말라 그리 전하라.

## 9,922 번째 하나님 말씀

*2004년 3월 13일 06시 46분*

1 사랑하는 나의 아들아!
2 "네, 아버님! 말씀하옵소서."
3 세상이 혼란하며 나라와 나라 간에 나
의 아름다운 이 지상의 낙원에 집단과
집단끼리 너희가 반목하고 불화하며
평온한 삶을 살지 못하는 그 이유가
다 무엇이더냐?
4 각자 자기의 이익이요, 자기의 권익을
위하여 그를 양보하지 못하며 그를 나
누지 못하기 때문에 너희가 그와 같은
형국이 이루어짐을 알아야 될 것이니
라.
5 그러니 너희가 한 가정도 마찬가지며
한 집단도 마찬가지니라.
6 너희가 하나가 되지 못하며, 서로 자
기 앞에 더 큰 떡을 놓고자 한다면,
7 결국 불화하여 화합하지 못하는 그와
같은 가정이 될 것이니라.
8 모든 집단이 너희의 명분은 대의명분
이요, 만백성을 위하는 길이요, 진리
의 길을 위해 간다 하나,
9 그는 모두 너희의 개인이요, 집단이
요, 소속된 그 국가와 국가 간에 이익
을 챙기며,
10 더 큰 이익을 제 앞에 놓고자 하는 그
와 같은 것을 버리지 못하며 양보하지
못하는 그와 같은 형국에서 불화가 계
속되며, 너희가 전쟁이 발발하게 되며,
11 서로 믿고 살아야 할 그 백성 간에 시
기와 질투요, 모함을 하는 그와 같은
세상이 되었음이니라.
12 그러니 하늘에 오르는 길이요, 나 여
호와의 진리요, 만백성을 구하는 전사
로서 대명을 받은 너희가 그와 같은
마음을 가지고 있다면 되겠는가?
13 너희가 과연 그와 같은 마음이 없는가
보라.
14 그렇지 아니하면 너희가 하나가 될 수
없음이니라.

15 너희가 인간 세상에서 말하기를, 넓고
넓은 그 강물을 한 마리의 물고기가
모두를 흩트려 놓는다는 말이 있지
않더냐?
16 그러니 너희 각자가 그와 같은 역할을
해서는 아니 되느니라.
17 너희가 과연 그와 같은 역사요, 그와
같은 일을 하지 아니하는가, 너희는
항상 돌아다봐야 될 것이니라.
18 한 사람이 말을 잘못하며 한 사람이
생각의 욕심이 있다면, 너희는 제 욕
심을 채우기 위하여 제 뜻을 합리화시
키기 위하여 많은 나의 제자들이요,
나의 아들을 따르는 제자들이요, 나의
선택된 백성이요, 나의 전사들 그들의
마음을 흔들어 놓는 것이며, 그들이
하나가 되지 못하게 함이니라.
19 제가 잘못된 것을 합리화하기 위하여
강론하고 설교하고 가르치고 또 전하
는 그와 같은 속에서 너희는 결코 하
나가 될 수 없는 것이니,
20 모두 제 욕심이요, 제 이익이라는 것
을 가지고 있지 않은가 보라.
21 너희가 대의명분이요, 진리를 위하여,
나의 성전을 위하여, 나의 아들이 바
로 서게 하기 위하여 남을 시시비비하
며 남의 이름을 거론하는 것, 그것이
과연 어떠한 것인가?
22 아무리 너희 명분이 아름답다 해도 그
것은 제 욕심이요, 저 자신을 보호하
기 위한 생각이 먼저 앞에 있음이니,
23 그와 같은 백성이 있는 한 너희는 하
나가 될 수 없으며, 한 몸이 될 수 없
는 그 슬픔을 알라.
24 그리하여 각자 그와 같은 자를 다스리
며, 그와 같은 자에게 동조하지 말며,
그와 같은 마음을 너희가 받아들이면
아니 되느니라.
25 너희가 간음한 여인의 흉을 보는 자리
에 앉아서 같이 흉을 보는 여자, 그 여
자도 그와 같은 행위를 할 수 있으며,
이미 그와 같은 일을 저지르고 있는
여성이라 내가 말하지 아니하였더냐?
26 이 무서운 하늘의 뜻을 깨우쳐, 너희
가 하나가 되는 길에 장애가 되는 자
에게 동조하지 말며, 귀를 막고 그를
듣지 말며, 그를 바로 다스려야 될 것
이니 그리 알라.

## 9,923 번째 하나님 말씀

*2004년 3월 13일 11시 47분*

1 사랑하는 나의 아들아!
2 "네, 아버님! 말씀하옵소서."
3 내가 '나의 법전을 가슴에 안고 정독
하는 자, 그 백성이 반석 위에 서서 하
늘에 오르는 찬란한 빛이요, 그 길을
따라올 수 있다.' 하는 하나의 대명이
얼마나 귀하고 소중한 것인가를 너희
는 알아야 될 것이니라.
4 모든 지금의 세상에 살아오는 나의 피
조물 만백성들이 너희들이 피라미드
라는 것처럼 지금 죄의 온상이 퍼져
있는 그와 같은 형국이 되어 있음이니
라.
5 그와 같이 퍼져 있는 것을 너희들로
하여금 그 반대의 현상으로써 모두를
역사하고자 하는 것이 나 여호와의 뜻
이니라.
6 그러니 그 길을 가는 것, 그 길에 선택

된 너희들이 얼마나 소중하고 귀한 백
성들인 줄 알겠느냐?
7 아담과 하와를 내가 무어라 하였느냐?
8 그들이 나의 하나의 계명을 지키지 않
았기에, 지금의 나의 사랑하는 백성
너희들은 시기 질투요, 욕심이요, 구
원을 받고자 울고불고 너희들이 그 어
렵고 힘든 길을 가며,
9 이것이 옳은 길이요, 저것이 사탄의
길이요 하며 시시비비하며, 너희들끼
리 불화하며, 너희들이 서로 정적과
같이 얼굴을 붉히며,
10 인간이 인간을 믿지 못하며, 서로 사
탄이요, 이단이라 하며 그와 같은 의
구심을 가지고 가는 세상이 되어 버
렸음이니라.
11 그러니 아담과 하와가 그를 잘 지켜
그대로 왔다면, 이와 같은 형국은 없
었을 것이니라.
12 그러니 구약 시대에 또한 내가 그들을
구원하고자 했으나, 너희들이 어찌 되
었느냐?
13 그러니 거기서 또 죄악이 더 퍼지고
또 퍼지는 그와 같은 형국이 되었느니
라.
14 그러니 구약 시대의 너희들은 제사를
지내며 제물을 바쳐 나에게 오고자 하
는 그 하나의 성전을 가지고,
15 그 백성들이 그곳에서 나에게 제를 드
리며 경배하는 그와 같은 역사가 흘렀
음이니라.
16 그러니 그때는 또한 그와 같은 성전이
하나가 있었음이니,
17 그리고 너희들이 그것이 지나 또 신약
시대가 왔으니, 지금은 너희들이 교회
요, 성전이라는 것이 과연 얼마나 퍼
져 있는가?
18 끝도 한도 없이 이 세상을 다 덮고 있
음이니라.
19 나 여호와의 뜻은 아담과 하와에게 내
려 주었던 그 지상의 낙원의 단 한 점
이거늘,
20 지금의 너희들이 세월이 몇천 년 동안
흐르면서 그것은 퍼지고 퍼져, 이제는
너희들이 거둬들인다면 악이요, 사악
한 존재만이 세상에 거둬 올리는 그와
같은 형국이 되어 있음이니, 내가 결
실을 거둘 수 없음이니라.
21 그물을 던져 그를 거둬 올리니, 너희
들이 필요한 생선이요, 물고기가 들어
와야 될 것이거늘,
22 그것이 들어오지 아니하고 불필요한
것이요, 쓰레기만이 올라온다면, 과연
너희들은 그물을 던지고 또 그리 거둬
들일 수 있겠느냐?
23 그것만도 못한 것이 지금 이 세상이
니, 내가 그리하여 너희들을 구원하지
말며, 건지지 못하며, 지금 결실을 맺
지 못하고 있음을 너희들은 알라.
24 세월이 흐르면서 6천 년 동안에 방방
곡곡에 너희들이 짓지 말라는 나의 교
회요, 나의 뜻을 거역한 그 증표가 수
도 없이 서 있음이니라.
25 내가 십자가는 우상이라 하였으니, 그
십자가를 세워 놓으며, 너희들이 교회
라는 곳을, 그 성전이라는 것을 지어
놓았음이니, 그게 무엇이더냐?
26 곧 그 증표가 나 여호와의 뜻을 거부
하며 너희들이 나와 관계없는 백성이
라는 것, 그것을 너희들이 증거함이니

라.
27 너희들이 다 앞을 보지 못하며, 속을
보지 못하며, 겉에만 너희들이 지금
얽매이는 그와 같은 형국이니, 그것을
너희들은 알아야 될 것이니라.
28 그러니 한둘이 거둬진 것이 아니요,
완전히 이 세상을 덮은 것을 너희들이
그를 다 제거하며, 그를 다 버리며,
29 거기에서 너희들이 새로운 반대 현상
으로 이루어 낙원을 이루고자 하는 그
와 같은 길을 가야 되는 것이 너희들
의 운명이요, 너희들이 가야 하는 길
이니라.
30 그러니 너희들이 기초를 다짐으로 그
역사를 이루는 것이니라.
31 그 누군가가 기초를 다지지 아니하며
기본을 다져 놓지 아니하면, 그는 결
코 이룰 수 없으며 역사할 수 없다는
것을 너희들은 알아야 될 것이니라,
사랑하는 나의 아들딸들아!

## 9,924 번째 하나님 말씀

*2004년 3월 13일 11시 51분*

1 사랑하는 나의 아들아!
2 "네, 아버님! 말씀하옵소서."
3 나의 백성이요, 믿음의 길을 간다는
그 신도라는 백성들, 너희들 자신이
그 문제점이 과연 무엇인 줄 알겠느냐?
4 너희들은 너희들 자신이 나 여호와의
집을 너희들의 가슴에 지으며, 너희들
의 몸 안에 짓는 그와 같은 것으로써
너희들이 내 뜻의 복음을 전하며,
5 너희들 스스로 변하여 만백성을 구하
는 그와 같은 길을 가야 할 선택된 백
성들이 어찌 가고 있느냐?
6 믿음이라는 길을 가는 백성, 너희들이
나 여호와의 집이요, 내 뜻을 너희들
의 가슴에 심어 영원히 변하지 않는
그와 같은 교회요, 성전을 짓는 것이
아니라,
7 인간 너희들이 손으로 지은 콘크리트
건물이요, 교회요, 이곳에 나 여호와
요, 하나님이 기거하고 같이한다 하여
종교 집단이요, 지도자들이 나의 백성
들을 그리 현혹하여 끌고 가고 있는
것이 오늘의 현실이 아니더냐?
8 교회가 필요 없는 때가 왔음이니라.
9 그리하여 그때가 왔으나, 그 뜻을 너
희들이 분별하지 못하고 지금도 우왕
좌왕하고 있느니라.
10 지금 나의 아들을 통하여 나의 법전이
세상에 내려와, 나의 아들 예수가 2천
년 전에 교회를 짓지 말며 성전을 짓
지 말라 하였던 그것을 지금의 나의
아들이 그와 같이 또 부르짖고 너희들
에게 일깨워 주고 깨우치거늘,
11 그러니 내가 나의 아들을 통하여 교회
요, 성전을 짓지 말라 함은 무엇이더
냐?
12 그 모두를 지을 필요가 없는 때가 왔
기 때문이요,
13 그러나 너희들은 그를 분별하지 못하
며 그를 알지 못하고 그저 열심히 교
회를 건축하는 것, 거기에 더 큰 것을
짓는 것, 그리고 너희들이 이웃에 뿌
리를 내려 짓는 것, 그것이 너희들이
나의 뜻을 역사하는 것이요,
14 그리고 너희들이 그와 같은 시간과 물
질과 모두를 다 정성을 쏟아 붓는 것

이 나를 기쁘게 하며 나 여호와에게
오는 길이라 그리하고 있음이니,
15 오늘의 모든 믿음의 길을 가는 백성들
이 나의 뜻을 깨닫지 못하고, 너희들
이 껍데기인 건물에만 붙들려 나 여호
와의 집인 것처럼, 내가 존재하는 것
처럼 그리 너희들이 하고 있으니,
16 이것이 바로 종교 집단이요, 사탄의
그 오묘하고 간교한 술책에 너희들이
넘어져 있으며, 그 궤변에 너희들이
지금 속아 넘어가고 있는 것을 알아야
될 것이니라.
17 모든 종교 집단들, 사탄의 그 오묘하
고 간교한 술책에 너희들이 다 넘어져
있으며 그 넘어져 간 그 종교 지도자
들이 너희들의 손으로 지은 그 성전
이요, 교회에 와 연설이요, 또 강론이
요, 설교를 한다며 그 궤변을 늘어놓
고 있음이니,
18 그 궤변에 너희들이 넘어가 지금의
지옥으로 가는 그와 같은 형국이 되어
있음을 나의 사랑하는 나의 아들딸 너
희들은 이를 만백성에게 전하라.
19 그 모두가 너희들의 형제이니, 나의
아들딸로 거듭날 수 있도록 전해야
함이니,
20 그저 껍데기 건물을 짓는 데 온갖 정
성과 모두를 다 바치는 것이 하늘에
오르는 뜻이라 하여, 시간과 재물과
물질을 다 함부로 너희들이 붓고 있음
이니라.
21 그것이 사탄의 오묘한 술책에 넘어간
어리석은 지도자요, 그 지도자들이 사
탄의 앞잡이가 되어 만백성에게 인간
으로서 호소하고 전하는 그와 같은 설
교의 방법으로써 복음을 전하여 지금
나의 피조물 만백성들을 지옥으로 이
끌어 가고 있으니,
22 이 무섭고 엄연한 사실을 너희들이 돌
아다봐야 될 때가 왔음을 알라 그리
전하라.
23 내가 너희들에게 다시 교회를 짓지 말
라 하는 것은, 그와 같은 것을 지을 필
요가 없는 때가 왔으며, 지어서는 아
니 될 때가 왔기 때문이니 그리 전하
라.

## 9,925 번째 하나님 말씀

*2004년 3월 13일 11시 59분*

1 사랑하는 나의 아들아!
2 "네, 아버님! 말씀하옵소서."
3 네가 이 길을 가며 나 여호와의 뜻을
따라 만백성을 구하고자 법전을 만들
고 새로운 성경을 기록하여 세상에 전
함이니,
4 이에 대한 모든 물자요, 이와 같은 준
비요, 모두 엮어 가는 그 삶이 과연 너
는 어떠하더냐?
5 "네, 아버님! 저는 감히 말씀을 드릴
수는 없사옵나이다.
6 다만, 아버님의 은혜요, 영광 속에 제
가 살아가는 사람이라 그리 생각하며,
그 은혜에 보답할 길이 없다 그리 생
각하고 살아가옵나이다."
7 그러나 네가 지금 어렵고 힘들 때마다
네 마음이 어떠하던가?
8 "네, 아버님께서 물으시니 말씀을 드
리오면,
9 제가 법전을 기록하여 또 전해서 내려

줘야 되며, 아버님으로부터 성령의 뜻
을 받아 또 내려보내고, 그를 기록하
는 것을 또 그들이 만드는 것을 감시
감독하며, 또한 그들을 보살펴야 되며,
10 그리고 또 법전이 세상에 나오는데 거
기에 따른 금화와 은화요, 그리고 성
전을 운영하는 것이요, 그리고 서점을
운영하는 것이요,
11 그리고 제자들의 어렵고 힘든 모습을
바라보면서 가는 저 자신이 때로는
정녕 저와 같은 서러움이 없다 생각
하며, 저처럼 외롭고 또 저처럼 슬픈
사람이 없다는 생각도 드옵나이다.
12 그러나 창조하신 아버님께서는 어떠
하실까 하는 생각을 하여, 저는 감히
그와 같은 생각을 할 수도 없으며, 그
를 지워 버리고 살고 있사옵나이다.
13 아버님께서 사랑하는 백성들을 세상
에 내보내신 모든 백성들이요, 그 믿
는다 하여 아버님을 부르짖는 자, 그
믿음이라 하여 광란의 짓을 하는 그
백성들은,
14 아버님께서는 전지전능하시고 높고
높은 데 계시오니, 아무런 걱정도 없
으며, 근심 걱정도 없으며, 아무런 고
통도 없으며, 그저 주고 싶은 자에게
주고 내리고 싶은 자에게 내린다 그
리 생각하옵나이다.
15 그러나 아버님만큼 서럽고 더 외롭고
더 원통하고 슬프며 가슴이 아픈 자는
이 세상에 아무도 없다 저는 그리 생
각하옵나이다.
16 저희들이 아무리 슬픔이 있고 고통이
있고 아픔이 있다 하여도, 온 수십억
이 지상에 있는 모든 백성들의 슬픔
이요, 서러움이요, 그 고통을 다 모은
다 해도,
17 정녕 아버님께서 지금 겪고 계신 그
슬픔이요, 그 고통이요, 외로움은 누
구도 감당할 수 없다 그리 생각하옵나
이다.
18 아버님께서 만백성을 위하여 천지를
창조하셨으며 그를 다스리고 지킬 수
있는 그 백성들을 내려보내어 하늘에
서 이루어진 것같이 지상의 낙원을 이
루고자 하심이니,
19 이는 아버님이 하늘에 계신 그 집처럼
지상의 집을 이루어 아버님의 권세의
영광으로써 하늘과 땅이 다 하나가 되
도록 저희들을 내려보내셨으며, 저희
들을 이리 창조하셨사옵나이다.
20 그러니 인간 세상에 살아가면서 작은
목적을 위하여, 그 목표를 위하여 그
가 그리 노력하며, 그것을 또 얻지 못
했을 때 슬픔이요, 그 얻었을 때 기쁨
이 인간 자신도 그 기쁨은 형용할 수
없는 것이라 그리 느끼고 있사옵나이
다.
21 더욱이 아버님께서 세상을 창조하셨
으며, 만물을 창조하셨으며, 그 속에
서 인간을 창조하셔서 인간이 아버님
뜻에 아버님의 집을 지상에 짓고자 하
여 그 창조하신 기쁨을 한 번도 누려
보지도 못했으며,
22 그 기쁨을 누려 보지도 못하신 아버
님의 그 슬픔이요, 외롭고 고통스러움
에 비한다면, 아무것도 아니라 저는
생각하옵나이다.
23 에덴동산에서 아담과 하와가 잘못하
여 모세의 구약 시대에 아버님께서

그 엄청난 역사요, 누구도 이룰 수도 없는 그것을 내려 주셨으나, 그 모두가 다 무너졌으며,
24 거기에서도 아버님이 인간 창조요, 아버님의 짓고자 하신 그 계획에 기쁨을 느끼지 못하셨사옵나이다.
25 그리하여 직접 아버님께서 사랑하는 아들을 성령으로 잉태하여 세상에 내려보내어 아버님의 집을 짓고자 했으나,
26 거기에서도 아버님은 그 기쁨이요, 그 창조하심을 누려 보지도 못하시며, 보지도 못하시며,
27 인간들이 타락하고 사악한 그 세상이요, 아름답고 고운 아버님의 사랑으로써 이루어져야 할 이 세상에 아무것도 이루어진 것이 없으며,
28 만물을 창조하시고 인간을 가장 아름답게 만들어 아버님이 이루시는 그 집을 짓고자 하여 사랑하는 백성들을 세상에 내보냈사옵나이다.
29 인간 세상에 자기 자식보다 더 사랑하는 것이 어디 있겠사옵나이까?
30 인간이 자식을 사랑하는 것, 무엇과도 바꿀 수 없는 그 마음보다도 창조주 아버님께서는 그보다 천배 만배 더 저희들을 사랑하시거늘,
31 사랑하는 자식들을 통째로 사탄에게 빼앗겨 버렸으며, 사탄들이 이 세상을 들끓으며, 그들이 이끌어 가는 그와 같은 세상이 되었으니,
32 아버님께서 말씀하시기를 6천 년의 흘러간 그 세월이 눈물과 탄식과 고통과 괴로움이요, 그리고 하나의 즐거움도 보지 못하고 외로운 삶을 사는 아버님의 그 말씀에 의한 그 뜻은 형용할 수가 없으며 감히 생각할 수 없다 저는 그리 생각되옵나이다.
33 아버님! 저는 정녕 때로는 저의 모든 살아가는 속에서 서럽고 외롭고 고통스러움과 슬픔이 있다 해도, 저는 이것이 아무것도 아니며, 저는 그 모두를 지워 버리고 있사옵나이다.
34 그와 같은 것은 감히 생각할 수도 없사옵나이다.
35 다만, 아버님께서 느끼고 계시는 그 고통이요, 슬픔에 감히 어찌 비교하겠사옵나이까?
36 그러니 저는 때로는 그와 같은 생각이요, 그 스쳐 가는 그와 같은 마음이 드나, 그는 바로 아무것도 아니며, 오로지 아버지의 은혜의 영광을 만백성에게 전하여 저의 제자들부터 깨달으며, 아버님의 그 아프고 저려 오는 마음을 알 수 있도록,
37 부모에게 효성을 다하는 자식이 되도록, 부모의 뜻을 따라가는 그 자식이 되도록,
38 오늘도 내일도 저의 제자들은 하나의 마음이 되어 아버님 법전을 만들며, 이를 가지고 저희들이 능력이 다할 때 쓰러질 때까지 만백성에게 전하여,
39 아버님의 탄식하는 그 슬픔과 고통스러움을 덜어 드릴 수 있는 그 길을 위하여 저희들은 또다시 굳건히 약속하며, 그리 살아가도록 언약하며 그리 가도록 하겠사옵나이다.
40 아버님! 마음을 거두어 주옵소서.
41 슬픈 마음이요, 외롭고 외로운 마음이요, 분한 마음이요, 그리고 원통한 마

음이요, 고통스러운 그 마음이요, 형
용할 수 없는 그 아프신 마음을 다 거
둬들여 주옵소서.
42사탄의 자식이 되어 사탄에게 통째로
빼기신 그 통한의 슬픔이 있다 해도
저희들이 있지 않사옵나이까?
43저희들이 하나하나 변해 가며, 저희들
이 저희 이웃이요, 형제요, 가족부터
변해 가, 효성스러운 자식들로서 거듭
나는 그 역사를 이루도록 그리하겠사
옵나이다.
44아버님! 저희들을 믿어 주옵소서."

## 9,926 번째 하나님 말씀

*2004년 3월 13일 12시 07분*

1 사랑하는 나의 아들아!
2 "네, 아버님! 말씀하옵소서."
3 내 마음의 그 뜻이 무엇이더냐?
4 그리고 너는 어찌 내 마음을 보고 있
는가?
5 "네, 아버님! 그렇사옵나이다.
6 수없이 물으시고 또 물으셔도 저희들
이 다 대답을 드릴 수 없으며, 그 일부
의 만분의 일이요, 억만분의 일도 대
답을 드릴 수 없사옵나이다.
7 그러나 오늘 아버님께서 저에게 물으
시는, 그 마음의 대답, 그 작은 대답
하나는 저는 또한 아버님의 그 심정이
요, 아버님이 원하시는 말씀이요, 아
버님의 뜻이 무엇인가를 또 하나를 알
고 있사옵나이다."
8 사랑하는 나의 아들아!
9 "네, 아버님! 말씀하옵소서."
10 가장 효성스러운 자식이요, 효도하는
자식은 그 부모의 마음을 잘 알며 그
를 헤아린다 하였음이니,
11 내가 오늘 너에게 전하고자 하는 뜻이
무엇이더냐, 나의 아들아!
12 "네, 아버님! 그렇사옵나이다.
13 세속의 인간 세상에서 삶이니, 어렵고
불쌍한 자를 구원하여 모든 재산이요,
모든 교육이요, 가르침을 하여, 그가
사회생활을 할 수 있도록, 사회에 공
명을 얻어 이름을 낼 수 있고 필요한
사람으로 성장을 시켜 놓았을 때,
14 그 가르치고 도와주신 분, 그 부모가
친부모는 아니요, 친혈육은 아니라 해
도, 남을 도와주고 길러 준 부모와 같
은 분이 그 집을 찾아갔을 때,
15 그들이 문전박대 하며, 잠시 쉬어 가
는 것도 허용하지 아니하며, 냉수 한
그릇도 대접하지 않는 그와 같은 것으
로써 그들이 살아간다면, 그 사람의
마음이 어떠하겠는가,
16 그들이 베푸는 것을 바라지 않는다
해도, 그 섭섭하고 섭섭한 마음은 이
루 말할 수 없지 않겠는가, 그리 생각
하시는 아버님의 말씀이요,
17 또한 저희들에게 그 뜻을 알라 하시는
말씀, 그것을 전하라 하시는 것 같사
옵나이다.
18 아버님! 그렇게 인간이 도와주고 도
와준 자에게 문전박대 하며 쉬어 갈
곳 하나 제공해 주지 아니하며, 그가
묵을 수 있는 방 한 칸을 내주지 아니
하며, 냉수 한 그릇을 대접하지 아니
하며, 한 끼의 식사를 대접하지 아니
하며,
19 저는 모르는 자요, 사람이 없다 하여

문을 걸어 잠그고, 아무도 그에게 인
간의 대접을 하지 아니한다면, 그는
섭섭할 것이라는 그와 같은 아버님의
말씀의 뜻을 전하고 싶어 하시는 것이
며 전하고자 하시는 것 같사옵나이다.
20 아버님께서는 그 셀 수 없는 수많은
백성들이요, 그 헬 수 없는 모두를 다
주셨사옵나이다.
21 그리고 어찌 살라 하는 것을 말씀을
하셨으나,
22 그와 같이 아무도 받아들이는 사람이
없으며, 그 뜻을 따라 행하는 자가 없
으며,
23 아버님께서 있어서는 안 될 사탄이요,
마귀의 자식이 되어 다 그 통째로 그
들이 거기 가서 지금 헤매고 있사오니,
24 그것을 보시는 그 아버님의 마음이 어
떠한 것인가, 이를 저의 제자들이요,
저에게 깨달으라 하시는 것이 오늘에
전하고자 하시는 뜻이라 저는 그리 생
각하옵나이다."
25 사랑하는 나의 아들아! 네가 하나를
더 알아야 될 것이니라.
26 인간 세상에 길러 준 은인이 왔으니,
냉수 한 그릇 대접하지 아니하며 문전
박대 할 때, 그는 인간이 섭섭하다 할
것이니라.
27 나도 나의 집을 지으며 내 뜻을 세상
에 펴고자 모두를 다 주었으나, 내가
기거할 곳, 내가 와서 있을 곳이 하나
도 세상에 없으니,
28 그 섭섭함이 어떠하겠느냐!
29 네가 말을 잘했으며 그 뜻을 잘 기록
하여 전했느니라.
30 그러나 너는 알아야 될 것이니라.
31 너희들이 나를 박대하며 내가 쉬어 갈
수 있는 방 한 칸이요, 쉴 자리 하나를
안 내준다 해도 나는 그리 섭섭하지는
않느니라.
32 그러나 다만, 나의 사랑하는 아들딸들
이 내 뜻을 모르며 내 은혜 속에서 살
면서,
33 너희들이 나에게 오르는 것이 아니요,
지옥의 길이요, 한번 들어가면 영원히
나오지 않는 사탄의 자식이요, 사탄의
노예가 되어 그 길로 너희들이 달려가
는 것을 보는 내 마음이 더 아프며 더
고통스러움이니,
34 너는 이와 같은 백성들을 구하여 나
여호와에게 기쁨을 전할 수 있도록 너
의 제자들이 최선을 다하고 최선의 노
력을 다하라 그리 전하라.
35 내가 그들을 사랑함이니라, 사랑하는
나의 아들딸들아!
36 너희들이 세상에 거쳐 가지 아니하며,
너희들이 존재하지 아니하며, 나의 성
전이요, 나의 법전이 세상에 이루어지
지 아니한다면,
37 과연 나 여호와가 어디 와서 잠깐 쉬
었다 가며 잠깐 머물 수 있겠느냐?
38 그러니 너희들이 성전이요, 나의 서점
이요, 그 모두를 역사하는 것, 나의 법
전을 쌓아 두는 것, 나의 법전을 전하
고 만드는 것, 그 모두가 내가 쉬어 갈
수 있는 곳이며 내가 머무를 수 있는
곳이니라.
39 그러니 거기서부터 내가 머무를 수 있
는 집을 짓기 시작하나, 그 집을 짓는
나의 백성 너희들이 온갖 정성을 다하
지 아니하고,

40 너희 마음이 천사처럼 곱지 아니하며,
시기하고 질투하며 지금의 믿음의 길
을 가는 백성들과 똑같은 마음속에서
거래하고자 하여 너희들이 그를 이룬
다면,
41 정녕 나 여호와는 이 세상에 잠시도
와서 머무를 곳이 없음이니,
42 너희들은 이와 같은 나의 뜻을 알아
한 치의 어긋남이 없이 행동하고 행하
며 삶을 살아가도록 그리 간곡히 전하
라, 사랑하는 나의 아들아!

## 9,927 번째 하나님 말씀

*2004년 3월 13일 12시 12분*

1 사랑하는 나의 아들아!
2 "네, 아버님! 말씀하옵소서."
3 너희들이 이 세상에 살아가면서 모든
설움이 있음이니라.
4 너희들이 재물이 없는 사람의 설움이
요, 그리고 남과 같이 살지 못하는 설
움이요, 그 모든 설움이 있을 것이니
라.
5 그 설움이야 오죽 많겠느냐?
6 그러나 너희들이 갈 곳이 없으며 너희
들이 기거할 집이 없는 것, 누워 휴식
할 수 있는 그와 같은 집이 없는 자,
집이 없는 설움은 과연 어떠하던가?
7 그 탄식 또한 그 고통이 이루 말할 수
없을 것이니라.
8 그러니 너희들은 너희 자신이 육으로
누울 곳, 쉴 곳이 없는 것, 너희들이
집이라는 것이 없는 그 자체요, 너희
들이 그 설움만 한 것은 없다 그리 말
하느니라.
9 그러나 너희들은 들어야 될 것이니라.
10 나 여호와가 사랑하는 나의 피조물 만
백성에게 만물을 다 내려 주었으며,
이 지구를 만들어 지상을 만들어 너희
들이 존재하도록 하였으며, 너희들이
그 모두를 다 지배하며 통제하고 살아
갈 수 있도록 내가 너희들에게 명하지
아니하였더냐?
11 모든 만물은 너희들이 관리하며 그 모
두를 취하며, 그리하여 너희들이 나
여호와가 같이할 수 있는 나의 성전이
요, 내 집을 마련하고자 하는 것이 나
여호와의 뜻이었으니,
12 하늘과 같이 이루어지는 이 지상이 하
늘에 있는 내 집과 같이 지상에 내 집
또한 역사할 수 있는 것을 내가 너희
들에게 기다리고 기다린 것이었으나,
13 6천 년이라는 길고 긴 세월이 지나왔
으나 나 여호와가 기거할 수 있는 집
이 이 지상에 한 곳도 없다 하면,
14 과연 집 없는 너희들의 설움만이 설움
이요, 나 여호와가 모두를 다 주며 모
두를 다 역사하며 창조하였으나 내가
이 지상의 낙원에 거할 수 있는 집이
없다면, 그 슬픔이요, 아픔이 어떠하
겠는가?
15 그러니 내가 너희들로 하여금 모두를
거둬들이는 그 역사를 이루고자 함이
니라, 사랑하는 나의 아들딸들아!
16 나의 아들을 따르는 제자들이요, 나의
법전을 읽고 깨우친 만백성, 너희들은
내가 기거할 수 있는 곳은 천사와 같
은 자가 짓는 집이요, 천사와 같은 자
만 그 집을 지을 수 있는 것이니,
17 그렇지 아니하면 너희들이 나 여호와

가 기거할 수 있는 집은 영원히 지상
에서 지을 수 없으며 역사할 수 없다
는 것을 알라, 사랑하는 나의 아들딸
들아!
18 오로지 나의 아들을 따르는 제자들이
요, 나의 법전을 읽고 깨우쳐 가는 그
백성 너희들만이 내가 기거할 수 있는
집을 지을 자격이 있는 자들이니,
19 너희들이 여기서 더 변하고 변하는 그
와 같은 역사의 길을 가도록 그리하
라, 사랑하는 나의 아들딸들아!

## 9,928 번째 하나님 말씀

*2004년 3월 13일 12시 21분*

1 사랑하는 나의 아들아!
2 "네, 아버님! 말씀하옵소서."
3 나 여호와가 너희들에게 성서에 기록
하여 전하지 아니하였더냐?
4 모든 짐승이요, 모든 미물들도 저희들
이 들어갈 굴이 있으며, 공중에 날아
다니는 새들도 다 거처가 있으며 제가
찾아갈 곳이 있다 하였느니라.
5 그러나 오직 인자는 머리 둘 곳이 없
으며 그가 찾아갈 곳이 없다 나의 아
들 예수가 그리 전했음이니,
6 너희들은 나의 아들이 세상에 와 그가
기거할 곳이요, 그가 머무를 곳이 없
다 그리 말한 뜻이라 너희들이 생각하
느냐?
7 이것은 나의 아들 예수가 나 여호와의
마음을 그대로, 나의 탄식을 그대로
전했음이며, 내가 지금 처해 있는 그
내 마음을 전했음이니라.
8 오늘 내가 나의 아들이 내 뜻을 알아
내 성령이요, 새로운 법전에 기록하여
너희들에게 전하는 것처럼,
9 나의 아들 예수가 내 마음이요, 내 뜻
이요, 나의 고통을 기록하여 너희들에
게 전한 그 대목을 너희들은 어찌 모
르는가?
10 그것이 너희들은 예수가 갈 곳이 없으
며, 인자라는 사람은 기거할 곳이 없
으며, 천사와 같은 자는 갈 곳이 없다
는 것이 아니요,
11 이 세상에 나 여호와가 만든 내 지상
에 천국이 이루어지지 아니하여 나 여
호와가 기거할 곳이 없어 내가 고통스
러우며 슬퍼하는 그 모습이요,
12 내가 아름답게 만든 나의 백성들을 사
탄들이 모두 통째로 뺏어 간 그 아픈
마음을 표현한 것이며 내 뜻을 전함이
니라.
13 그러니 성서의 그 모든 뜻도 나의 아
들 예수가 예수의 뜻이 아니요, 나 여
호와의 뜻을 전하고자 했으며 그걸 심
고자 했음이니,
14 그것이 예수에게 관계된 것이 아니며
예수가 역사하고 이루고자 했던 것이
아니며, 나 여호와의 뜻을 나의 아들
예수는 전했음이니라.
15 지금의 나의 아들이 법전에 기록하여
내 뜻이라 하여 전하며 내가 묻는 말
을 그가 내 마음을 헤아려 그를 전하
고 기록함이니, 이가 다 똑같은 그 의
미라는 것을 너희들은 알라.
16 그리하여 지금 내가 나의 법전에 너희
들에게 그 모두를 다 상세히 기록하여
전함을 너희들은 알아야 될 것이니라.
17 지금까지 믿음의 길을 온 백성 너희들

이 나의 뜻에 의하여 내 뜻을 이루지
못한 백성 너희들이 지금 어찌 살아가
는가?
18 너희들은 계속 나를 고통 속에 몰아넣
고 있는 것이 아니더냐?
19 나는 사랑으로써 나의 피조물 만백성
너희들을 창조했으며, 너희들이 사랑
으로써 닦아진 백성들이거늘,
20 어찌하여 나 여호와가 사랑을 베풀고
자 하는 것을 배신하며, 너희들이 내
뜻을 버리고 오늘의 사탄에게 모두가
넘어가 있는가?
21 그와 같은 너희들을 보는 나의 서러움
이요, 내 아픔의 눈물을 과연 너희들
은 얼마나 생각하고 계산해 보느냐?
22 그리고 내 마음을 들여다보는 백성이
있느냐?
23 얼마나 너희들의 마음이 사악한 욕심
이던가?
24 그저 저 자신의 고통이요, 저의 어려
움이요, 저의 힘든 것을 창조주 나 여
호와요, 전지전능한 아버지가 그를 들
어주고 풀어 주십사, 너희들이 밤과
낮을 가리지 않고 울고불고 제 뜻을
위하여 기도하고, 제 뜻을 위하여 호
소하며 나에게 매달리는 것이 오늘의
종교 집단의 지도자요, 그 백성들이
가고 있는 짓이 아니더냐?
25 정녕 너희들이 나의 아들딸이라면, 나
여호와의 아픈 마음이요, 부모의 마음
이요, 부모의 심정이 무엇인가 헤아려
서 너희들이 내 뜻을 역사하고자 하는
그와 같은 삶을 살며 그와 같은 마음
자세로써 살아간다면,
26 그게 곧 진정한 믿음이요, 진정한 신
앙의 길을 가는 자요, 내 뜻에 오는 백
성들이니라.
27 그러니 너희들이 그와 같은 마음이 없
기에 오만하고 자만하여 달라, 이루어
달라며 울고불고하는 것이니,
28 너희들이 내 마음은 접어 둔 채, 오로
지 제 앞에 있는 육의 향락이요, 육의
삶을 위하여 호소하고 달라 부르짖는
것이 너희들의 오늘이니,
29 과연 그게 나의 아들딸이요, 내 자식
들이 할 길이라 너희들은 생각하는가?
30 6천 년의 길고 긴 세월을 눈물의 세월
이요, 설움의 세월이요, 고통의 세월
로 온 나 여호와를 너희들이 어찌하
여 지금도 또 배신하며, 나를 배신하
고자 하는 그와 같은 행위를 하느냐?
31 너희들 모두가 다 갈 곳이 있고 머리
둘 곳이 있으나, 나 여호와만이 내가
만든 이 지상의 낙원에 기거할 곳이
없으며, 내가 앉아 쉬어 갈 곳이 없으
며, 냉수 한 그릇 얻어 마실 수 있는
장소가 없음을 내가 한탄하는 것을 나
의 아들 예수가 전하며,
32 너희들에게 그리 살면 안 된다 깨우치
고 전한 대목이라는 걸, 성서의 의미
요, 그 뜻을 너희들은 알도록 그리하
라.

## 9,929 번째 하나님 말씀

*2004년 3월 13일 12시 33분*

1 사랑하는 나의 아들아!
2 "네, 아버님! 말씀하옵소서."
3 수천 년 동안 흘러오며 그 신약의 역
사가 이루어지며, 모든 종교 집단이

요, 지도자요, 그리고 그 신도들이 정
녕 바라는 것은 구원이라 하였느니라.
4 그러니 그들은 또 구원을 받았다 하지
않더냐?
5 나를 찾으며 나의 아들 예수의 보혈로
써 저희들이 모든 죄의 씻음을 받았으
며,
6 저희들의 손으로 지은 교회요, 성전에
가 울며불며 나를 찾는 순간에 나의
아들 예수의 이름을 부름으로 모두가
씻어진다 하였음이니라.
7 그러나 나 여호와는 너를 통하여 무어
라 말하였느냐?
8 나의 법전에 그것으로써 구원을 받는
것이 아니요, 그들의 죄가 하나도 씻
어지지 아니하였다 하지 않더냐?
9 이제 너를 따르는 제자들이요, 나의
법전을 읽고 깨우친 백성 너희들은 알
것이니라.
10 너희들이 나의 아들 예수의 보혈로써
죄 씻음이요, 그 죽음으로써 너희들이
속죄양으로 죄를 씻은 것보다도 더 위
대하고 무서운 것이 무엇인 줄 알겠느
냐?
11 마지막 시대에 나 여호와가 내 성령을
책으로 증거하여 너희들에게 전하여
너희들의 마음을 바로 서라, 고치라
명해 주는 것, 이것이 더 무섭고 귀함
이니라.
12 그러니 나의 아들을 통하여 너희들에
게 무섭도록 달구며, 나의 법전을 읽
고 깨우쳐 너희들이 바로 살고 바로
가야겠다며 몸부림치면서도,
13 너희들이 과연 얼마나 변화된 삶을 살
며 너희들이 얼마나 아름다운 삶을 살
더냐?
14 아무리 변하려 해도 끝이 없으며, 아
무리 깨끗이 가려 해도 깨끗하지 못함
이니, 너희들이 씻어지지 못하지 아니
하였더냐?
15 내가 사랑하는 나의 아들을 따르는,
그 쳐다보기도 소중한 그 제자들이요,
나의 법전을 읽고 방방곡곡에서 깨우
쳐 가는 사랑하는 나의 아들딸 너희들
은 들으라.
16 과연 너희들이 오늘의 마음 자세요,
너희 생활로써 나의 법전을 읽고 깨우
쳐 너희들이 변하는 것을 알며, 어떤
것이 죄를 짓지 않는 것인지, 그리고
너희들이 내 뜻이 무엇이며, 하늘로
오르는 것이 무엇인지를 알고 있음이
니,
17 너희들이 과연 그를 얼마나 행하더냐?
18 내가 너희들에게 '네가 하늘에 올 자
격이 있느냐?' 물을 때, 너희들이 하늘
에 올 수 있다 말하겠느냐?
19 그와 같이 말하는 나의 아들을 따르는
제자가 한 명도 없을 것이니라.
20 그러니 그것이 잘못된 것이고 잘못 배
우고 잘못 깨우친 것이 아니더냐?
21 아직도 너희들이 훈련이 부족하고 아
직도 미숙한 점이 많지 않던가?
22 내가 여기서 너희들을 탓하려 함이 아
니니라, 사랑하는 나의 아들딸들아!
23 저희들이 예수의 보혈로써 구원을 받
았으며, 예수의 속죄양으로써 죄를 다
용서받았다면,
24 오늘의 그들은 깨끗한 천사가 되어야
됐으며, 한 점의 부끄러움이 있어서는
아니 되는 것이니라, 사랑하는 나의

아들딸들아!
25 너희들이 나의 법전을 보며 나의 아들
을 통하여 내리는 강론을 들으며 나
여호와의 뜻을 따르니, '나는 깨끗한
사람이오.' 말할 수 있을 때,
26 그것이 너희들이 나의 강론을 받아들
인 자요, 나의 법전을 접한 백성이 할
수 있는 이야기니라.
27 그러니 너희들이 그리하지 못한다면,
너희들은 아직 변화되지 못했으며, 내
가 내린 나의 법전이요, 나의 새로운
성경에 너희들이 그 노력의 대가를 기
울이지 아니한 것이 아니더냐?
28 그러니 모든 구원을 받았다 울고불고
하는 백성들에게 그리하지 말라 하라.
29 나의 아들의 그 고귀한 피요, 나의 아
들의 죽음의 고통이요, 그 모두로써
너희들이 정녕 구원을 받았다면,
30 너희들이 하늘을 향하여 한 점의 부끄
러움이 없는 아름다운 모습으로써 변
해진 백성이 그 은혜를 받을 수 있으
며 그리 말할 자격이 있느니라, 사랑
하는 나의 아들딸들아!
31 이와 같은 하늘의 뜻을 내가 나의 법
전에 기록하여 나의 아들을 통하여 너
희들에게 전할 때, 내 마음이 또한 울
고 있음을 알겠느냐?
32 이와 같은 것을 전하는 내 마음이 얼
마나 아프며 내 가슴이 저려 온단 말
이더냐?
33 너희들은 변하지 아니하고 아름답게
천사와 같이 하나도 다스려진 것도 없
으면서 그저 구원을 받았다, 하늘에
오를 수 있다 그리 말함이니, 그들이
얼마나 어리석고 불쌍한 삶을 살더냐?
34 나는 너희들에게 말하느니라.
35 너희들이 깨우쳤으며 변화됐으며, 이
것이 하나님 말씀이요, 이 법전이 새
로운 성경이요, 창조주 아버님의 뜻이
라 너희들이 말할 수 있거든, 너희들
이 그대로 사는 삶을 살아야 되는 것
이니라.
36 그대로 살 때 너희들은 구원을 받은
자요, 나에게 오를 수 있다는 말을 할
수 있으나,
37 너희들이 욕심이요, 추한 생각을 하나
도 털어 버리지 못하며 그득히 가슴에
안고 있으면서,
38 너희들이 나의 법전을 접하니, 강론을
들었으니, 나의 아들과 더불어 법전을
만들어 세상에 전하니, 너희는 구원받
았으며, 구원받을 자격이 있는 자라
그리 말한다면,
39 너희들은 자격이 없으며 나는 그를 거
둬들이지 아니하며, 내가 너희들을 모
른다 말한다 하지 아니하였더냐?
40 그러니 만백성 그들에게 전하라.
41 너희들이 정녕 너희들 말대로 구원을
받았으며, 예수의 보혈로써 예수가 너
희들의 죄를 대속해서 갔다면, 너희들
은 깨끗한 백성이 되어야만 되는 것이
니,
42 지금의 모든 종교 집단이요, 지도자
요, 그리고 울고불고 광신하는 신도
들, 너희들이 그와 같이 과연 깨끗하
며 하늘을 향하여 한 점의 부끄러움이
없는 삶을 사느냐?
43 모든 백성들이 그들을 욕하며 미워하
느니라.
44 하나님의 이름을 팔면서 살아가는 자

들이 더 험악하고 더 악한 짓을 하고
있음이니,
45 스스로 오늘의 믿음의 길을 가는 신도
요, 그 울고불고 구원의 티켓을 받았
다는 백성 너희들도 스스로 너희 자신
을 알 것이니라.
46 믿음의 길을 가며 구원을 받으며 구원
의 길을 간다는 너희들이 일반 백성보
다도 더 사악하며 포악할 때가 있으며,
47 사랑이 없으며, 인정머리가 없는 너희
자신의 행동이 돌출될 때, 너희들은
너희 자신을 의심할 것이며 너희 자신
이 의구심을 갖게 될 것이니라.
48 과연 이와 같은 마음을 가지고, 일반
백성보다도 더 사악한 마음을 가지고,
더 포악한 말을 하며 음해하는 마음을
가지고 네가 과연 구원받은 자요,
49 네가 예수의 보혈로써 하늘에 오를 자
격이 있으며, 과연 이대로 네가 하늘
에 올라갈 수 있겠느냐, 너희 자신에
의구심을 가지며 의문을 갖지 않겠느
냐?
50 그것이 바로 너희들이 오지 못하는 길
이요, 너희들이 잘못된 믿음이요, 너
희들이 믿는 것으로써 죄를 대속받아
죄가 없는 깨끗한 백성이 아니라는 것
을, 그리하여 너희들이 구원받지 못한
다는 것을 깨우쳐 주라.

## 9,930 번째 하나님 말씀

*2004년 3월 13일 12시 36분*

1 사랑하는 나의 아들아!
2 **"네, 아버님! 말씀하옵소서."**
3 하나의 부끄러움이 없는 삶을 살고자
하며, 내가 같이하는 것을 알며, 나의
법전이요, 내 뜻을 직접 듣고 가는 그
제자들이요, 그 백성들이 변하고자 그
리 몸부림쳐도 변하지 못함이니,
4 나에게 구원을 해 달라, 구원의 길을
열어 달라 말하지 못하며, 저희들이
불안과 초조한 마음으로써 살아가는
것이 오늘에 한없이 변화되며, 감히
누구도 따라갈 수 없는 경지에 올라와
나에게 한 발짝 한 발짝 다가온 높이
떠 있는 백성 너희들이니라.
5 너희들도 하물며 그러니 모든 백성들
은 어찌하여 그와 같은 시련과 고통이
없으면서 함부로 구원을 받을 수 있으
며 나에게 오를 수 있다 그리 말하는
가?
6 과연 지금 구원을 받은 자라는 그 맹
종 맹신하는 자들, 재물을 바치면 하
늘에 와 그 복을 쌓음이니, 그 금화요,
은화요, 그 보화에 따라서 너희들이
상을 받을 수 있다 생각하는 그 백성
들도 똑같은 백성이니라.
7 똑같은 나의 아들딸이니라.
8 그러니 나의 법전을 읽고 나의 아들을
따르는 너희들은 변하고자 몸부림치
며 그 고통스러운 삶을 살면서도,
9 너희들이 나에게 오를 자격이 없다 하
여 고개 떨구고 고통스러워하는 것이
너희들의 마음이니,
10 똑같은 나의 아들딸이면서 너희들이
죄짓고 험악한 짓을 하면서도 저는 죄
가 아니요, 구원을 받았다 말하는 그
백성들, 과연 그들이 무엇을 알고 말
하느냐?
11 너희들이 변하는 그 길이 얼마나 힘

들고 너희들이 가는 길이 얼마나 고
달프고 힘들더냐?
12 그 길의 십 분의 일도 못 가면서 구원
을 받았다 하며, 그들은 구제받은 백
성들이라 하며,
13 너희들을 비웃고 이단이라 사탄이라
그리 말을 한 그 어리석은 자들을 어
찌 깨우쳐 주겠느냐?
14 그러나 그들도 너희들의 형제이기 때
문에 그들에게 전해야 될 것이니라.
15 너희들처럼 몸부림쳐도 나에게 오를
자격이 있다 말하지 못하며, 고개 떨
구며 감히 구원해 달라, 천국에 갈 수
있도록 해 달라 하지 못하며, '아버님!
기억해 주옵소서.' 하는 기도를 하지
못하는 것이 너희들이니,
16 너희들만큼도 변하지 아니하며 노력
하지 못하는 백성들이 구원을 받았다,
그리고 나에게 오르겠다, 무엇을 달라
울고불고하니,
17 이것이 얼마나 너희들이 추한 모습인
줄 알겠느냐?
18 그러니 그들이 나의 법전을 읽고 깨우
칠 수 있도록 나의 법전을 만백성이
요, 온 세상에 전하도록 그리하라, 사
랑하는 나의 아들딸들아!

## 9,931 번째 하나님 말씀

*2004년 3월 13일 12시 40분*

1 사랑하는 나의 아들아!
2 "네, 아버님! 말씀하옵소서."
3 나 여호와가 인봉해서 너희들에게 봉
해 놓은 것과 너희들이 보고 깨우쳐야
될 것, 그리고 봐도 될 것,
4 그 모두를 구분하여 너희들이 봐서는
안 되는 것은 내가 인봉해 놓았으며
그를 열 수 없도록 했다 하지 않더냐?
5 그러니 지금 내가 나의 아들을 통하여
나의 법전을 읽고 깨우치는 백성 너희
들은 그를 들여다볼 수 있으며 그 열
쇠를 가지고 있는 것이라 하였음이니
라.
6 그러니 내가 비유의 뜻으로써 모두를
감춰 놓은 그것은 바로 무엇이더냐?
7 정녕 그것이 너희들에게 내려지는 진
정한 문제의 해답이니라.
8 그러니 비유의 뜻으로써 성경을 인봉
해 놓은 것은 다 문제집이니라.
9 그러니 구약과 신약이요, 지금까지 오
는 너희들의 깨우침이요, 그 너희들이
변하는 것은 문제집을 받은 것이니라.
10 그러니 그 문제집을 받은 너희들이 바
로 그 정답을 쓰며 답을 쓰기 시작하
는 것이 지금의 제3의 시대요, 마지막
시대이니라.
11 그러니 내가 인봉한 것이요, 성서의
뜻을 가르쳐 주는 것은 너희들이 문제
를 보라 하는 것이니라.
12 나의 법전을 읽고 깨우친 자가 그 인
봉된 상자를 열 수 있음이니, 그 상자
를 여는 것은 바로 너희들이 그것을
꺼내 드는 순간에 무엇이더냐?
13 너희들이 답안지를 쓸 수 있는 그 문
제집이니라.
14 그 문제집을 봤으니, 너희들은 그 문
제집에 맞는 답을 찾아야 될 것이며,
거기에 너희들이 답을 기록해야 되니,
15 그 답은 바로 나의 법전이요, 지금 제
3의 시대에 나의 아들을 통하여 내가

강론하고 역사하는 것, 그것이 거기에 모든 답이 있음을 알라, 사랑하는 나의 아들딸들아!
16 그러니 신약 시대는 문제의 시대요, 지금 제3의 시대는 정답을 맞춰 찾아 기록하는 시대라는 것을 너희들은 알라.
17 그리하여 중간 주자요, 마지막 주자라고 설명한 뜻을 알겠느냐?
18 모든 성서의 너희들이 비유의 뜻을 내가 열어 줌이니, 그것이 바로 문제집이었느니라.
19 문제집을 내가 너희들에게 던져 주기 시작하니, 그 문제집을 보고 너희들이 정답을 찾아 기록하기 위해서는 나의 법전을 읽고 깨우치도록 그리하라.
20 그러면 그 속에 모두가 다 있느니라, 사랑하는 나의 아들딸들아!

## 9,932 번째 하나님 말씀

*2004년 3월 13일 12시 44분*

1 사랑하는 나의 아들아!
2 "네, 아버님! 말씀하옵소서."
3 내가 너희들에게 지혜를 내려 줌이니, 나 여호와 또한 너희들에게 보여 주고 싶으며, 내 음성을 내가 너희들에게 직접 들려주고 싶은 것이 나 여호와의 지금의 마음이니라.
4 그러니 너희들이 그리하기 위해서는 어찌해야 되는지를 너는 아는가?
5 "네, 아버님께서 그와 같이 보여 주시며, 음성을 듣도록 하고자 하시는 것이 하나가 되라 하시는 그 아버님의 말씀이옵나이다."
6 즉, 그 하나가 되라는 것은 무엇이더냐, 나의 아들아!
7 "네, 아버님!
8 모두가 하나가 되라는 것은 이 세상의 만물과 모든 인간관계에서 다 화해를 하라는 것이옵나이다.
9 평화로운 삶을 살라는 것, 그리고 화해하여 어떠한 것도 마음이요, 가슴에 남아 있어서는 아니 되는 것,
10 모두를 이해하고 용서하며 같이 화합하고 즐길 수 있는 그와 같은 자세로써 되어야만 하나가 될 수 있으며, 모두를 화합하라는 것,
11 아버님의 음성을 들을 수 있으며, 아버님을 볼 수 있는 것은 모두가 화합하는 것, 모두를 사랑하는 것, 모든 적이 없는 것, 마음에 담아짐이 없는 것, 그와 같은 것이 하나가 될 수 있는 길이요,
12 그와 같이 세상의 만물과 모든 인간관계요, 이웃과 형제지간에 모두를 다 화합하는 그와 같은 아름다운 마음으로 굳건히 살아갈 때,
13 아버님은 보여 주실 것이며, 아버님의 음성을 들려 주시기 위하여 저의 제자들에게 명할 것이라 저는 그때를 기다리고 있으며,
14 많은 제자들이 아버님을 뵈오며 아버님의 음성을 들을 수 있을 때를 기다리고 있사옵나이다, 아버님!"
15 그러니라. 모두와 다 화합하라, 모두와 다 하나가 되어라, 그리고 사랑하라. 화평하라.
16 화평하면 모두를 다 볼 수 있음이니라, 사랑하는 나의 아들딸들아!

17 그를 명심하고 지키도록 그리하라.

## 9,933 번째 하나님 말씀

*2004년 3월 14일 06시 28분*

1 사랑하는 나의 아들아!
2 "네, 아버님! 말씀하옵소서."
3 너희들이 인간 세상에 살아가면서 그
홍보를 함이 있음이니라.
4 너희들이 모든 것을 홍보로써 역사하
며, 홍보로써 남에게 전하며 너희들은
가시적인 홍보요, 또는 구전으로써 전
하는 홍보가 있지 않으냐?
5 너희들이 아무리 귀하고 좋은 상품이
라 해도 홍보를 하지 아니하며 홍보가
되지 아니한다면,
6 그 혜택을 입을 수 없으며, 그를 모르
고 살아가는 것이 인간 세상에 너희들
의 삶이 아니더냐?
7 너희들이 만백성을 구하는 진주보다
도 더 귀하고 소중한 나의 법전을 만
들며 그 강론을 듣고 있다 해도, 너희
들이 홍보에 치우치지 아니하며 이를
하지 아니한다면,
8 누가 이를 알아 읽고 깨우쳐 너희들과
더불어 나에게 오르는 길을 올 수 있
단 말이더냐?
9 나의 아들 예수가 2천 년 전에 그 제
자들에게 사람을 낚는 어부가 되라
하며 그들을 불러들이고 그들을 사용
하며 그들과 더불어 간 것은 무엇이
더냐?
10 그들은 구전으로써 그 홍보의 역사를
담당했으며, 그 모두를 그들이 다 이
끌어 가고 역사했음이니라.
11 나의 아들 예수가 기적을 이루며 역사
를 이루었다 해도, 그를 홍보요, 구전
의 홍보요, 너희들이 가시적인 홍보
요, 이와 같은 것이 아니었더라면, 과
연 어찌하여 그와 같은 역사가 이루어
졌겠느냐?
12 그 모두는 다 그 제자들이 역사하고
그 길을 인도하고 가지 아니하였더냐?
13 내가 너희들을 선택한 것이며, 내가
너희들을 부른 것이 무엇이더냐?
14 홍보이니라.
15 너희들이 어떠한 방법으로써 어찌 홍
보를 하느냐 하는 것은 너희들 각자의
그 지혜가 있음이니,
16 내가 너희들을 불러 쓰는 것도 너희들
이 나의 법전이요, 나의 새로운 성경
이요, 그리고 나의 아들이 160권이라
는 법전을 가지고 세상을 다스려 나간
다는 것, 너희들이 이와 같은 뜻을 전
하고 전하는 것이 결국 홍보라는 것이
아니더냐?
17 너희들은 그 점에서 너무 게으르며 그
를 하지 아니하며 그를 역사하지 아니
하느니라.
18 저만 구원을 받으며, 저에게 오늘 주
어진 임무만을 충실히 한다는 것이니,
19 너희들이 법전을 만드는 것도 중요하
며, 법전을 전하는 것도 중요하니라.
20 그러나 너희들은 이를 받을 수 있는
사람, 또 이를 가슴에 안을 수 있는 사
람, 전할 수 있는 사람들에게 너희들
이 먼저 깨우치고 홍보함이 중요하니
라.
21 나의 법전을 만드는 것보다 너희들이
이웃에 홍보요, 그리고 온 세상에 홍

보하고 전하고 깨우쳐 주는 것이 소
중함이니,
22 너희들은 그와 같은 의미를 알며 너희
들이 일의 순서를 뒤집어 가지 말라
그리하라.
23 이것이 내가 너희들에게 내리는 지혜
이니라.
24 이제 너희들이 홍보할 수 있으며 홍보
해도 부끄러움이 없지 않더냐?
25 이제 그러니 너희들이 홍보라는 것이
무엇이며, 너희들이 왜 존재하느냐?
26 너희들이 나의 법전을 세상에 전하며
홍보하며, 홍보함으로 그를 듣고 깨우
친 백성들이 가슴에 안고 변하는 삶을
살 수 있도록 하기 위한 것이니,
27 너희들은 홍보에 모두를 다 투자하도
록 그리하라, 사랑하는 나의 아들딸들
아!

## 9,934 번째 하나님 말씀

*2004년 3월 14일 06시 35분*

1 사랑하는 나의 아들아!
2 **"네, 아버님! 말씀하옵소서."**
3 나 여호와를 찾으며 나 여호와의 은혜
속에 살며 예수의 보혈로써 구원을 받
았다 하는 그 백성들, 그리고 사랑을
실천하며 사랑을 행하고 살아간다는
나의 백성들이,
4 정녕 그러면서 신앙이요, 믿음의 길을
가는 백성 그들이 세상사 살아가는 일
반 백성보다도 더 욕심이 많고 또 교
만하며 오만한 사람이 더 많다 하면,
5 과연 나 여호와는 그와 같은 백성들을
어찌 이해하며 그들을 내가 어찌 사랑
으로 다스려야 되겠느냐?
6 믿지 않는 백성이요, 나를 찾지 않는
백성이요, 너희들이 말하는 이방인이
라는 나의 아들딸들, 그들보다도 더
욕심이 많고 너희들이 오만하며 방자
하다면, 그리고 교만에 차 있다면,
7 과연 이 모두를 나는 하늘에서 너희들
을 어찌 이해해야 될 것이며, 그리고
사랑하는 나의 백성들은 또한 어찌 너
희들을 이해하며,
8 너희 마음을 그들이 다 이해하여서 너
희들과 더불어 갈 수 있는 그 길을 갈
수 있다 생각하느냐?
9 너희들은 여기에서 너희 스스로 깨우
쳐 봐야 될 것이니라.
10 내가 보는 지금 믿음의 길을 가는 백
성들이 오만에 젖어 있으며, 그 오만
이 하늘을 치솟고 있음을 너희들은 알
아야 될 것이니라.
11 정녕 그와 같은 백성들의 이중적이고
위선적인 삶을 살아가는 모습을 너희
들에게서 바라볼 때, 과연 다른 백성
들이 너희들을 어찌 신뢰하겠는가?
12 너희들을 따르지 아니할 것이니라.
13 그러니 지금의 너희들이 말하는 이방
인이라는 나의 아들딸들이 차라리 너
희들보다 낫다 내가 하는 것이며,
14 그들 자신도 너희들보다 살아가는 모
습이 아름답고 깨끗하다 장담하는 자
들이 그 백성들임을 너희들은 알라.
15 어찌 그들이 이해하겠는가, 그리고 어
찌하여 너희들은 그들이 너희들을 이
해해 주기를 바라는가?
16 그리고 그들이 너희들 앞에 와 고개
숙이며 너희들을 존경하기를 바라는

가?
17 종교 지도자와 신도들, 너희들 모두가
다 지금 오만방자한 삶을 살고 있느니
라.
18 너희들은 아니라 해도 너희들의 삶이
그와 같이 하늘을 다 치받는 그와 같
은 형국에 왔음을 알아야 될 것이니라.
19 그러면서 너희들은 구원을 받았으며,
너희들은 깨끗한 자라 하며, 그리고
위선적인 삶이요, 이중적인 삶을 덮어
나가는 방법이 무엇이더냐?
20 그러면서 너희들은 인간은 어쩔 수 없
다고 그리 말하느니라.
21 그리고 인간은 육의 삶과 영적인 삶이
다 분리되어 있기 때문에 너희들은 영
적인 차원 높은 삶을 사는 사람이요,
22 이방인이라는 백성들은 육의 삶에 허
덕이는 자요, 영적인 세상을 모르는
자요, 영적인 구원과는 관계없는 백성
들이라,
23 그리하여 너희들은 죄가 없고 깨끗한
백성들이라 너희 스스로 자부하는 자
들이니라.
24 너희들이 얼마나 어리석은 자들인가?
25 이제 나의 아들딸들이 살아가는 그 삶
이 어떠하던가?
26 그들은 모범을 보이며 행동을 그리하
며, 만백성이 그들이 살아가는 모습을
보고 깨달아 나의 법전을 가슴에 안고
정독하는 그와 같은 삶을 살기 위하여
몸부림치고 있음이니라.
27 그러니 그들이 가는 길과 너희들이 가
는 길이 어떤 길이 힘들고 어려운 길
이더냐?
28 나에게 오르는 길은 평탄한 길이 아니
요, 협착하고 어렵고 힘든 길이라 했
음이니,
29 과연 어떠한 백성들이 좁고 협착한 그
어렵고 힘든 길을 가는 자들인가?
30 이것으로써 너희들이 참진리의 길을
가는 백성이요, 나에게 선택된 백성과
나의 뜻대로 살아가지 않는 백성을
구분할 줄 알면 될 것이니라.

## 9,935 번째 하나님 말씀

*2004년 3월 14일 06시 41분*

1 사랑하는 나의 아들아!
2 "네, 아버님! 말씀하옵소서."
3 구약의 그 긴 세월이요, 그리고 신약
의 그 긴 세월이요, 그 속에 많은 기적
과 역사를 이뤘던 그와 같은 것을 보
고 온 모든 백성들, 너희들이 어찌 살
았는가, 너희들이 어찌 살아가고 있는
가를 너희 스스로 이제는 돌아다봐야
될 것이니라.
4 그리고 내가 제3의 시대에 마지막 시
대를 열어 내 새로운 성경이라 하여
내 뜻을 세상에 내려보내며, '하나님!
말씀하옵소서.', '하늘에 오르는 길'이
여기 있다 하여 그 모두를 책으로써
증거하여 세상에 내려보낸 그 의미를
너희들은 다시 한 번 깨우쳐 보고 생
각해 볼 때가 되었음을 알아야 될 것
이니라.
5 너희는 알라, 그리고 너희들은 들으라.
6 정녕 너희들이 죄를 짓지 않고 제대로
참진리의 믿음의 길을 지금까지 살아
왔다면, 과연 너희들은 어찌 되었겠는
가?

7 이 세상은 지금 지상의 낙원이 되었을
것이니라.
8 하늘에서 이루어진 것같이 이 땅에서
이루고자 하는 나의 권세의 모든 세상
에 나의 집이요, 내가 거처할 수 있는
안식처가 되어 있을 것이니,
9 이는 곧 너희들의 안식처요, 그리하여
너희들은 하늘의 그 영광된 거듭나는
역사를 얻을 수 있는 것이 너희들의
삶이니라.
10 그러나 너희들은 그 참진리의 믿음의
길을 간다면서, 내 뜻을 거역하고 비
진리의 길을 달려왔기 때문에,
11 죄짓고 또 죄짓고 또 회개하고 또 용
서를 빌고 용서를 받고자 몸부림치는
그와 같은 삶을 되풀이하는 것이 아니
더냐?
12 이것이 너희들이 진정한 믿음이요, 진
정한 신앙의 길을 가지 아니하는 자들
의 증거이니라.
13 진정한 변화되는 삶을 산다면, 너희는
후회하는 일이 있어서도 아니 되며,
죄를 지어서도 아니 되는 것이 너희들
의 삶이니라.
14 참진리요, 진정한 길을 간다면, 너희
들이 무엇이더냐?
15 후회하는 삶이 아님이니라.
16 너희들은 아담과 하와가 어찌하였느
냐?
17 너희들의 선과 악 그 속에서 그는 악
의 마음이요, 악의 선악과를 따먹었음
이니, 그가 그와 같이 죄를 지었음이
니, 그 마음이 너희들이 또한 지금과
같이 선과 악이 있음이니라.
18 그리하여 너희들은 선을 버리고 악만
을 취하는 그와 같은 오늘의 삶을 살
기에,
19 너희들이 죄짓고 회개하며 또 너희들
이 변화되지 못하며, 너희들이 울고불
고 또한 용서를 빌며 그와 같이 용서
를 받고자 하는 삶을 살고 되풀이하는
것이 아니더냐?
20 그것은 참진리요, 진정한 믿음의 길을
아니 왔다는 증거이니라.
21 진정으로 너희가 나의 명대로 살았다
면, 범죄할 수 없음이니라.
22 죄를 짓지 아니하며 절대 너희들은 범
죄하지 아니하고 살아가는 그와 같은
삶을 갈 것이니,
23 너희들이 진정한 믿음의 길을 아니 왔
음을 알고 있어야 될 것이니라.
24 너희들이 범죄하고 후회하고 회개하
고 눈물짓고 너희들이 용서받고자 몸
부림치는 것, 너희들이 저지르고 있는
그와 같은 행위들이 모두가 다 너희들
이 잘못 저지르고 잘못 살아왔기 때문
이라는 것을 알라.
25 너희들이 금이라는 것을 불에 달구고
달궈서 너희들이 순금이요, 정금으로
만들었다면, 그 금은 오로지 정금으로
서 존재하며 순금으로서 존재함이니
라.
26 너희들이 그와 같이 달구고 달궈서 순
금이 되는 것처럼, 너희들이 믿음이
요, 깨달음이요, 참진리의 길을 오지
아니하였음이니라.
27 진정한 참진리의 길이요, 진정한 믿음
의 길이요, 나 여호와가 존재함을 믿
으며 나 여호와가 존재함을 안다면,
28 너희들이 두려워서도 오늘과 같이 회

개하고 죄짓고 또 반복하는 그와 같은
행위는 절대 하지 아니할 것이니라.
29 너희들은 인간이기 때문에 변할 수 없
으며, 인간이기 때문에 바로 설 수 없
다 하나, 너희들이 인간을 달구고 달
궈 정금이요, 순금이 될 수 있음이니,
30 순금과 같은 믿음의 길을 가는 자는
너희들이 죄짓지 아니하며, 용서받고
자 몸부림치지 아니하며, 거짓된 생활
을 하지 아니하며, 위선적이요, 이중
적인 그와 같은 삶을 절대 살아갈 수
없으니,
31 너희들은 아무것도 깨달음도 없으며,
참진리의 길을 본 것도 아니요, 변하
고자 하는 노력하는 자들이 아님이 오
늘의 종교 집단이요, 지도자들이니라.
32 말로만 너희들이 구원을 받으며 변화
되며 역사한다는 그와 같은 믿음으로
써 나의 피조물 만백성에게 재물을 갈
취하는 이와 같은 형국이 되었기 때문
에 세상이 뒤집어졌으며,
33 내가 너희들에게 거꾸로 사는 세상을
산다 하였음이니, 거꾸로 너희들이 세
상을 봐야 바로 본다는 내가 법전에
기록한 가르침을 너희들은 깊이 깨우
치도록 그리하라.

## 9,936 번째 하나님 말씀

*2004년 3월 14일 06시 50분*

1 사랑하는 나의 아들아!
2 **"네, 아버님! 말씀하옵소서."**
3 너희가 나 여호와의 은혜요, 그리고
예수의 은혜로 구원을 받았다고 말을
함이니라.
4 그리하여 너희들은 구원을 받은 자요,
하늘에 오를 수 있는 그 영광을 얻은
자라 그리 말함이니,
5 과연 너희들이 구원을 받았다는 것은
무엇이더냐?
6 너희들은 나 여호와로부터, 예수의 보
혈로써 은혜를 받아 너희들이 모두를
구원을 받았다 말함이니,
7 너희들이 하늘에 오르는 그 구원을 받
기 전에 너희들이 구원의 은혜를 받았
다는 그 증거는 무엇이더냐?
8 너희들은 이 세상에서 살아가면서 인
간으로서 사탄의 소굴에서 용기 있게
벗어난 백성이라 말하는 그것과 무엇
이 다르더냐?
9 너희들은 아담과 하와의 그 선악과로
인하여 오늘의 이 세상이 사탄의 세상
이 되었으니,
10 그 속에서 너희들이 선과 악의 두 마
음 중에 아직도 몸부림치고 사는 그
백성들이 바로 선을 선택하여 인간의
삶의 이 지상의 세상에서 사탄의 소굴
에서 벗어난 백성이라 말하는 것과 무
엇이 다르더냐?
11 그러니 너희들은 구원을 받았다는 그
은혜요, 영광 이전에 사탄의 세상에서
우선 벗어난 축복된 백성이요, 영광된
백성이라 그리 말하느니라.
12 그러니 너희들은 그 의미를 아는가?
13 그러니 너희들은 나의 백성으로서 돌
아온 것이 아니더냐?
14 그러니 너희들이 사탄에게서 벗어났
으면 너희들은 나의 백성이 되었음이
니, 과연 나의 백성이 된 너희들은 어
찌 살아가는가?

15 너희들이 사탄의 세계에서 벗어났다
면 이미 천사와 같은 백성이요, 나의
아들딸로서 하나도 손색이 없는 백성
이라 그리 말하느니라.
16 그러니 너희들이 그와 같은 백성이 되
었다면, 정녕 너희들의 오늘의 삶은
어떠하던가?
17 천사가 시기하고 질투하며 남의 재물
을 거둬들이며 더 큰 집을 짓고자, 더
큰 성전을 짓고자 몸부림을 치는가?
18 과연 너희들의 오늘의 삶이 어떠한 것
인가 한번 생각해 보라.
19 너희들이 은혜로써 구원을 받았다며
몸부림치기 전에, 구원을 받은 것은
사탄의 세상에서 너희들이 벗어난 자
요, 그걸 뛰어넘은 자요, 그 모두를 뿌
리치고 나온 용기 있는 백성이요, 용
감한 백성이라는 뜻이니라.
20 그러니 너희들이 구원 이전에 사탄의
그 손아귀에서 벗어난 백성이 되어야
함이니, 그것이 너희들이 말하는 의미
가 거기에 있느니라.
21 그러니 사탄의 소굴에서, 사탄의 굴레
에서 벗어난 백성들은 곧 천사요, 나
의 아들딸이니, 너희들이 그와 같이
변화된 모습을 과연 내가 찾아보지 못
하며,
22 너희들이 그와 같은 천사와 같은 나의
아들딸의 원심으로써, 내가 너희들에
게 성령을 심어 줬던 그 마음의 형태
로 살아가지 못하며,
23 지금도 너희들이 악의 구렁텅이에서
벗어나지 못하고 헤어나지 못하고 있
다면, 과연 너희들은 구원을 받았다
말할 수 있느냐?
24 구원을 받았다 하여 너희들이 호언장
담하며 말하기 전에, 너희는 사탄의
인간 세상에서 벗어난 자라 하여 하늘
을 향하여 나에게 감사 기도를 드리며
외쳐야 될 것이니라.
25 그러니 거기서 벗어나는 자만이 구원
을 받을 수 있는 것이 아니더냐?
26 그러면 벗어난 백성들이 과연 벗어난
삶을 사느냐, 그와 같은 행동을 하느
냐, 내가 그를 너희들에게 인정할 수
있느냐?
27 내가 너희들을 인정할 수 없으며, 사
탄의 소굴에서 벗어나지 못한 백성들
이요, 그 속에서 너희들이 사탄의 대
역을 지금 하고 있다면, 과연 너희들
은 이를 믿겠는가?
28 이와 같은 것을 기록하여 전하는 나의
법전을 사탄이요, 이단이요, 마지막
선지자가 와서 하는 거짓 행위라 너희
들은 그리 욕하고 짓밟으니,
29 정녕 너희들은 벗어날 수 있는 그 길
마저도 막는 것임을 알라.
30 너희들이 사탄에게서 벗어났다 하면,
너희들이 나의 백성이요, 천사와 같으
니,
31 그와 같은 삶을 사는 것을 내가 인정
하고 믿었을 때 너희는 거기에서 벗어
난 자이니라.
32 나 여호와가 믿지 못한다면 너희들은
아직도 사탄의 소굴에서 벗어나지 못
했으니,
33 사탄의 소굴에서 벗어나지 못하여 사
탄의 대역을 하는 너희들이 어찌하여
구원을 받으며 나에게 올라왔다 말할
수 있느냐?

34 이 의미를 만백성에게 전해 줘, 그들
이 깨닫고 느끼도록 그리하라, 사랑하
는 나의 아들아!
35 너희들이 사탄에게서 벗어났으면 나
의 백성이요, 천사와 같은 백성이라는
걸 명심하라.
36 그러니 그리 너희 스스로 살지 못하거
든, 내가 나의 아들을 통하여 너희들
을 믿지 못하며 내가 인정하지 못한다
는 그 무서운 의미를 알라.
37 그러면 너희들의 삶이 천사와 같아야
하거늘, 어찌하여 너희들은 그리 살지
못하면서 구원을 받았다 말하는가?
38 구원은 곧 사탄의 소유물에서 너희들
이 벗어나는 것이니,
39 사탄의 소유물에서 벗어났다면 나 여
호와의 기쁨이 이루 말할 수 없거늘,
너희들은 아직 한 백성도 벗어난 자가
없으며 거기서 헤어난 자가 없다는 나
의 가르침을 들으라.
40 사탄의 소굴에서 벗어나지 못한 자,
너희들이 구원이요, 구원을 받는다는
생각도 하지 말라.
41 너희들이 먼저 구원이요, 하늘에 오기
전에, 사탄의 소굴에서 먼저 벗어난
자만이 거기서 뛰어나온 자만이 나의
하늘에 오르는 길을 볼 수 있다 하였
거늘,
42 이 무서운 나의 가르침을 너희들이 돌
이켜 봐서 네 것으로 만들지 아니하
면, 너희들은 헤어나지 못하는 백성이
될 것이니라.

## 9,937 번째 하나님 말씀

*2004년 3월 14일 06시 59분*

1 사랑하는 나의 아들아!
2 "네, 아버님! 말씀하옵소서."
3 사랑하는 네 제자들이요, 그리고 나의
법전을 읽고 깨우친 사랑하는 만백성
너희들이 오늘에 그 평가를 받으려
하지 말며, 오늘에 너희들이 그 성과
를 손에 쥐려 하지 말며, 성과를 너희
들 손으로 보려 그리하지 말라.
4 인간 세상에 살아가는 너희들의 삶도
그 당시에 모두를 평가하는 것보다도
세월이 지난 다음에 그 후세들이 그를
거울삼아 비쳐 봤을 때, 그들의 평가
함이 얼마나 귀하고 소중한 것인가를
알겠느냐?
5 그들에게 산 역사를 남기는 것은 아름
다운 삶이요, 그 삶의 역사가 아닌 얼
룩진 삶을 보여 주는 것은 잘못된 지
도자가 이끌어 가는 한 시대의 삶이
아니더냐?
6 이 세상에 지금 모두가 저희들이 가는
길이 하늘에 오르는 길이요, 저희들만
이 나에게 구원을 받는 백성이요, 나
의 아들딸이요, 나의 목자라 울고불고
소리 지르는 이 험악한 세상 속에서
7 너희들이 오늘의 평가를 받으려 하지
말며, 너희들이 가시적인 것을 거두어
손으로 쥐는 것을 이루려 하지 말라.
8 너희들에게는 손에 쥐는 것도 없어도
되며, 너희들이 평가를 어찌 받든 지
금은 관계가 없음이니라.
9 너희들은 오로지 죽어 나 여호와에게
와 나로부터 평가를 받음이니, 그때

평가를 받는 것이 더 위대하고 소중함
이며,
10 수천 년 수백 년의 그 역사가 흐른 다
음에 너희들은 평가받는 백성들이요,
너희들의 오늘을 평가할 것이니라.
11 그러니 너희들의 이웃이 평가하는 것,
네 주변의 백성, 인간이 평가하는 것,
거기에 흔들리지 말며 거기에 연연하
지 말며,
12 그 속에서 너희들이 위대한 역사요,
위대한 일을 했다는 것을 보이려 하지
말며,
13 너희들이 소중한 백성이라는 것, 너희
들이 하고 있는 것이 가장 귀하고 소
중하다는 것, 그와 같은 자만에 빠져
서는 아니 될 것이니라.
14 다만, 너희들의 평가는 나 여호와에게
받는 것이니라.
15 그러니 나 여호와로부터 평가를 받으
며 심판을 직접 받는 너희들이야말로
얼마나 축복되고 영광된 백성들이더
냐?
16 그러니 그 준비를 위하여, 그 대비를
위하여 너희들은 말없이 나의 법전을
만들어 만백성에게 전하여 네 이웃을
깨우치고 깨닫도록 그리하라.
17 그것만이 너희들이 하는 길이요, 너희
들이 역사하는 길이요, 나의 백성이라
는 것이 무엇이 다르더냐?
18 너희들이 나의 백성이 아니라면, 너희
들이 인간 세상에서 인간들처럼 평가
받으며 거기에 연연할 것이니라.
19 모든 종교 집단이요, 지도자들이 인간
세상에서 저희들이 평가를 받기 때문
에 저희들이 하는 짓이요, 저희들이
행하는 역사는 나 여호와만이 평가하
며 인간이 평가할 수 없다 저희들이
그리 굴레를 씌워 놓아 그를 모면하
는 자들이니, 그것이 너희들과의 차별
화임을 알라.
20 그들은 인간에게 심판을 받으며 인간
의 심판이 두렵기에, 그리하여 저희들
은 감히 나의 피조물 만백성을 속이며
기만하는 이중적인 그와 같은 마음을
가지고 살아가나,
21 너희들은 그와 같은 말을 할 필요도
없으며, 그와 같은 역사를 할 것도 없
음이니라.
22 믿음의 길을 가는 백성들이 얼마나 이
중적이고 가증스러운 자며, 그 지도자
들이 나의 백성들을 어찌 이끌어 가느
냐?
23 너희들은 지도자의 삶이요, 지도자의
살아가는 것을 볼 필요도 없으며, 지
도자가 다만 너희들에게 어떠한 행위
를 보여 주든 그것은 관계가 없다,
24 그리하여 오로지 너희들은 지도자의
입에서 나오는 성령이요, 성서의 가르
침이요, 한 획도 고쳐서는 안 되며 빼
도 더해서도 안 된다는 성서의 그 가
르침이요, 그것만을 듣고 가면 된다
말하니,
25 이것이 너희들이 오늘의 삶이요, 오늘
의 믿음이니, 너희들이 얼마나 어리석
고 가증스러운 생활을 하고 있느냐?
26 그러니 그와 같은 속에서 너희들이 그
들이 무엇이라 평가하든, 너희들에게
그들이 무어라 핍박하든, 그들이 무어
라 협박하든 그에 흔들리지 말며 그에
게 관심을 갖지 말며 생각도 하지 말

라.
27 오로지 너희들은 나로부터 심판을 받
게 되어 있는 백성이요, 너희들이 나
로부터 모든 평가를 받게 되어 있음
이니 그를 알라 전하라, 사랑하는 나
의 아들딸들에게.

## 9,938 번째 하나님 말씀

*2004년 3월 14일 07시 05분*

1 사랑하는 나의 아들아!
2 "네, 아버님! 말씀하옵소서."
3 오늘의 믿음의 길을 가는 그 백성들이
요, 그 신도라는 백성, 그들이 얼마나
계산적이며 하나서부터 열까지 나와
계산적인 거래를 하는가?
4 모든 종교 집단이요, 지도자, 그들도
저희들과 나 여호와와 거래를 함이니,
5 거기에서 저희들이 하나도 손해 가는
것이 없는 그와 같은 방법으로써 그
집단이 나의 피조물 만백성 너희들을
우롱하며 너희들이 착각 속에 빠져 살
아가도록 만든 것이니라.
6 그 믿음의 지도자 그들이 무어라 하느
냐?
7 너희들은 믿음이요, 신앙생활을 하는
그 이유며, 그것은 바로 너희들이 그
와 같은 길을 가며 재물을 바치며, 교
회를 지으며, 너희들이 그 헌금이요,
십일조를 갖다 바침으로 인하여,
8 너희들이 모든 부족한 것, 너희들이
인간으로서 남들에게 또 부족한 것,
그리고 인간으로서 신과 같이 갖추지
못하며 신과 같은 능력이 없는 그 부
족한 것,
9 그 여러가지 부족한 것과 너희들이 인
간 세상에 살아가면서 너희들의 허물
이요, 그리고 너희들이 고치려 해도
고치지 못하는 그 악습이요, 그리고
악과 선을 선택할 때 너희들이 악을
행하는 것, 그리고 인간은 연약하기에
악에서 물러날 수 없으며 너희들이 선
만을 행하고 살 수 없다는 것,
10 육을 갖고 있는 인간이기에 너희들은
죄와 인간이 부족한 모든 것을 다 나
의 아들 예수를 찾기만 하면 나의 아
들 예수의 보혈로써 은혜를 받았다 하
며,
11 너희들의 손으로 지은 죄의 온상에 가
재물을 바치면, 나의 아들 예수가 너
희들의 부족한 것, 그리고 너희들의
허물이요, 너희들의 악한 것이요, 그
모두를 다 담당하여 나의 아들 예수의
은혜로써 충만된 백성이요, 그리고 부
족함이 없는 백성으로 그리 이끌어 간
다 하며, 그리 만들어 준다 하는 것이
너희들이 오늘의 믿음이 아니더냐?
12 그러니 너희들 자신이 육의 삶은 어찌
살든 간에 너희들이 영적인 면에서 완
전하며, 너희들의 영적인 것이 완전히
이루어지며, 완전히 나의 아들 예수가
모두를 다 책임진다는 것, 그리하여
너희들은 그와 같은 믿음으로 가느니
라.
13 그러면서 너희들이 영적으로 구원을
받으며, 영적으로 완전하면 되며, 인
간 세상에 살면서 행함에 있어서 너희
들이 완전한 것은 필요 없다 그리 위
안을 받으며, 그와 같이 부르짖는 것
이 너희들의 믿음이 아니더냐?

14 그러니 이 모두는 너희들이 스스로 이
기고 가야 되는 너희들의 과제라는 것
을 생각하지 아니함이니라.
15 너희들의 개개인이 어찌 살아왔느냐
에 따라서 심판을 받으며, 너희들이
어찌 역사했느냐에 따라서 개개인 각
자가 심판을 받거늘,
16 어찌하여 스스로 심판을 받는 것을 모
르고 너희들이 그리 말을 할 수 있단
말이더냐?
17 나 여호와는 너희들에게 그 심판이 구
원을 이루지 아니하며, 창조주 나 여
호와도 너희들에게 구원을 직접 명하
지 아니한다 하였거늘,
18 나의 아들 예수의 이름이요, 그 보혈
로써 너희들이 울고불고 그리한다 하
여 연약한 것, 죄를 짓는 것, 허물이
요, 부족한 그 모두를 채워 준다, 그
모두를 담당하는 것이 나의 아들 예수
가 짊어지고 죽음의 역사를 이룬 것이
라는 그 착각에서 너희들은 깨어나라.
19 모두는 다 너희들 스스로 해야 된다는
것, 나 여호와는 너희들이 어찌 하늘
에 오르는 길이며, 나에게 와 거듭나
는 생명으로 나로부터 은혜를 받을 수
있는가, 그 방법과 방향을 알려 주는
것이요,
20 완전한 사람이 될 수 있도록 내가 너
희들을 인도하고 깨우쳐 주기는 하나,
21 너희들의 영적인 구원이요, 모든 구원
을 받고 못 받는 것은 각자의 손에 달
렸다는 것을 너희들은 알아야 될 것이
니라.
22 그러니 너희들이 죄가 없다, 완전한
백성이 되었다는 그 착각 속에서 깨어
나지 아니하면, 하늘의 진리요, 하늘
의 뜻을 볼 수 없다는 이 두려운 사실
을 알라.

## 9,939 번째 하나님 말씀

*2004년 3월 14일 11시 42분*

1 사랑하는 나의 아들아!
2 **"네, 아버님! 말씀하옵소서."**
3 내가 너에게 나의 성령을 받아 만백성
에 전하는 나의 법전이요, 새로운 성
경을 만들어 전함이니,
4 이 한 구절 한 구절 네가 기록하여 전
할 때, 나의 십계명을 암송하지 아니
한 구절이 없느니라.
5 나의 십계명이라는 것은 무엇이더냐?
6 나 여호와가 직접 친필로 불로 써 내
렸음이니,
7 이 모두는 너희들이 말하는 한 획도
더하고 뺀 것이 없으며, 고치고 또 더
한 것도 없느니라.
8 이것이 바로 그리하여 증표며, 나의
법전이 나의 뜻이요, 내가 역사하는
것의 증표이니라.
9 네가 나의 성령을 받아 기록하되, 단
한 번이라도 십계명을 암송하지 아니
하고 이 법전을 만든 역사가 없음이
니,
10 정녕 이것이 나의 증표요, 나의 아들
만이 갈 수 있는 길임을 너희들은 알
아야 될 것이니라.
11 사랑하는 나의 아들아!
12 **"네, 아버님! 말씀하옵소서."**
13 가장 높은 지혜요, 현명한 생각과 판
단을 할 수 있도록 내가 준 나의 백성

들이 어찌하여 그리 어리석고 우매하
게 살아간단 말이더냐?
14 너희들 몸에 붙어 있는 그 오물을 너
희들이 털어야 될 것이며, 너희들이
정리해야 되지 않더냐?
15 너희들은 그와 같은 이치를 하나 안다
면, 너희들이 구원을 받으며, 나에게
오르고 못 오르는 그것도 모두 다 똑
같은 이치가 아니더냐?
16 그러니 너희들이 너희 스스로 깨우쳐
네 몸에 있는 오물이요, 너희 자신을
다스리는 그와 같은 수고로움으로 모
든 결과를 얻는 그 이치를 알면서,
17 너희들이 가장 소중하고 귀한 거듭남
이요, 너희들의 생명이 거듭나는 그
은혜의 영광은 너희들 스스로 그를 얻
고 노력하는 것이 아니며,
18 나의 아들 예수의 그 보혈로써 나의
아들 예수의 그 죽음으로써만이 너희
들이 그 모두를 이루고 역사한다 그리
말함이니, 이것이 무엇인지 알겠느냐?
19 하늘의 이치요, 하늘의 뜻을 모르는
인간 너희들이, 성서는 한 획도 고치
지 말며 한 줄도 빼지도 더하지도 말
라는 너희들이 모든 그 근본을 다 바
꾸는 자며, 근본을 다 흩으러 놓은 것
임을 알라.
20 너희들은 나 여호와가 너희들을 구원
해 줄 수 없다 한 그 뜻을 아느냐?
21 그것은 바로 너희들 스스로 모두를 역
사하고 너희가 구원의 길을 오든 안
오든 그것은 너희에게 달렸느니라.
22 나 여호와요, 나의 아들 예수를 통하
여 너희들에게 깨우쳐 주고 전했던 것
은, 너희들이 하늘에 오르는 길의 그
방법과 방향을 전해 주고 전해 주는
것뿐이니라.
23 그 다음에 오고 못 오는 것은 너희들
에게 달려 있는 것이 하늘의 법도임을
너희들은 알아야 될 것이니라.
24 이것이 나 여호와의 뜻이니, 너희들이
스스로 나의 아들을 찾으며, 나를 찾
음으로써, 그리고 너희들의 손으로 지
은 교회요, 성당이요, 너희들의 성막
이요, 그 죄의 온상에 가서 너희들이
울고불고 재물을 바치는 것으로써 구
원을 받는다는 그와 같은 생각을 버리
라.
25 내가 성서에 기록하여 너희들에게 전
해 주지 아니하였더냐?
26 단돈 작은 은화 하나를 쓰더라도 너희
들이 오른손이 하는 것을 왼손이 모르
도록 어렵고 불쌍한 자에게 전해 주는
그것이 나의 뜻이요, 나를 기쁘게 하
는 것이요, 나에게 주는 것이라 내가
그리 전하지 아니하였더냐?
27 너희들이 가난하고 불쌍한 너희 형제
들에게 사랑을 베풀고 나누며 사는
것, 그것이 너희들이 그들에게 하는
것이 아니요, 나 여호와에게 바치는
것이요, 나 여호와를 기쁘게 하는 것
이라는 그 성서에 기록되어 있는 그
뜻을 너희들이 안다면, 어찌하여 너희
들이 그리 행하지 않는가?
28 너희들이 울고불고 나를 찾으며, 나의
집이라 하여 너희들이 구원받는다는
그 거래를 하기 위하여 수많은 재물을
바치고 시간을 낭비하면서도,
29 너희들이 나의 뜻이요, 나에게 오른다
는 자들이 나에게 주며 나에게 바치는

것을 직접 너희들이 가난하고 불쌍한
백성에게 전해 주고 베푸는 것이 나에
게 주는 것이요, 나에게 베푸는 것이
라 하였으니,
30 나에게 너희들이 그리 인색하며 잔인
하면서 어찌하여 너희들이 나의 나라
에 올 수 있다고 생각하는가?
31 어리석은 백성들아! 너희들이 모두를
다시 깨우치고 성서를 읽어 보면 그
속에 모든 답이 있느니라.
32 내가 너희들에게 기록하여 전하지 않
았느냐?
33 너희들이 어렵고 불쌍한 자에게 베풀
고 나눠 주는 것이 나 여호와에게 바
치는 것이라 했으니,
34 말로써는 세상 것을 나에게 다 주는
것처럼 하면서, 나에게 너희들이 바치
고 나눠 주는 재물 하나를 나눠 주지
도 못하며, 사랑의 마음을 나눠 주지
못하는 것이 너희들이면서,
35 그와 같은 백성이 하늘에 올 자리가
어디 있다 생각하는가?
36 정녕 너희들이 올 자리가 없음이니,
지옥문 앞에서 몸부림치고 울고불고
들어가지 않으려고 통곡하는 것이 오
늘의 네 모습이라는 것을 잊지 말도록
그리하라.

## 9,940 번째 하나님 말씀

*2004년 3월 14일 20시 15분*

1 사랑하는 나의 아들아!
2 "네, 아버님! 말씀하옵소서."
3 나 여호와가 너희들에게 뭐라 말하였
느냐?
4 사랑하는 나의 아들을 따르는 제자들
과 그리고 나의 법전을 읽고 깨우친
만백성, 너희들은 나에게 무엇을 달
라, 이루어 달라 중언부언하는 그와
같은 기도를 절대 하지 말라 하지 아
니하였더냐?
5 너희들은 그저 '저의 죄를 용서해 주
옵시며, 아버님의 뜻대로, 그리고 아
버님이 쓰고자 하시는 그 도구로 쓰일
수 있도록 제가 성장할 수 있는 그와
같은 은혜를 내려 주옵소서.' 하는 기
도만 드리라 하였음이니, 너희들이 지
금에 와서 그 뜻을 알겠느냐?
6 정녕 너희들이 나로부터 받은 은혜요,
그 은혜의 길도 다 이루지 못했거늘,
과연 너희들은 나의 뜻에 의하여 삶을
사는 것이 아니요,
7 나 여호와의 마음을 이해하며 내 뜻이
무엇인가를 알기를 원하여, 내가 세상
에 내려 주었던 그 사랑하는 나의 아
들딸 너희들에게 가장 큰 은혜인 지상
의 낙원이요, 천국인 아담과 하와에게
내려 주었던 그 세상에서 너희들이 사
탄의 구렁으로 무너지며, 그리고 너희
들이 사탄 속에서 사탄의 지시를 받고
살아가는 너희들의 형국이 되었음이
니,
8 어찌하여 너희들이 나에게 구원을 바
라며, 무엇을 이루어 달라 말할 수 있
단 말이더냐?
9 내가 나의 아들을 통하여 너희들에게
'반석 위에 서서 하늘에 오르는 찬란
한 빛을 본다.'는 그 영광의 뜻을 알겠
느냐?
10 그것이 바로 너희들이 사탄의 세계에

서 너희 스스로 탈출하여 너희들이 빙
점의 그 선상에 서 있는 그와 같은 형
국이니라.
11 너희들이 나와 씨앗을 뿌리니, 그 씨
앗이 노랗게 지구의 땅을 뚫고 나와
세상에서 그 빛을 보는 것처럼,
12 너희들이 그와 같이 거듭나는 그 변화
가 바로 너희들이 지옥에서 사탄의 세
상에서 탈출하는 자이니,
13 그것이 바로 반석 위에 서서 너희들이
하늘에 오르는 찬란한 빛을 보며, 그
때부터 너희들이 노력하는 것으로써
나에게 구원을 받을 수 있다 한 그 의
미를 너희들은 알겠느냐?
14 너희들이 그 의미를 안다면 지금의 흐
름을 알 것이며, 구약 시대가 어찌 역
사하는 것이며, 신약 시대가 어찌 역
사하는 것이며, 나의 아들이 너희들에
게 강론하는 제3의 시대는 왜 이루어
지고 역사했는가, 그게 다 하나의 맥
락으로써 흘러감을 너희들은 알아야
될 것이니라.
15 내가 나의 아들을 통하여 내린 나의
법전 속에 모든 답이 있으며 해답이
있다 하지 않았더냐?
16 그러니 너희들이 이를 읽고 깨우치는
속에 모두를 다 얻을 수 있으며, 너희
들이 세상을 지배하고 통제할 수 있는
그 지혜를 또한 거기서 다 얻음이니라.
17 그러니 너희들에게 내가 정독하라 함
이니라.
18 3회 이상 정독하라는 내 뜻이 거기 있
는 것을 너희들은 모르겠느냐?
19 이제 나의 아들을 따르는 제자 너희들
은 알 것이니라, 그리고 너희들이 깨
우침이 있을 것이니라.
20 그리고 너희들이 마음의 눈이 열리기
시작하며, 마음의 귀가 열려 가는 것
을 너희 스스로 알 것이니라.
21 '아! 이것이 여호와 하나님의 뜻이요,
하늘의 뜻이구나.' 하며 내가 역사하
는 것을 너희들이 알기 시작함이니,
그것이 이제 너희들이 성령의 눈이 뜨
이며, 너희들의 귀가 열리기 시작함임
을 알라, 사랑하는 나의 아들딸들아!

## 9,941 번째 하나님 말씀

*2004년 3월 15일 06시 45분*

1 사랑하는 나의 아들아!
2 **"네, 아버님! 말씀하옵소서."**
3 나 여호와가 너희들에게 세상에 살아
가는 그 이치는 모두가 다 참진리요,
4 너희들이 이해하고 깨우치는 것은 다
너희들 주변에서 얼마든지 너희들이
느끼고 살아갈 수 있도록 내가 너희들
에게 명하여 세상 이치를 다 그리 만
들었느니라.
5 너희들이 살아가는 밝은 낮에 뜨는 그
태양이요, 그리고 또 밤에 뜨는 그 달
이요, 그리고 너희들이 낮과 밤이 이
루어짐이 무엇이더냐?
6 나 여호와가 나의 아들을 통하여 너희
들에게 깨우쳐 전하기를, 너희들이 낮
과 밤이 구분되어 있음이니,
7 낮은 너희들이 열심히 일하며, 그리고
밤에는 너희들이 쉬는 그와 같은 것을
내가 만들어 주었다 하나,
8 너희들이 세상에 빛과 어둠이 정녕 같
이할 수 있는가?

9 정녕 밝음과 어둠은 같이할 수 없음이
니라.
10 빛이 비춤으로 밝은 낮이 보이는 것이
요, 빛이 없을 때 그 어둠이 존재함이
니,
11 빛이 비췄을 때는 그 어둠이 존재할
수 없음이니라.
12 그러니 밝음과 어둠은 같이 존재할 수
없는 것이 세상의 이치이니라.
13 그러니 너희들이 이와 같은 이치와 마
찬가지로, 사랑하는 나의 아들딸 너희
도 악과 선이 결코 같이 존재할 수는
없는 것임을 알아야 될 것이니라.
14 너희들이 빛이 있어 밝으며, 또 빛이
없는 것이 어둠이요, 그러니 그 어둠
과 밝음이 존재할 수 없는 이치라 내
가 말했듯이,
15 사랑하는 나의 아들딸 너희들이 악과
선은 결코 같이 존재할 수 없음을 알
아야 될 것이니라.
16 너희들이 정녕 살아가면서 어떠한 것
으로써 형태를 찾느냐, 그리고 어떤
것으로써 역사하느냐, 이것은 너희들
의 선택에 달렸음을 너희들은 알아야
될 것이니라.
17 밝은 낮은 선함이요, 어둠은 악함이니
암흑의 세상에 존재하는 것이라 생각
할 때,
18 너희들은 과연 밝은 선함을 찾든, 암
흑의 어둠을 찾든, 둘 중의 하나를 선
택해서 가는 것이요,
19 거기에서 둘 다 같이 너희 마음속에
존재하고 갈 수 없다는 것이 나 여호
와의 뜻이며 이치이니라.
20 그러니 밤과 낮이 같이 존재할 수 없
는 것을 생각한다면, 너희들은 악과
선이 절대 같이 존재해서는 아니 되
며, 같이 갈 수 없다는 것,
21 결과가 너희들이 어떠한 것이든지 둘
중의 하나를 선택하는 것이 너희들의
삶이요, 운명이요, 그것이 심판이라는
것을 너희들은 알아야 될 것이니라.
22 그러니 너희들이 어두운 밤을 선택할
것인가, 밝은 대낮의 광명천지를 선택
할 것인가?
23 이와 같은 작은 이치 속에서도 너희들
이 하늘의 이치요, 깨달을 수 있는 그
모든 진리가 다 있음을 알아야 될 것
이니라.
24 사랑하는 나의 아들딸들아!
25 그러니 너희들이 이 세상에서 선과 악
이요, 너희들이 어찌 살아가야 하는
지, 그리고 어찌 행해야 되는지는 엄
격히 구분되어 있으며,
26 너희들은 밤과 낮처럼 너희들의 길이
엄연히 구분되어 있는 것이니라.
27 그러니 이 세상에 살아가는 나의 아들
딸 너희들이 밝은 낮이요, 광명천지의
그 밝음을 바라는 것이 아니요,
28 어둠이요, 암흑과 같은 그 세상의 그
삶을 바라는 나의 아들딸이 있다면,
과연 너희들은 어찌하겠느냐?
29 너희들이 지금은 광명천지의 밝은 그
태양 아래 살아가는 것보다도 어둠 속
에서 살아가는 것을 더 원하는 그와
같은 삶이 되었으며,
30 너희들도 모르게 밤을 더 원하는 그와
같은 너희들 인간의 심성이 그득히 차
있음을 알아야 될 것이니라.
31 그러니 너희들이 이 길에서 어떤 것을

선택하는가는 오로지 너희들에게 달렸다는 것,
32 그리고 악과 선이 같이 존재할 수 없다는 것, 빛이 있으면 밤이 없고, 빛이 없으면 밤이 이루어지듯이,
33 이와 같은 이치를 너희들이 하나를 깨우친다 해도, 너희들이 과연 같이 존재해서는 아니 되는 것, 절대 존재할 수가 없다는 것,
34 이와 같은 너희들의 그 깨달음을 안다면, 너희들은 결국 어느 길을 선택해야 되는 것인가, 마음의 각오를 굳건히 하지 않으면 아니 됨을 알라 그리 전하라.

## 9,942 번째 하나님 말씀

*2004년 3월 15일 06시 49분*

1 사랑하는 나의 아들아!
2 "네, 아버님! 말씀하옵소서."
3 사랑하는 백성 너희들이 세상에 태어날 때 너희들에게 각자의 특성을 주었으며, 너희들이 살아갈 수 있는 길을 내가 하나씩 다 주었음이니라.
4 누구도 너희들을 따라올 수 없는 그와 같은 한 가지씩의 특성을 내가 반드시 주어 너희들이 이 세상을 살아갈 수 있도록 그 모두를 너희들에게 그리 전해 주었으며, 그와 같은 은혜 속에서 태어난 나의 백성들이라 내가 하지 아니하였더냐?
5 그러니 너희들이 내가 내려 준 너희들의 특성을 찾아서 스스로 그 길에서 너희들이 온갖 정성을 다하며, 몸과 마음을 다 바쳐 최선의 노력을 다하여 갔을 때,
6 너희들은 이 세상에서 누구도 따라갈 수 없는 일인자가 되어 있음을 알게 될 것이니라.
7 내가 너희들에게 내려 준 그 특성의 길을 알아 그 길에 온갖 정성을 다 바쳐 너희들이 그 길을 향하여 달려간다면,
8 너희들도 모르는 사이에 이 세상의 일인자가 되어 있음을 너희들은 알게 될 것이니라.
9 그러니 너희들이 나에게 오르는 길이요, 그것도 어떠한 것이더냐?
10 너희들이 나에게 오르는 길이요, 거듭나는 그와 같은 역사를 얻기 위하여 살아간다면, 너희들은 반복되는 훈련 속에서 거듭나는 그와 같은 은혜의 영광을 얻어야 됨을 알아야 될 것이니라.
11 너희들은 육의 유혹을 뿌리치고 싸워 이기는 그와 같은 훈련을 접어 두면, 너희들이 그 육의 유혹을 뿌리치지 못하고 넘어가는 그와 같은 백성이 되니,
12 너희들이 그와 같은 삶을 살아서는 아니 되기 때문에, 너희들이 육의 유혹에서 뿌리칠 수 있는 그 훈련을 반복, 반복, 또 반복하여 너희 자신을 다스려 나간다면, 너희들이 이기지 못할 것이 없으며,
13 나의 계명을 지킬 수 없으며, 나의 법전대로 살 수 없다는 그와 같은 말을 할 수가 없음이니라.
14 그러니 너희들이 일인자가 되기 위해서는 그 믿음의 길이요, 나에게 오르는 길은 너희들이 육의 모든 유혹이

요, 그리고 인간 세상에서 너희들을 쓰러트리고자 하는 그 모두를 뿌리칠 수 있는 강한 훈련을 반복하고 또 반복해야 하니,
15 반복 속에서 너희들을 다스리지 아니하면 너희들은 결코 일어설 수 없다는 것이 나의 뜻이요, 내가 너희들에게 가르쳐 줌이니 그리 알라.

## 9,943 번째 하나님 말씀

*2004년 3월 15일 06시 55분*

1 사랑하는 나의 아들아!
2 "네, 아버님! 말씀하옵소서."
3 너희들이 살아가는 그와 같은 오늘의 삶에 정녕 어떤 것이 너희들 자신이요, 너희가 어떠한 삶을 살아가야 하는가를 나의 피조물 만백성 너희들이 착각하고 살아가는 백성들임을 알아야 될 것이니라.
4 이제 나의 아들을 따르는 제자들이요, 그리고 나의 법전을 읽고 깨우치는 만백성 너희들은 지금의 육을 갖고 육이 존재하는 그 자체가,
5 그리고 너희들이 눈으로 볼 수 있고 만질 수 있으며 세상 모든 변화에 따라서 느낄 수 있는 그 자체가, 너희들 자신이 너희들이 아님을 알아야 될 것이니라.
6 나의 피조물 만백성 너희들은 지금 눈을 뜨고 있으며 육의 그 모두가 존재하는 것, 너희들이 만지고 느낄 수 있는 그와 같은 것이 너희들의 삶이며, 너희들 자신의 전체라고, 그리고 그것이 본래의 너희들 자신이라고 지금 그리 깨닫고 가고 있지 않은가?
7 그러나 지금 너희들의 육이 존재하면서 가는 것은 전부 너희들의 실제가 아니며, 너희들 자신은 따로 있음을 알아야 될 것이니라.
8 너희들이 영원히 존재하는 그와 같은 너희 자신을, 그를 위하는 것은 너희들의 영혼이 너희 자신임을 알아야 될 것이니라.
9 영원히 변하지 않는 너희들의 영혼의 세상이요, 그 영혼의 삶이 너희 자신이라는 것을 너희들은 알아야 되느니라.
10 지금의 나의 피조물 만백성들은 그 이치요, 그 뜻을 알지 못하고 가고 있는 것이 아니더냐?
11 그러니 너희들이 지금 그 뜻을 안다면, 너희 자신이 아닌 너를 위하여 살아가는 삶을 살기 위하여 너희들이 온갖 유혹이요, 온갖 너희들이 그 죄악 속에서 헤어나지 못하는 그와 같은 삶을 살지 않느냐?
12 이제 나의 아들을 따르는 너희들은 너희 자신을 위한 진정한 삶을 살도록 해야 될 것이며, 그 길을 보고 그 이치를 깨닫도록 그리하라, 사랑하는 나의 아들딸들아!
13 너희 자신을 잃어버리고 네가 지금 기거하고 있는 곳, 그리고 너희들이 머물다 떠나가는 그 영혼의 집인 육을 위하여 너희들의 모두를 다 바치며,
14 그 집을 치장하며 그 집을 보호하기 위하여 너희들의 어리석은 삶에서 지금 깨어나지 못하고 있는 나의 백성이라는 것을 너희들은 알아야 될 것이니

라.
15 사랑하는 나의 아들딸, 너희들이 육을
가지고 있는 그 삶은 너희들의 집이라
하였음이니라.
16 영원히 사는 너희들 자신은 영혼이요,
그가 따로 있음을 너희들은 알아야 될
것이니,
17 영원히 존재하는 너희 자신인 그 영혼
을 위한 삶을 살도록 하라는 것이 나
여호와의 뜻이니 그리 알라.
18 너희들이 인간 세상에서 살다 그저 허
물어져 가며 버리고 가는 그와 같은
집과 같은 너희 자신이요, 그 육을 위
한 삶을 사는 것이 바로 너희들의 오
늘의 삶이니, 이 삶의 길에서 너희들
이 깨어나라 하는 것이 나 여호와의
뜻이니라.
19 사랑하는 나의 아들딸들아!
20 내가 나의 아들을 통하여 지금 법전을
내려보내 너희들을 깨우치고 너희들
자신을 다스리게 하고자 하는 것이 무
엇인 줄 알겠느냐?
21 너희들이 보고 만질 수 있는 그 눈으
로 보이는 세상의 그것이 너희 자신이
아니요,
22 그와 같은 진정한 너희 자신이 아닌
삶을 위해 살아가는 그와 같은 삶에서
너희들이 영원히 존재하는 너희 영혼
이요, 진정한 너를 위한 삶을 살라는
것이 나 여호와며,
23 너희들이 그 길을 볼 수 있는 것이 바
로 내가 나의 아들을 통하여 내리는
160권의 법전을 읽었을 때 그를 깨우
치며, 그 영혼을 다스려 가는 것이요,
그 영혼을 위한, 진정한 너희 자신을
위한 삶을 살라 하는 것을 너희들은
알아야 할 것이니라.
24 사랑하는 나의 아들딸들아! 너희들이
육의 세상에 보이는 것은 너희 자신의
그림자와 같은 삶이니라.
25 너희들이 본체의 그 삶을 위하여 살라
는 것이 나 여호와의 뜻이니,
26 너희들이 그림자를 위하여 그림자만
을 보호하기 위해 사는 그와 같은 삶
을 산다면, 너희 자신의 본체가 무너
질 수 있다 함이 아니더냐?
27 그러니 너희들은 네 본체를 보도록 하
라 하는 것이 나 여호와의 뜻이니라.
28 육을 가지고 있는 너희들이 너희 자신
은 정녕 영원히 존재하며 영원히 사는
너희 자신의 영혼의 그림자에 불과한
것이 너희들이니,
29 이와 같은 이치를 깨달아 너희들이 살
아가도록 하라는 것이 나 여호와의 뜻
이니,
30 한 계단 더 너희들이 전진하고 또 전
진하여 다음 세상의 삶을 위한 대비를
하는 삶을 살라는 것이 나 여호와의
뜻이니,
31 이것이 바로 너희들의 본체이며 본 모
습이며, 그게 너희들의 진정한 너희
자신이라는 것을 알라 그리 전하며 그
리 깨우쳐 주라.

## 9,944 번째 하나님 말씀

*2004년 3월 15일 07시 01분*

1 사랑하는 나의 아들아!
2 **"네, 아버님! 말씀하옵소서."**
3 너희들이 이 세상에서 살아가는 것,

너희들의 육이 존재하는 이 세상에서
너희들이 육의 세상의 집에서 거하며
살아가는 형국이니라.
4 그러니 너희들이 영혼의 세상의 집으
로 옮기는 것, 그와 같은 은혜요, 영광
을 이루는 것이 너희들이 가야 할 길
이며, 너희들이 오늘에 그 모두를 다
얻기 위한 삶을 살아야 된다는 것이
나 여호와가 너희들에게 바라는 것이
니라.
5 그러니 너희들이 영혼의 세상의 집으
로 옮기는 것은 과연 무엇이더냐?
6 육의 세상에서 너희들이 존재하고 거
기서 기거하다가 영혼의 집으로 옮기
는 것은 창조주 나 여호와의 집으로
너희들이 옮겨 오는 것이 아니더냐?
7 그 호화롭고 찬란한, 그리고 너희들이
영원히 죽고 사는 것이 없으며, 영원
히 병들고 고통과 시련까지도 없는 나
의 집으로 너희들이 옮겨 사는 그와
같은 형국이니라.
8 그러니 너희들이 나 여호와가 지은 집
으로 옮겨 사는 것, 그와 같이 너희들
이 올 수 있는 자격을 획득하는 것,
9 이것이 너희들에게 가장 중요한 대목
이라는 것을 나의 피조물 만백성 너희
들은 알아야 될 것이니라.
10 그러나 지금의 모든 백성들의 영혼이
나 여호와가 지은 찬란한 집으로 이사
하는, 옮길 수 있는 그와 같은 자격을
얻기 위한 삶이 아니라,
11 너희들은 내가 지은 집으로 와 영원히
살 수 있는 그와 같은 길을 하나하나
지워 버리며, 그와 같은 자격을 너희
들이 하나하나 버리는 그와 같은 삶을
살아가고 있는 것이 오늘의 사랑하는
나의 아들딸의 삶이라는 것을, 너는
나의 법전에 기록하여 그들에게 깨우
쳐 주어야 됨을 절대 잊지 말라.
12 하나하나를 버리고 삶을 사는 것이 너
희들이니라.
13 그러니 너희들이 지금 어떠한 선택을
할 것이냐?
14 너희들이 정녕 육의 집에서 삶으로써
너희들이 그것으로써 끝나는 삶을 살
것인가,
15 그렇지 않으면 영원히 존재하는 내가
지은 집으로 옮겨와 살 수 있는 그와
같은 거듭나고 변화되는 삶을 살 것인
가, 그것은 너희들이 선택해야 되는
것임을 알라.
16 사랑하는 나의 아들딸들아!
17 너희들이 모두를 다 바쳐 하나의 새집
을 지었음이니, 너희들이 정녕 그 헌
집에 살다 새집으로 이사하여 옮기는
꿈과 기쁨에 젖어 있으나,
18 결국 너희 자신이 그 집으로 이사하지
못하는 그와 같은 운명이라면 너희 인
간의 마음이 어떠하겠는가?
19 너희들은 모세가 가나안 땅으로 가지
못했음이니, 새집을 보면서 이사하지
못하는, 옮기지 못하는 모세의 그 슬
픔을 과연 너희들은 아는가?
20 너희는 알아야 될 것이니라, 나 여호
와가 지은 집으로 너희들이 이사하지
못한다면, 그것은 너희들이 어떠한 슬
픔이요, 어떠한 고통인가?
21 그것이 바로 너희들이 어찌 되는 것인
가를 알아야 될 것이니라.
22 육으로 지은 집에 살던 너희들의 영원

히 존재하는 그 영혼이,
23 내가 지은 집이요, 그 호화롭고 찬란
하고 상상할 수 없는 아름다운 집이
요, 그림을 그릴 수도 없으며 너희들
머리로써는 그려 볼 수도 없는 그와
같은 내가 새로 지은 호화롭고 찬란하
고 아름다운 집으로 이사할 수 있는
것을 이루지 못하고, 너희들이 나로부
터 멀어지는 것은 무엇인 줄 알겠느냐?
24 오늘의 지옥의 문 앞에서 들어가지 아
니하려고 몸부림치고 울고 있는 그 백
성들이니,
25 바로 너희들이 그와 같은 모습이 될
것이 머지않았음을 알라.
26 지금의 너희들의 생명이 남아 있는 이
세상을 살면서 나를 아버지라 부르며,
창조주라 부르며, 너희들의 죄를 용서
받으며 회개할 수 있는 그와 같은 삶
을 살 수 있는 오늘의 귀중하고 소중
한 시간을 너희들은 더 이상 낭비하지
말며, 아름답게 삶에 최선을 다하도록
그리하여,
27 너희들이 영원히 사는, 그림보다 더
화려한 나의 집에 올 수 있는 그와 같
은 은혜를 입도록 하라는 것이 나 여
호와의 뜻이니라.

## 9,945 번째 하나님 말씀

*2004년 3월 15일 07시 09분*

1 사랑하는 나의 아들아!
2 "네, 아버님! 말씀하옵소서."
3 너희들의 가장 큰 은혜는 내가 아담과
하와에게 준 그 지상의 낙원이라 하였
음이니라.
4 그러니 너희들이 육의 세상의 집에서
살다 나 여호와가 영원히 너희들이 거
처할 수 있도록 마련해 준 그 집으로
이사할 수 있는 것, 그것이 바로 너희
들에게 내가 바라는 것이며,
5 그와 같은 자격을 취득하고 그와 같은
자로서 사는 백성 너희들이 존재하는
세상이 곧 바로 내가 아담과 하와에게
내려 준 그 지상의 낙원이 되는 것이
니라.
6 이것이 나 여호와가 모두를 이루고자
하는 내 뜻이 아니더냐?
7 그러니 너희들이 그와 같은 내 뜻을
안다면, 너희들이 어떠한 삶을 살아야
되는 것인가는 너희들 스스로 깨우쳐
살아가도록 그리해야 될 것이니라.
8 나 여호와가 만들어 놓은 너희들이 거
할 수 있는 집으로 옮겨 사는 것, 그
세상의 집은 너무나 호화롭고 찬란해
너희들이 그려 볼 수도 없으며 머리로
써 상상할 수도 없는 그와 같은 것이
라 하지 아니하였더냐?
9 그러니 너희들이 거듭나는 천국은 그
와 같다 하였음을 너희들은 절대 잊어
서는 아니 될 것이니라.
10 영원히 변화되지 않는 그 호화로움 속
에서 살 수 있는 너희가, 평생을 아무
리 재물을 많이 모아 너희들이 그 재
물을 가지고 그 자리를 구하고 그 자
리를 사고자 한다 해도, 결코 너희들
은 그를 살 수 없는 것이며,
11 재물로써는 그 호화롭고 아름다우며
너희들이 상상할 수도 없는 그와 같은
내가 만든 집이요, 거기에 너희들이
존재할 수 없으며, 그 자리를 얻을 수

없으며, 살 수도 없다는 것을 알라, 사
랑하는 나의 아들딸들아!
12 너희들이 이 세상에 나 여호와가 만든
그 모두가 다 한 사람 것이라 해도, 그
백성이 그 모두를 다 나에게 바친다
해도, 그리고 너희들이 그를 다 바쳐
봉사한다 해도, 그 모두를 다 준다 해
도,
13 너희들은 그 호화롭고 찬란한 천국의
자리를 구할 수 없으며, 얻을 수 없으
며, 살 수 없다는 것을 알라, 사랑하는
나의 아들딸들아!
14 그와 같이 세상 것을 다 주고도 올 수
없으며, 구할 수 없으며, 너희들이 차
지할 수 없는 것이 하늘의 나 여호와
가 너희들이 거할 수 있도록 만들어
놓은 그 거처의 그 자리에 존재하는
것이라 하였거늘,
15 너희들이 지금 믿음의 길을 가는 백성
이요, 그 종교 집단이요, 지도자들이
재물로써 살 수 있다 생각하며, 재물
을 하늘에다 많이 바침으로써 너희들
이 그 은혜를 받을 수 있다고 가르치
는 것이 얼마나 잘못되었으며,
16 사악한 방법이며, 사탄의 백성으로서
너희들이 그 앞잡이 역할을 하고 있는
지를 알겠느냐?
17 세상의 모두를 다 주어도 그 자리를
살 수 없으며, 그것은 얻을 수 없으며,
너희들이 거기에 거할 수 없는 것이라
는 것을 알아야 될 것이니라, 나의 아
들을 따르는 사랑하는 그의 제자들아!
18 그러나 나의 나라에 너희들이 그 자리
를 찾아올 수 있는 것, 그리고 거기에
너희들이 역사하는 것은 절대 재물로
써 역사하는 것이 아니요,
19 너희들의 마음을 여는 것이요, 너희들
의 마음을 비우는 것이 너희들이 바로
그 길에 올 수 있는 것이라 하지 아니
하였더냐?
20 너희들의 삶의 자세이니라.
21 오늘의 육의 세상에서 너희들이 어찌
사느냐,
22 천사와 같은 삶을 사는 그와 같은 백
성만이 그를 볼 수 있으며 그를 얻을
수 있으며 거기에 올 수 있는 백성이
라는 것을 너희들은 알라.
23 너희들은 재물로써 그 자격증을 살 수
있는 것이 아니니라, 거기에 올 수 있
는 너희들이 그 길을 안내받을 수가
없는 것이니라, 사랑하는 나의 아들딸
들아!
24 천사와 같은 자가 사는 세상에, 나의
그 집에 거하는 것이니,
25 너희들은 천사와 같은 삶을 살아 너희
들이 천사의 자격증을 부여받을 수 있
는 그와 같이 변화되는 삶,
26 그것만이 그 찬란하고 호화롭고 영광
된, 너희들이 거할 수 있도록 내가 만
들어 놓은 하늘의 집에 너희들이 올
수 있다는 것을 절대 잊지 말라.
27 그저 너희들이 나의 아들 예수의 보혈
로 은혜를 받았다는 것, 나를 찾으며
재물을 바침으로써 그 자리를 살 수
있다는 것을 생각하지 말라.
28 나 여호와는 나의 아들을 통하여 어리
석고 불쌍한 너희들에게 깨우쳐 주니,
29 이 세상의 모든 금은보화요, 그 모두
를 다 바친다 해도 나는 너희들에게
그를 내줄 수 없으며, 너희들이 거기

올 수 없다는 것을 알라, 사랑하는 나
의 아들딸들아!

## 9,946 번째 하나님 말씀

*2004년 3월 15일 07시 17분*

1 사랑하는 나의 아들아!
2 "네, 아버님! 말씀하옵소서."
3 나의 사랑하는 피조물 만백성 너희들
은 내가 뭐라 했느냐?
4 너희들이 세상에 한 사람이 태어남이
니, 너희들이 살아갈 수 있는 그 모든
것이 다 준비되었다 그리하였느니라.
5 너희들은 그러면서 나에게 원하는 것
이 무엇이더냐?
6 지금 너희들이 지상에서 보이는 것,
그리고 너희들이 육의 세상에 얻고 잃
는 것, 그것만이 내가 너희들에게 내
려 준 것이 아님을 알라.
7 모든 동식물을 관리하며 너희들이 살
아갈 수 있도록 내려 준 것, 그것만이
나 여호와가 내려 준 그 은혜가 아님
이니라.
8 나는 너희들을 사랑하여 내가 너희들
에게 이 지상이요, 이 땅 속에도 너희
들이 찾고 구하면 얻을 수 있는 수많
은 재물이요, 보물을 숨겨 놓았으며,
9 너희들이 또한 그 지상의 땅 속에서
얻을 수 있는 것이 내가 얼마나 많이
숨겨 놓은 보배와 보석이 있는지 너희
들은 알겠느냐?
10 나는 너희들이 살고 있는 이 지상의
땅 속에까지 너희들이 두드리면 열리
며 너희들이 찾으면 얻을 수 있는 그
금화와 보석이요, 진주요, 너희들이
원하고 갈구하는 그 재물이요,
11 그 모두를 수없이 감춰 놓았으며, 땅
속까지 내가 은혜를 심어 놓았다는 것
을 너희들은 어찌 모르는 것이냐?
12 그와 같이 내가 땅 속에까지 너희들이
구하고 두드리고 찾으면 얻을 수 있는
그 모두를 다 숨겨 놓고 감춰 놓고 만
들어 놓은 것이 이 지상이니,
13 내가 너희들에게 얼마나 많은 은혜요,
상세하게 그 사랑을 베풀어 주었단 말
이더냐?
14 그러니 너희들이 지상에 있으면서도
너희들이 두드리고 그저 얻고 구하고
자 하면 얻을 수 있는 것이 수없이 지
금 다 있음이니라.
15 이와 같이 내가 정밀하게 너희들에게
모두를 다 역사한 것이 나 여호와의
뜻이거늘, 어찌하여 너희들은 그와 같
은 은혜를 모르느냐?
16 그 모두를 다 주고 다 주었거늘, 너희
들은 지금도 하늘을 향하여 뭐라 말하
느냐?
17 두드리라 그러면 열릴 것이요, 구하라
그러면 얻을 것이라 하니,
18 내가 지상과 너희들이 보이는 모든 동
식물이요, 산소요, 너희들의 물이요,
모든 은혜를 주었으며,
19 너희들이 밟고 사는 그 땅 속에도 금
은보화요, 보석을 감춰 놓았으며 덮어
놓았거늘, 이보다 더한 것이 없거늘,
20 어찌하여 또 달라, 또 이루어 달라 너
희들이 그와 같은 믿음 속이요, 그와
같은 삶에서만 살아가는가?
21 정녕 너희들이 두드리고 구하고 얻을
수 있는 것은 지상에 모두가 다 있음

이니라.
22 그러니 너희들이 여기서 하늘을 향하
여 나에게 무엇을 더 달라, 무엇을 더
얻고자 하여 두드리는 그와 같은 어리
석은 짓을 하지 말라.
23 모두를 다 주었으며 모두를 다 묻어
둔 것이 나 여호와이니,
24 너희들이 그와 같은 이치를 깨닫고 나
에게 감사하며, 나를 경배하며, 정녕
겸손한 자세로 살아가며,
25 너희들이 구하면 얻을 것이며, 두드리
면 모두를 헤쳐 얻을 수 있는 것이니,
다 준비되었다는 것을 이제 깨우치라.

## 9,947 번째 하나님 말씀

*2004년 3월 15일 07시 23분*

1 사랑하는 나의 아들아!
2 "네, 아버님! 말씀하옵소서."
3 나는 나의 사랑하는 피조물 만백성을
세상에 내보내며, 너희들이 지상에서
하늘 아래 모두를 다 구하고 취하여
너희들이 다스리고 살아갈 수 있는 은
혜를 주었으며,
4 너희들이 사는 이 땅 속에까지 너희들
이 찾고 두드리면 얻고 구할 수 있는
금은보화도 수없이 내가 묻어 놓았으
며 감춰 놓았다 하지 아니하였느냐?
5 그러니 사랑하는 나의 아들딸 너희들
에게 천국에 들어오는 문의 그 열쇠를
너희들에게 주지 아니하였다 생각하
느냐?
6 사랑하는 나의 아들딸 너희들도 너희
자식들에게 집을 마음대로 들어올 수
있는 그 열쇠를 하나씩 다 만들어 주
어 자유자재로 드나들며 살 수 있도록
만들어 놓은 것이 너희들 인간 가정의
구조가 아니더냐?
7 나 여호와는 너희들을 그보다 더 사랑
함이니, 나 여호와가 천국의 열쇠를
너희들에게 하나씩 안 주었겠느냐?
8 다 너희들의 손에 천국의 열쇠를 쥐여
줬으나, 너희들이 그를 알지 못하며,
열쇠를 받은 것을 모르는 것뿐이니라,
사랑하는 나의 아들딸들아!
9 지금의 모든 종교 집단이요, 지도자들
이 구원을 받았다 하며 하늘에 오를
수 있는 자격을 가졌다 하며 저희들은
천국에 갈 수 있는 백성이라 말하는
것이 무엇이냐?
10 내가 너희들의 손에 하나하나 천국의
열쇠를 쥐여 준 것을 그들은 조금 깨
닫고 알고 있기 때문에, 그것을 가지
고 저희들이 착각 속에서 헤매고 있으
며, 천국에 갈 수 있는 백성이요, 너희
들은 무조건 갈 수 있다고 가르침이니,
11 이것은 사탄들이 나 여호와의 뜻을 조
금이라도 알고 그들이 행하는 것이니
라.
12 천 년의 왕국이 이루어진다는 것을 내
생각을 조금 아는 그 사탄들이 세상에
나가 그를 가지고 내 뜻이라 하나,
13 너희들이 천 년에 걸쳐서 역사하는 것
이지, 너희들이 천 년으로써 천국이
이루어져 끝나는 것이 아니라는 내가
나의 법전에 기록한 의미를 너희들에
게 가르쳐 주지 아니하였더냐?
14 그러니 사랑하는 나의 아들딸 너희들
을 세상에 내려보내면서 나 여호와는
나의 아들딸들이 내 집에 마음대로 드

나들 수 있도록 그 열쇠를 하나씩 다
주어 세상에 내려보낸 이 이치를 알라.
15 육의 세상에서도 부모가 그 열쇠를 자
식들에게 맡기듯이, 그와 같은 형국이
니라.
16 그러나 너희들은 그것으로써 나에게
오르는 것이 아니라는 것을 알라.
17 너희가 이 지상에서 어떻게 살았느냐,
어떤 삶을 살았느냐에 따라서 그 모두
가 역사하는 것이 아니더냐?
18 나 여호와는 또한 성서에 기록하여
너희들에게 일찍이 깨우쳐 주었느니
라.
19 너희들이 육을 가지고 있는 이 세상
에서 어떻게 살아가느냐에 따라서, 어
떤 삶을 살았느냐에 따라서 너희들이
하늘에서 그대로 이루어진다는 것을
너희들은 이미 가르쳐서 알고 있으며
들어서 알고 있으며, 수백 번 이를 듣
고 읽었을 것이니라.
20 이것이 나 여호와의 뜻이요, 너희들이
내가 준 열쇠로 하늘을 열고 못 여는
것이 바로 너희들의 지금 육의 세상에
사는 그 삶이 하늘에서 그대로 이루어
짐이니,
21 너희들이 하늘에 오를 자격이 있는 삶
을 사는 자는 그 열쇠를 열고 들어올
수 있으나,
22 그와 같이 안 되는 자, 결코 내가 열어
주지 아니함이니, 너희들은 그리 알
것이며,
23 그 열쇠는 맞지 않는다 함을 내가 일
찍이 나의 법전에 기록하여 너희들에
게 깨우친 것이 있을 것이니라.
24 이 세상에서 너희들이 바로 살지 못하
면 너희들은 천국의 열쇠가 아무 필요
가 없는 것이 되어 버림이니라.
25 그냥 쓸모없는 것이 되어 버리며 너희
들은 그를 가지고 역사할 수 없음이니,
26 맞지 않는 열쇠로 여니, 내가 그 모두
를 다 바꿔 놓았으니, 열 수 없는 것이
요,
27 너희들이 그와 같이 내가 준 열쇠를
가지고 열 수 있는 자격을 너희들이
버렸으니, 그걸 지키지 못했으니,
28 그것을 가지고 아무리 열려고 해도 열
리지 않는 것이 천국의 열쇠의 그 이
치라는 것을 알라, 사랑하는 나의 아
들딸들아!
29 지상에서 이룬 것에 대한 것이 하늘에
서 그대로 시행되며, 그 진행된 결과
에 따라서 너희들은 나에게 심판을 받
아 오르고 못 오르는 결과가 된다는
것을 절대 잊지 말라.
30 내가 너희들에게 일찍이 전한 것을 어
찌하여 너희들이 그리 소홀히 생각하
느냐?
31 이 지상에서 너희들이 어찌 사느냐에
따라서 하늘나라에서 그대로 적용되
며, 그것이 너희들이 나에게 와서 심
판받는 기준이요, 근본이라는 것을 잊
지 말라 성경에 기록하여 전했거늘,
32 한 획도 고치지 말며 한 자도 빼고 더
하지 말라 너희들이 몸부림치면서 너
희들이 지키고 가장 소중하고 귀한 것
은 너희들이 보지 아니하며 가르치지
아니하며, 이를 모르고 넘어가는 것이
나의 아들딸이니,
33 성서를 너희들 스스로 조용히 읽고 읽
도록 그리하라.

34 잘못된 종교 지도자 밑에 너희들이 가
서 깨우치는 것이 아니요,
35 성서를 너희들이 정독하여 그것을 읽
고 읽었을 때 너희 스스로 변화되는
것이며, 나 여호와의 뜻을 알며, 내가
역사하는 것을 더 바로 알고 깨우침을
얻게 됨이니,
36 그대로 읽고 그대로 실천하면 되느니
라.

## 9,948 번째 하나님 말씀

*2004년 3월 16일 06시 12분*

1 사랑하는 나의 아들아!
2 "네, 아버님! 말씀하옵소서."
3 나의 법전을 접하고 나의 법전을 만들
고 전하는 선택된 너의 제자들이요,
그리고 나의 모든 백성 너희들은 알아
야 될 것이니라.
4 너희들이 인간 세상에 살아가면서 너
희들의 감정이요, 너희들이 기쁘고 슬
픈 것을 그대로 표현하며,
5 그를 인내하고 다스리지 못하는 그와
같은 삶을 사는 것은 바로 무엇인 줄
알겠느냐?
6 그것이 너희들이 인간 세상에서 똑같
이 사는 그 한계를 벗어나지 못하고
살아가기 때문이니라.
7 인간의 감정이요, 인간의 생각이 앞서
며 그를 먼저 생각함이니,
8 그와 같은 생각 속에서 너희들이 정녕
변화된 삶이라 할 수 없는 것이며, 그
리고 변화된 백성이 없는 것이 너희들
이 그 증거함을 알아야 될 것이니라.
9 너희들은 모든 것을 다스리며 모두를
용서하며, 모두를 너희들이 다른 각도
에서 생각할 수 있는 그와 같은 마음
자세를 가져야 될 것이니라.
10 남이 남을 도와줌이니, 너희들은 그
도움에 있어서 그를 감사하게 생각하
며, 그 도움을 주는 사람이요, 베푸는
사람에 대하여 너희들이 어찌 감사할
것이며 어찌 기뻐할 것인가를 생각하
면 되는 것인데,
11 모든 인간 너희들의 생각은 무엇이더
냐?
12 조건이 있으며, 거래하는 것이 있으
며, '나는 자존심이 상하며, 내 마음을
상하면서 그와 같은 남으로부터 도움
이요, 은혜를 받지 않겠다.' 말할 수
있는 사람,
13 그것이 바로 너희들의 그 인간의 감정
이요, 인간의 생각을 버리지 못하고
있음이니,
14 그와 같은 마음 자세를 가지고 있는
백성 너희들이 이 인간 세상에서 한
발짝 하늘로 높이 올라와 모두를 내려
다보는 그와 같은 너희들의 삶을 살아
가지 못하고 있는 것임을 너희들은 알
아야 될 것이니라.
15 그러니 너희들이 인간 세상에서 살아
가면서 모든 감정을 느끼는 대로 표현
하고 생각한다면,
16 이것이 인간의 생각을 앞에 둠이니,
너희들이 변화될 수 있는 삶을 살 수
없는 것이니라.
17 그 모든 너희들의 감정이요, 너희들이
기분 나는 대로, 너희들이 생각나는
대로 그와 같이 생각하는 것이 아니라,
18 그 다음에 너희들이 행해야 할 것, 너

희들이 가야 할 것, 역사하는 것을 생
각해 본다면,
19 그곳에 정녕 나 여호와의 뜻이 무엇인
지 내 뜻에 의하여 너희들이 역사하고
생각할 수 있는 것이 거기 있거늘, 너
희들은 그를 생각하지 아니함이니라.
20 그저 감정이 나는 대로 시기하고 질투
하고 남을 음해하며, 그대로 생각하고
말하며 발설하고 행동을 하고 산다면,
21 과연 너희들이 변화된 나의 아들을 따
르는 제자들이요, 그리고 나의 법전을
읽고 깨우치는 만백성 너희들이 가는
길이더냐?
22 그러니 너희들이 이와 같은 그 모두
를 다스리고 억제하고 생각할 수 있
는 것,
23 그리고 내가 일찍이 너희에게 말하지
않았더냐?
24 오른쪽으로 도는 팽이를 반대쪽으로
돌릴 수 있는 그 변화의 삶이요, 그리
고 너희들이 사는 삶의 모두를 다 반
대로 볼 수 있는 그와 같은 생각이 아
니면, 그와 같이 세상을 보는 시야가
아니면,
25 너희들은 바로 설 수 없는 것이며, 나
에게 오를 수 없다 하지 아니하였더냐?
26 그 의미를 다시 한 번 너희들은 이제
깊이 새겨야 될 것이니라.
27 그와 같이 생각하는 것이 나 여호와의
뜻이요,
28 그와 같이 생각하지 않는 자, 너희들
은 한 발짝도 나에게 다가올 수 있는
그와 같은 삶을 사는 것이 아니요, 변
화된 삶이 아니라는 것을 알아야 될
것이니라.
29 조용히 너희들이 이제는 가슴에 안고
스스로 살아가는 걸 생각해 보라.
30 너희가 인간의 감정이요, 인간의 생각
을 아직도 버리지 못하고 있는가?
31 이것을 버리지 못했다면 너희들이 한
발짝도 나에게 올라온 것이 아니니라.
32 사랑하는 나의 아들아!
33 모두를 다 그와 같이 너 자신도 또한
다스려 나가야 되는 것이니라.
34 인간들이 생각할 수 있는 것, 인간들
이 원하는 것, 인간이 욕심을 내는 것,
사랑하는 나의 아들딸들이요, 백성들
이 생각하고 느끼는 대로 거기서 너희
들이 그대로 벗어나지 아니하면, 너도
벗어나지 못한다면,
35 과연 너희들이 나에게 올 수 있으며,
나에게 다가올 수 있다 생각할 수 있
겠느냐?
36 절대 너희들은 그와 같이 역사하고 변
화될 수가 없느니라.
37 법전을 읽고 정독한다고 해서, 너희들
이 겉으로 무엇이 변한다고 해서 너희
들이 그와 같이 정녕 변하는 것이 아
님을 알라.
38 변하는 것은 모두가 완벽히 변하는 것
이니라.
39 그러니 너희들이 오늘에 생활하면서
그것이 과연 너희들의 감정이요, 너희
들의 생각대로 하는 그와 같은 감정은
아닌가, 과연 나 여호와가 너희들과
같이하며 생각하는 뜻인가,
40 너희들이 이를 항상 점검하고 두드려
보도록 그리하라.
41 그리하여 너희들이 지금과 반대의 삶
에서 그 정답을 찾는다면, 그것이 너

희들이 나에게 오를 수 있는 길을 한
발짝 한 발짝 다가오는 것이라는 것을
알라 그리 전하라.

## 9,949 번째 하나님 말씀

*2004년 3월 16일 06시 19분*

1 사랑하는 나의 아들아!
2 "네, 아버님! 말씀하옵소서."
3 내가 너희들의 성서에 기록하여 깨우
치지 아니하였던가?
4 '인자가 아버지의 영광으로 그 천사들
과 함께 오리니, 그때가 되면 너희들
이 각자의 행한 대로 갚으리라.'
5 그와 같은 나 여호와의 뜻이 거기 기
록되었음을 너희들은 어찌 보는가?
6 너희들은 이 대목의 중요함이요, 이
대목의 중요성을 모르고 있느니라.
7 나는 너희들에게 반드시 명하여 전했
느니라.
8 너희들은 어떠한 삶이든 나 여호와를
영광되게 하는 그와 같은 삶을 사는
백성은 그 영광된 삶을 산 대로, 각자
가 행하고 역사한 대로 내가 모두를
갚을 것이라 그리 기록하여 전한 그
대목을 어찌 보는가?
9 너희들은 이제 알아야 될 것이니라.
10 그와 같은 모든 역사의 언약이 지금
이루어지고 있음을 너희들은 어찌하
여 모른단 말이더냐?
11 새로운 시대요, 새로운 말씀이라는 나
의 성령이 세상에 내려올 때, 너희들
이 역사한 대로 갚는다는 그 의미요,
그가 행해지고 있음을 너희들은 알아
야 될 것이니라.
12 내가 성서에 기록하여 모든 백성 너
희들이 행하고 사는 대로 갚을 것이
며, 상을 내릴 것이라 하였거늘,
13 너희들이 지금 그와 같은 행함은 중요
하지 아니하며, 행함은 소중하지 아니
하며,
14 너희들이 영적인 구원을 받는 것이요,
육의 구원은 절대 관계없는 것이라
그리 생각하는 것이 오늘의 너희들이
가고 있는 믿음이 아니더냐?
15 이것부터 너희들이 바로잡고 바로 다
스려야 될 것이니라.
16 나 여호와는 또한 너희들에게 인자요,
천사를 세상에 내려보낸다 하지 아니
하였더냐?
17 그러니 지금 나의 법전이 세상에 내려
옴이 바로 무엇이더냐?
18 이는 천사들이 이를 가지고 내려오는
것이요, 천사들이 내려왔음이니,
19 그들이 지금 너희들이 행한 대로 너희
들을 선별하는 그와 같은 역사가 이루
어지고 있는 것임을 너희들은 어찌 모
른단 말이더냐?
20 나 여호와가 지금 나의 성령이요, 나
의 뜻을 내리니, 이보다 더한 인자가
없을 것이며, 이보다 더한 인자가 세
상에 내려올 수 없을 것이니라.
21 너희들이 지금 모두를 지킬 수 있는
것, 너희들이 행할 수 있는 것, 그 모
두를 담은 나의 성령이요, 새로운 법
전이라 하여 지금 세상에 내려오니,
22 이것이 곧 너희들이 인자가 될 수 있
는 것이요, 너희들을 다스려 인자를
만들 수 있는 나의 법전이 세상에 내
려오니,

23 그것이 나 여호와의 영광된 그와 같은
삶을 사는 백성들을 위하여 내가 내려
보낸 인자요, 내가 천사들과 같이 세
상에 내려보내는 그와 같은 역사가 지
금 이루어지고 행하여지고 있다는 것
을 너희들은 알아야 될 것이니라.
24 그러니 그 모두를 집행하며 그 모두를
대행하는 자, 그리고 그대로 행하고
사는 백성, 너희들이 곧 인자요, 그리
고 너희들이 나에게 오를 수 있는 자
들이라는 것을 잊어서는 아니 될 것이
니라.
25 그러니 나의 법전을 가슴에 안고 정독
하고 또 읽고 또 깨우쳐 너희들이 이
와 같은 변화의 역사를 이루도록 하여,
26 너희들이 바로 만백성을 구하는 선생
이요, 만백성을 가르치는 인자로서 거
듭나는 그와 같은 삶을 살지 아니하면
아니 됨이니라.
27 나의 법전이 내려오는 것이 인자요,
나의 법전이 내려오니 이 천사들이
세상에 내려와 너희들을 다 구분하고
선별하는 그와 같은 역사가 시작되었
다는 것을 너희들이 그리 깨우치고
세상을 본다면, 나의 법전이 얼마나
귀하고 소중한 것인가?
28 지금 내가 나의 아들을 통하여 너희들
에게 잘잘못을 다스리고 가르치는 것
이 바로 심판의 역사요, 너희들을 버
릴 자와 구원할 자를 심판함이니라.
29 나의 법전에 기록된 내용이요, 내가
나의 아들을 통하여 너희들에게 내리
는 강론의 그 모든 내용을 가지고 너
희들 스스로 점수를 매기며 너희들 스
스로 심판대에 서 보라는 그 의미요,
무서움이 거기에 있음이니라.
30 너희들이 점수를 매겨 보라.
31 너희들이 여기서 점수를 매겨 보고,
미달된 그와 같은 점수의 길을 산다
면, 그 점수를 보충하기 위해 너희들
은 모두를 다 바치는 삶을 살지 아니
하면 아니 될 것이니 그리 알라.

## 9,950 번째 하나님 말씀

*2004년 3월 16일 06시 27분*

1 사랑하는 나의 아들아!
2 "네, 아버님! 말씀하옵소서."
3 나 여호와가 나의 아들 예수를 통하여
2천 년 전에 너희들에게 전했느니라.
4 '진실로 너희들에게 이르노니, 여기
남아 있는 자 중에 죽기 전에 인자가
왕권을 가지고 오는 것을 볼 자들도
있을 것이니라.'
5 그와 같이 나의 아들 예수가 전하였으
며, 그는 그를 소원하였음이니라.
6 그는 인자가 너희들에게 그 모두를 다
보일 수 있는, 다스리고 이끌어 갈 수
있는 왕권을 가진 자가 올 것이라 하
였으며,
7 그 말은 곧 그와 같이 인자가 세상에
내려와 너희들을 다스리며 다시 역사
할 수 있는 그와 같은 너희들의 기틀
을 만들며, 그와 같은 것을 다스려 준
비하라 너희들에게 전했음이니라.
8 그러나 너희들은 그와 같은 것을 역사
하지 못했음이니, 지금 너희들이 2천
년이라는 기나긴 세월 동안 오면서 많
은 백성들이 이를 믿고 기다리고 소원
하며, 너희들이 살아오지 아니하였는

가?
9 그러나 너희들이 지금까지도 그 모두
가 이루어지지 아니하였으며, 그 역사
가 지금 이루어지지 아니한 오늘의 이
시점에 이르렀느니라.
10 그는 바로 너희들이 무엇이더냐?
11 이 세상에 구원할 준비가 되지 않은
백성들이요, 구원을 받을 만한 백성이
없었다는 그와 같은 의미임을 너희들
은 알아야 될 것이니라.
12 그리하여 지금의 2천 년이라는 그 역
사가 지나 나 여호와가 지금 인자로서
다스릴 수 있으며, 인자를 만들 수 있
으며, 인자로서 거듭날 수 있는, 천사
와 같이 거듭날 수 있는 나의 성령이
요, 이 모두를 태워 세상에 나의 책으
로 하늘에 오르는 길이라 하여 너희들
에게 전함이니,
13 그것이 바로 내가 너희들에게 한 그
언약이요, 너희들에게 내가 한 그 약
속을 지금 행하고 있는 것을 너희들은
알아야 될 것이니라.
14 2천 년이라는 길고도 긴 세월을 너희
들이 기다리고 기다렸으며, 그 많은
나의 백성들이 그와 같이 역사할 것을
바라고 기다렸으나,
15 그가 이루어지지 아니한 그와 같은 엄
연한 사실이요, 그 무서움을 알고 두
려움을 너희들이 알아야 될 것이니라.
16 그리하여 이제 내가 너희들에게 나의
법전을 가지고 전함이니, 이를 믿고
따르는 나의 아들딸들이요, 그리고 선
택된 백성들이 지금 있는 이 시점이니,
17 그러니 지금이 받아들이고 이해할 수
있는 백성 너희들이 있듯이, 너희들이
있기까지를 지금까지 기다렸으며, 기
다렸다가 지금 내가 너희들에게 모든
언약의 그 뜻을 내려보냄이니,
18 내가 이와 같은 참진리요, 나 여호와
의 뜻이요, 나의 성령이 인자를 다스
리며, 천사를 만드는 나의 법전이 세
상에 내려온다 해도, 그를 받아들이고
이해할 수 있는 백성이 없었다면 너희
들은 알겠느냐?
19 2천 년의 세월이 흐른 다음에 지금 나
의 아들을 따르는 제자들이요, 내 사
랑하는 백성들이요, 내 법전을 읽고
깨우치는 너희들이 있기까지 멀고도
먼 세월을 기다리고 기다려서 역사했
다는 것을 알라.
20 너희들이 이를 받아들일 수 있기에,
지금 내가 '하늘에 오르는 길'이요, '하
나님! 말씀하옵소서.'라 하여 너희들
이 나의 뜻이요, 참진리요, 하늘에 올
라올 수 있는 천사로 변할 수 있는, 거
듭나는 모든 은혜의 영광을 받을 수
있는 나의 법전을 나의 아들을 통하여
세상에 내려보내니,
21 오래도 기다리고 기다린 세월이었음
을 너희들은 알라.
22 그러니 지금 내가 2천 년 동안에 그와
같은 역사를 이루지 아니하고 약속을
지키지 아니한 것은 오늘에 너희들이
있기까지를 기다렸음을 알라.
23 그리하여 너희들이 준비된 백성이요,
선택된 백성이라는 나 여호와의 뜻을
너희들이 음미한다면,
24 내가 지금 나의 아들을 통하여 너희들
에게 내리는 그 뜻을 알 수 있을 것이
니라.

## 9,951 번째 하나님 말씀

*2004년 3월 16일 06시 43분*

1 사랑하는 나의 아들아!

2 **"네, 아버님! 말씀하옵소서."**

3 너를 따르는 제자들이요, 그리고 나의 법전을 읽고 깨우치는 사랑하는 너희들은 알아야 될 것이니라.

4 예수를 세상에 내가 내려보내 그가 세상에 내려오니, 그는 뭐라 말하였느냐?

5 '나는 하늘에서 내려온 산 떡이라' 하여 예수는 스스로 본인이 산 떡이라 그리 말하지 아니하였더냐?

6 '사람이 이 떡을 먹으면 영생하리라. 나의 줄 떡은 곧 세상의 생명을 위한 내 살이라' 하여 그리 가르치고 전하지 아니하였더냐?

7 그러니 사랑하는 나의 아들 예수가 감히 그 살이요, 피를 먹는 자, 구원을 받는다 그리 말함이니,

8 그 믿음의 길을 가는 백성들이요, 그게 어떤 의미요, 어떠한 뜻인지를 모르고 그를 깨닫지 못한 그 백성들이 그리하여 그를 그리 죽게 만들었으며, 그를 이해하려 하지 아니하지 않았더냐?

9 그 가르침이 과연 무엇이더냐?

10 너희들이 인간의 육이 된 것은 너희들의 피와 살로써 되어 있음이니,

11 이는 곧 내가 나의 아들 예수를 통하여 내리는 나의 가르침이요, 나의 뜻을 하나도 저버리지 말며,

12 너희들이 그 모두를 받아들여 너희들 것으로 만드는 자만이 거듭나는 생명의 영광을 얻을 수 있는 것이라 그리 깨우치고 전해 준 것이 아니더냐?

13 그러나 그 백성들이 그를 모르며 그를 알아듣지 못하였음이니라.

14 또한 그를 그리 핍박하고 그를 죽게 만든 자들이 과연 그 뜻을 정녕 몰랐으리라 너희들은 생각하느냐?

15 그러나 그들은 저희들의 모든 추한 모습이요, 저희들이 지금까지 살아온 그 역사가 드러나는 것이 감당키 어려우며, 저희들이 설 자리가 없기 때문에,

16 깨달은 자는 깨닫지 못한 자를 이용하고 악용하여 저희들이 그와 같이 험악한 일을 저지른 것, 그것이 너희들의 오늘의 그 결과가 되어 있는 것을 너희들은 알지 않느냐?

17 예수는 너희들에게 진실로 전하고 진실로 깨우쳐 주고자 했느니라.

18 '인자의 살을 먹지 아니하고 인자의 피를 마시지 아니하면, 너희 속에 생명이 없느니라.' 그리 가르쳤음이니라.

19 '내 살을 먹고 내 피를 마시는 자는 영생을 가졌고 마지막 날에 내가 다시 살리리니'

20 그와 같이 나의 아들 예수는 부르짖고 너희들에게 전했음이니, 이것은 바로 무엇이더냐?

21 나 여호와가 나의 아들을 통하여 내리는 나의 뜻이요, 내가 원하는 것이요, 내가 행하고자 하는 것, 그리고 내가 베풀고 너희들에게 깨닫게 하고자 하는 것, 그 모두가 너희들은 소중한 것이니, 다 받아들여 그대로 행하라,

22 이것은 그 예수가 하는 것이 아니요, 그를 보낸 창조주 아버지인 내가 너희들에게 내리는 생명의 말씀이라 하여

그를 가르치고 전하고자 했던 것이 바
로 나의 아들 예수의 부르짖음이었느
니라.
23 그러나 너희들은 그를 어찌 받아들였
는가?
24 지금의 너희들이 어떠한 형국에 도달
했느냐?
25 지금 나의 아들을 통하여 너희들에게
전하기를, 지금의 너희들이 수천 년
동안 믿어 온 믿음이요, 너희들이 죽
기 아니면 살기로 지켜 오고 보호해
온, 그리고 너희들이 신앙의 길을 달
려온 그 믿음이 잘못되었으며,
26 이제는 내가 새로 내리는 성령이요,
내 새로운 성경이요, 그리고 나의 법
전이요, 이를 너희들이 마시고 먹지
아니하면, 그리고 이를 너희들이 읽고
깨우쳐 정독하지 아니하면, 하늘에 오
를 수 없다는 것이 바로 무엇이더냐?
27 이를 너희들이 먹고 마시지 아니하면
아니 된다는 뜻이니라.
28 그러니 내가 이와 같은 뜻을 다시 2천
년이 지난 지금 나의 아들을 통하여
잘못 가는 험악한 세상에 살고 있는
그 백성들을 위하여 전함이니,
29 그들이 또한 예수가 전했던 말을 너희
들이 알아듣지 못하며, 알아들은 자가
알아듣지 못한 자를 악용하여 너희들
의 세상을 들어엎었듯이,
30 너희들이 지금의 나의 아들을 통하여
내리는 내 뜻이 2천 년 전에 나의 아
들 예수를 통하여 전하려 했던 그 역
사가 그대로 지금 재현되고 있는 현실
이니,
31 지금의 백성이 더 사악하며 지금의 백
성이 더 간교하여, 너희들이 나의 법
전이요, 나의 뜻이 세상에 전해지지
못하도록 하며,
32 나의 아들 또한 존재치 못하도록 하고
있는 그 형국이 그대로 진행되고 있음
이니라.
33 그러니 나의 아들에게 선택된 백성 너
희들은 들으라.
34 2천 년 전에 나의 아들을 세상에 내려
보내어 이와 같은 역사요, 내 뜻을 그
대로 받아들이고 행하여 너희들의 새
로운 생명이요, 너희들이 영생을 얻도
록 내가 그리 전했으나, 그를 행하지
못하며 지키지 못했음이니,
35 오늘에 선택된 제자 너희들은 지금 그
와 같은 시대를 다시 반복해서는 아니
됨이니라.
36 너희들은 어떠한 환경이요, 어떠한 고
난과 역경이 있다 해도 이를 지키고
행하여야 될 것이니라.
37 모든 백성들이 나의 법전을 읽고 접하
지 아니하면 아니 됨이니,
38 이는 나의 아들 예수가 인자의 살과
피를 먹지 아니하면, 너희들이 거듭나
는 역사를 얻을 수 없다는 그와 같은
말이요, 그리고 그를 기억하지 아니한
다 하였음이니,
39 그는 곧 나 여호와가 너희들이 나의
법전을 읽고 깨우치며, 이대로 행하고
역사하지 아니하면, 너희들이 나를 볼
수 없으며, 심판을 받을 수 없다는 나
의 뜻을 너희들은 과연 알고 있느냐?
40 그러니 너희들은 여기서 절대 무너져
서도 아니 되며, 양보해서도 아니 되
며,

41 2천 년 전에 험악한 그 현실처럼 오늘
의 너희들이 그와 같은 현실을 또 너
희들이 양보하며, 어쩔 수 없이 지키
지 못하는,
42 그리고 너희들이 나약하여 그를 보호
하지 못하는 그와 같은 자가 되어서는
아니 될 것이니, 너희들은 명심하고
또 명심하라.
43 두 번 다시 이와 같은 역사가 있어서
는 아니 될 것이니라.
44 내가 내리는 너희들에게 마지막이라
는 그 무서운 뜻을 너희들이 안다면,
어떠한 형태든 너희들은 행하고 지키
고 역사해야 된다는 것,
45 나의 법전을 가지고 세상을 다 덮으라
보낸 나 여호와의 뜻이 이 세상에 뿌
리를 내릴 수 있으며,
46 나의 권세와 영광이 하늘과 이 땅에서
같이 이루어지는 그 기틀을 만들어 나
에게 올 수 있는 그 백성들만이 존재
하는 세상으로 만드는 데 너희들의 모
두를 다 바치라, 사랑하는 나의 아들
딸들아, 그리고 선택된 나의 백성들아!

## 9,952 번째 하나님 말씀

*2004년 3월 16일 06시 49분*

1 사랑하는 나의 아들아!
2 "네, 아버님! 말씀하옵소서."
3 나 여호와는 2천 년 전에 나의 아들
예수를 통하여 너희들이 다시 태어나
며, 다시 태어나는 영광을 얻는 그와
같은 모두를 받아들이며,
4 그것을 너희들의 생명이요, 너희들이
떡이라 생각하여 받아들여 역사하도
록 하라 그리 전하였음이니라.
5 그러나 나의 백성들이 지금 2천 년의
그 세월을 흘러오면서 어찌 살아왔느
냐?
6 모든 백성들은 너희들이 거듭나는 나
의 성령이요, 나의 뜻을 너희들이 먹
고사는 떡보다도 더 소중하고 귀하게
받아들여 그를 지키고 행하는 삶을 사
는 것이 아니요,
7 그저 너희 조상들처럼 먹고도 죽는 그
와 같은 떡을 얻기 위하여, 그 떡을 보
호하기 위하여, 그 떡을 더 쌓아 놓기
위하여, 그 떡을 지키기 위하여 지금
까지 살아왔음을 알아야 될 것이니라.
8 나의 아들 예수를 통하여 전하기를,
그 떡과 그 살과 피가 무엇이더냐?
9 바로 너희들은 내가 내리는 나의 성령
이요, 나의 뜻을 너희들이 깨닫고 행
하며, 내 뜻에 따라 역사하는 그것이
바로 너희들이 영원히 죽지 않는 떡을
먹음이니라.
10 그리하여 내가 나의 법전을 지금 세상
에 내려보내 너희들에게 이를 전하니,
이를 취하는 자가 너희들이 떡을 먹고
도 죽는 너희들의 조상이 죽어 간 떡
이 아니요,
11 너희들이 영원히 살 수 있으며 거듭나
는, 그와 같이 내가 너희들에게 먹고
살 수 있도록 내린 그 소중하고 귀한
떡이니,
12 이는 곧 바로 나의 법전이요, 나의 성
령의 뜻임이니라.
13 그러나 너희들은 이를 받아 너희들이
영원히 사는 세상을 위하여 영원히 사
는 떡을 먹으려 하는 것이 아니요,

14 너희들 조상처럼 먹으면서도 죽는 그
떡만을 위하여 너희들이 모두를 바치
고 살아가는 어리석은 삶을 살고 있느
니라.
15 이제 나의 아들을 따르는 제자들이요,
나의 법전을 읽고 깨우친 만백성 너희
들은 전해야 될 것이니라.
16 이 세상에 너희들의 피부색이요, 너희
들의 생긴 외형이요, 살아가는 형태를
다 말할 것 없이 모든 백성들은 나로
부터 생명을 받아 나간 너희들과 같은
형제이니,
17 그들이 먹고도 죽는 그 떡을 위하여
모두를 바치는 삶을 살지 아니하며,
영원히 너희들이 살 수 있으며 영원히
존재할 수 있는 그 떡을 먹도록 그리
전하라.
18 그것이 바로 나의 법전이요, 내가 새
로 내리는 성령이니라.
19 이는 곧 나의 피와 살이니라.
20 이 모두는 나를 대신하기 때문이니라.
21 그리고 너희들이 인자가 세상에 내려
와 모두를 구하고 역사한다는 것이 바
로 나의 법전임을 알아야 될 것이니라.
22 나의 법전이야말로 인자를 육성하는
것이요, 천사와 같은 백성으로 변화될
수 있는 근본이요, 내가 직접 내려가
내가 너희들을 다스리는 것이니, 곧
나의 법전임을 너희들은 알라 그리 전
하라.
23 너희들이 인자라 하여 사람이 내려오
며, 다른 사람이 세상에 내려오는 것
을 바라는 것이 아니라, 그 다른 인간
이 내려와 역사하는 것이 아니요, 바
로 나의 법전이 세상에 내려오는 것이
라는 것을 알라.
24 이가 인자를 육성하며 인자를 길러 내
며 천사를 길러 내는 나의 가르침이
기에 그보다 위에 있으니, 나 여호와
가 직접 너희들을 다스리고 통제하는
그와 같은 역사를 이루는 것이 바로
나의 법전이니,
25 이는 곧 너희들이 영원히 사는 떡이
요, 나의 살과 피요, 내 모두를 너희들
이 취함이니, 너희들이 하나가 될 수
있는 그와 같은 너희들이 은혜와 영광
을 내려 주는 것이라는 것을 잊지 말
라.
26 나의 법전이 세상에 내려옴이니, 너희
들이 이보다 더 귀하고 소중한 것이
없다 함을 알라.

## 9,953 번째 하나님 말씀

*2004년 3월 16일 11시 56분*

1 사랑하는 나의 아들아!
2 "네, 아버님! 말씀하옵소서."
3 내가 너를 통하여 나의 성령을 내려
만백성을 구하는 법전을 만듦이니, 내
가 네 입을 결코 막지는 않을 것이니
라.
4 그러나 네가 그 기도를 할 수 없으며
그를 역사할 수 없도록 하는 것은 내
가 그리할 것이니라.
5 네가 오늘의 녹음을 할 수 있는 그 기
계에 내 음성을 담아 만백성을 구하
는 것을 내가 중단했으며, 기계가 돌
아가지 못하도록 한 그 뜻이 너는 무
엇인지 알고 있지 않으냐?
6 "알고 있사옵나이다, 아버님!

7 네가 나에게 언약하고 약속한 것을 지
키도록 그리하라.
8 그것을 지키지 아니할 때, 네가 그 고
통이요, 시련을 감당키 어려울 것이며,
9 네가 나에게 지금 약속한 것, 네가 나
에게 언약한 것을 지키고 살아가도록
그리하라.
10 그렇지 아니하면 내가 영원히 더 여기
서 나가지 못하도록 중단할 것이니,
11 너의 제자들 또한 내가 명한 것, 나의
법전대로 살아가는 데 하나의 손색이
없이 살아가도록 그리하라 하라.
12 너희들이 대충 살아가는 것, 대충 넘
어가는 것은 아니 되느니라.
13 "아버님! 저의 죄를 용서하여 주옵소
서.
14 인간이요, 육을 가진 제가 그런 아버
님의 사랑 속에 있기에 제가 아직도
저 자신을 찾지 못하며, 제자리를 지
키지 못하고 있사옵나이다.
15 이 습성을 어찌 다스리고 어찌 가야
될 것인가, 목숨을 다 바쳐 혈서로써
그를 약속하며, 그를 지키고 가도록
그리하겠사옵나이다."
16 네가 혈서를 쓰는 마음으로써 네가 버
리지 못하는 그 악습이요, 네가 바로
서지 못하는 것을 이 순간 이후부터
고치고 바로 가겠다 네 입으로 나에게
언약을 했음이니,
17 내가 이 기계가 돌아가도록 했으며,
녹음이라는 것이 되도록 했으며, 나의
성령을 네가 받아쓰도록 하여 나의 마
음이 기쁨이니,
18 네가 이제 그를 혈서를 쓰는 마음으로
써 지킨다 하였음이니, 나는 너를 믿
을 것이며, 너는 그리 지키도록 하라,
사랑하는 나의 아들아!
19 정녕 어렵고 힘들거든 내가 너에게 여
행을 하라 했으며, 하늘을 보고 네 마
음을 날리라 하지 아니하였느냐?
20 내가 너를 사랑하는 것만큼 내가 만백
성을 사랑함이니,
21 네가 지금 160권의 법전을 만들어 만
백성을 구하는 그 역사의 대명을 이루
면서 네가 완벽하게 서지 못했을 때,
아무도 그 길을 갈 수 없으며 아무도
이룰 수 없음이니라.
22 인자가 세상에 한 사람이 나오면 그
모두를 구원하며, 내 기쁨이라 했으
며, 세상과 바꾸지 아니한다는 뜻을
너는 알지 않느냐?
23 "알고 있사옵나이다, 아버님!
24 정녕 저는 그를 알고 있사옵나이다.
25 제가 얼마나 잘못된 아들이요, 제가
얼마나 잘못된 자인지를 더욱이 뼈저
리게 느끼고 있사옵나이다.
26 알면서 행하지 못하는 것이 얼마나 큰
죄인지를 깨닫고 있으면서도 저 자신
이 그를 모르고 살아왔으니, 저를 용
서하여 주시옵소서.
27 아버님께서 인자 한 사람이 세상에
나오면, 모두를 바꾸지 아니한다 하신
그 말씀을 알고 있사옵나이다."
28 이 세상이 죄의 온상이요, 이와 같이
험악한 세상이 된 이유는 아담과 하
와, 그 한 사람이 나의 명령인 나의 뜻
을 따르지 아니하고 그가 하나가 무너
짐으로 인하여 오늘같이 험악한 세상
이 되었으며,
29 사랑하는 나의 피조물 만백성들이 재

물을 바치며 시간을 갈취당하며, 그리
고 그들이 구원의 길이라고 울고불고
평생을 바치고 살아가는 것이 나에게
오르는 길이 아니요, 지옥으로 가는
길을 삶이니,
30 그것이 내 가슴이요, 내 아픔의 상처
를 너희들은 알겠느냐?
31 한 사람이 잘못하여 나의 피조물 만백
성들이 암흑의 세상이요, 사탄으로 통
째로 넘어가 너희들이 죄인과 같은 죄
인이 되어 오늘에 살아가는 그와 같은
삶을 살지 않느냐?
32 그러니 한 사람이 내 언약이요, 명을
지키지 아니하여, 모든 만백성 너희들
이 다 사탄 속에서 지금 살아가고 있
으며 죄 속에서 헤어나지 못하듯이,
33 한 사람의 의인이 세상에 나오면 그
모두를 다 구원할 수 있는 것, 구제할
수 있는 것이 또한 그 반대급부가 아
니더냐?
34 그리하여 내가 한 사람의 의인이 세상
에 나오기를 바람이니, 너보다 앞에
가는 자가 없다 하지 않았더냐?
35 네가 하늘에 오르는 빛을 밟고 따라왔
을 때, 그 뒤에 바로 따르는 너의 제자
들이 있어 그를 내가 걷어 들이지 않
고 말지 아니한다 하였으니,
36 가장 먼저 오는 자, 앞에 오는 자는 너
라 하였음이니,
37 네가 오늘 나에게 약속하기를 혈서로
써 모두를 지키고자 약속했으니 그를
지키도록 하라, 사랑하는 나의 아들아!
38 그것을 지키지 아니할 때 내가 너를
용서치 아니할 것이며, 이제 내가 나
의 법전이 세상에 나오는 것도 중단할
것이니라.
39 이제는 내가 너에게 결정을 내리며 명
하며, 내가 너에게 지키라 함이 아니
요,
40 네가 나에게 혈서를 쓰는 마음으로 맹
세를 했으며, 네가 가겠다 하여 내가
오늘 이 기계가 돌아갈 수 있도록 하
며 녹음이 되도록 하였으니 그리 알라.
41 모든 제자들이요, 그 백성들에게 기록
하여 이 뜻을 전하라.
42 "네, 아버님! 알겠사옵나이다.
43 사랑하는 모든 제자여! 그리고 이 법
전을 읽고 깨우치는 백성 여러분!
44 저는 이 기도를 하며 아버님의 말씀을
받아 기록하다가 기계가 잡음이 나고
돌아가지 아니하여 녹음을 할 수 없으
며 이를 기록할 수 없어, 제가 그 원인
을 찾고 찾아도 찾을 수 없었음이니,
45 그리하여 제가 바로 제 잘못이요, 제
가 무엇을 고쳐야 할 것인가를 생각하
고 아버님께 혈서로써 지키겠다는 그
약속을 드림으로 하여 이 기계가 돌아
가,
46 이와 같이 아버님의 말씀을 받아 이
법전을 만들 수 있었던 그와 같은 사
고가 있었음이니,
47 그것이 2004년 3월 16일 11시 50분
경에 있었던 현실입니다.
48 그러니 여러분들은 이를 기억하시고
이 두려움을 아시기 바랍니다.
49 정상적으로 돌아가던 기계가 중단되
었으며, 기계에 녹음을 할 수 없으며,
아버님의 말씀을 받을 수 없어 기록할
수 없었으니,
50 그것은 제가 악습을 고치지 못하기 때

문이었으며, 제가 고치기를 바라는 아
버님의 뜻대로 제대로 가지 못했기에,
51 저의 가장 나쁜 악습이요, 제가 벗어
나지 못하는 인간의 한 상태에서 남들
처럼 확실히 벗어나지 못하는 그와 같
은 저 자신이 혈서로써 아버님께 굳
게 지키고 행하겠다 약속을 했음이니,
52 그리하여 이 기계가 돌아가 오늘의 이
기도의 말씀을 주시며, 이리하여 제가
아버님께 이와 같이 듣고 이를 기록
하여 전함이니,
53 만백성이요, 저를 따르는 제자들이요,
법전을 읽고 깨우치는 아버님의 모든
백성들은 이 무섭고 두려운 사실을 알
아,
54 여러분들의 악습을 하나하나 다 고쳐
의인이 되도록, 그 천사가 되도록 그
리하시기를 바랍니다.
55 아버님께서는 한 사람 아담이 말을 듣
지 아니하고 아버님의 뜻을 어김으로
인하여 오늘같이 험악한 세상이 되어
죄 속에 사는 백성들이 묻혀져 버렸으
니,
56 한 사람의 의인이 나오면 그 반대로
써 모두를 구원할 수 있기에 하나의
의인이 나오기를 바라시나,
57 그 앞에 가야 할 제가 바로 가지 못하
기에, 오늘의 이와 같은 무서운 것으
로써 체벌하시며 증거하며 기적으로
써 보여 주셔서, 제가 혈서를 쓰는 마
음으로 거듭나기를 약속드리니,
58 오늘에 이 말씀을 주심을 꼭 기억하여
여러분들은 깨우쳐 이 두려운 사실을
기억하도록 그리하시기 바라며,
59 여러분들도 모두를 다 이 대목을 읽는
순간에 진정으로 버리는 백성이 되기
를 바랍니다."

## 9,954 번째 하나님 말씀

*2004년 3월 16일 12시 05분*

1 사랑하는 나의 아들아!
2 "네, 아버님! 말씀하옵소서."
3 너희들이 한 자를 고쳐도 안 되며 한
줄을 더 넣어도 안 되며 한 획도 고쳐
서는 아니 된다는 그 성서에, 그리고
너희들이 그는 지키고 행하는 그 성서
에 나는 너희들에게 명확히 기록하여
전했느니라.
4 나 여호와는 너희들에게 너희들이 행
하는 대로 이루어지며 거둬들이며, 그
와 같은 대가로써 모든 상을 받고 벌
을 받는다 그와 같은 상세한 내용들을
명확히 기록하여 너희들에게 전하지
아니하였더냐?
5 내가 너희들에게 말하기를, '사람을
죽인 자는 반드시 죽임을 당할 것이
요, 짐승을 쳐 죽인 자는 짐승으로 너
희들이 갚게 될 것이라' 내가 이와 같
이 무서운 내용들을 그대로 기록하여
전했음이니,
6 너희들이 육의 삶을 사는 것에 따라서
모두가 이루어지고 그 대가에 따라서
너희들이 모든 심판을 받는다는 것을
명확히 기록하고 전하였거늘,
7 이를 너희들이 뒷전으로 밀어붙이고
가는 것이 오늘의 종교 집단이요, 믿
음이 아니더냐?
8 내가 거기에 기록하여 전하기를, '사
람이 만일 네 이웃을 상하게 한다면

그 행한 대로 그에게 너희들이 행할
것이며, 너희들은 그리 받을 것이라'
내가 성서에 기록하여 전했으니, 이를
너희들이 안 읽어 봤으며 모른단 말이
더냐?
9 그를 수없이 읽었으며 너희들은 그 뜻
을 다 알고 있느니라.
10 그러면서도 너희들이 이를 행하지 아
니하며 가르치지 아니함이니,
11 과연 종교 집단이요, 지도자요, 그리
고 신도들이 제대로 가르치며 제대로
배우는 백성이라 말할 수 있단 말이더
냐?
12 너희들이 수박 겉핥기와 같은 형국으
로 가며, 성서라는 것은 너희들이 가
장 불리한 쪽으로, 너희들이 역사할
수 없는 길을 가는 것이라 하였거늘,
13 너희들은 편안하고 평탄한 그 길만을
찾아가며, 모든 걸 너희들이 꿀을 바
르듯이 너희들이 먹기 좋도록, 삼키기
좋도록 그리 만들어, 너희들이 말로써
만 모두를 만들어 먹고 마시는 그와
같은 형국으로 감이니, 너희들의 몸속
에 들어가는 것은 정녕 없듯이,
14 너희들이 깨달으며 나에게 오는 영혼
이 사는 세상이요, 거듭나는 영광의
은혜가 이루어지는 것은 아무것도 없
는 것이 너희들의 오늘의 믿음이라는
것을 알라.
15 내가 모두 성서에 명확하게, 그리고
정확하게 기록하여 전하였거늘,
16 너희들은 어찌하여 그것을 너희 삶의
기본으로 삼아 네가 어찌 살아야 되는
가를 스스로 깨우쳐 한 점의 부끄럼이
없는 그와 같은 삶을 살면 되는 것을,
17 너희들은 어찌하여 행함은 뒷전으로
미루며,
18 이웃과 화합하는 것, 서로 화목하게
지내는 것, 그 모두가 나에게 가장 큰
기쁨이라 하였거늘, 너희들은 반목하
며,
19 이웃과 네 부모와 네 형제들에게 어찌
하든, 그저 나 여호와에게 기쁨을 주
는 그와 같은 행위만을 하는 것이 너
희들이 나로부터 모든 죄를 용서받으
며 구원을 받는 길이라 그리만 가르치
고 있음이니,
20 나는 그와 같은 여호와가 아님을 알아
야 될 것이니라.
21 너희들이 행하지 아니하고 너희들이
역사하지 아니하며, 너희들이 모두를
이루지 아니하면서 너희들은 누가 이
루어 주길 바라며,
22 너희들보다 더 능력 있는 자요, 더 힘
있는 자요, 그와 같은 자가 모두를 다
너희들에게 이루어 줄 것이며, 원하는
것을 해결할 것처럼,
23 외부의 사람이요, 더 능력 있는 여호
와요, 그리고 너희들이 나 여호와 창
조주요, 내 아들을 빌어 너희들이 무
엇인가를 얻고 이루겠다는 그와 같은
기대의 심리를 버리라.
24 그것이 욕심이며, 너희들이 바로 깨닫
지 못하며, 하늘에 오르는 길을 보지
못하며, 너희들이 지옥의 문 앞에 매
달려 울부짖는 것이라는 것을 알아야
될 것이니라.
25 그러니 더욱 내가 상세하게 그 모두를
기록하여 너희들에게 깨우치지 아니
하였기에, 이를 보는 백성은 알지 못

하며, 지도자가 제 임의대로 해석하고
가르침이니,
26 어리석은 지도자 밑에 어리석은 백성
들이 그 뜻을 이해하지 못하며 그를
알지 못하기에,
27 모든 백성들이 스스로 읽어서 깨우칠
수 있도록 상세하고 자세히 내가 나의
법전에 나의 아들을 통하여 지금 160
권의 책으로써 세상에 내려보내니,
28 이제 나의 법전으로 하여금 너희들을
깨우치고자 하며, 너희들이 하늘에 오
르는 길을 보게 하고자 하며, 너희들
이 알지 못하는 것이요, 너희들이 행
하는 것이 얼마나 너희들에게 중요한
것이며,
29 너희들이 행한 대로 지불하고 대가로
치르고 받는다는 것을 내가 너희들에
게 다시 한 번 굳게 심어 주기 위하여
내가 오늘 나의 아들을 통하여 이와
같이 나의 법전에 기록하여 전하니,
30 이를 너희들 것으로 만들어 한 치의
오차가 없어야 하니, 너희들이 느슨한
방법이요, 유순한 방법이요, 여유 있
는 방법으로써 역사하는 길을 오려 하
지 말라, 사랑하는 나의 아들딸들아!

## 9,955 번째 하나님 말씀

*2004년 3월 16일 12시 15분*

1 사랑하는 나의 아들아!
2 "네, 아버님! 말씀하옵소서."
3 한 사람이 나 여호와의 뜻을 거역함으
로 인하여 지금의 세상이 이와 같이
험악하게 되었다 하지 않았더냐?
4 그러니 한 사람의 의인이 세상에 나옴
으로 인하여 또한 만백성을 구하는 그
와 같은 역사를 이룬다 하지 아니하였
더냐?
5 그리하여 내가 나의 법전을 세상에 내
려보내니, 이게 의인의 길을 가도록
가르치는 것이요, 그들을 깨우쳐 그와
같이 천사와 같은 변화되는 삶을 살
수 있도록 내가 역사함이니,
6 이는 너의 제자들 중에 단 한 사람이
라도 의인이 나와 만백성을 이끌어 가
는 그와 같은 변화가 있기를 바라는
것이 나 여호와의 뜻이니라.
7 그러니 너의 제자들이 가기 전에 네가
먼저 변해야 되며, 네가 한 점의 부끄
러움이 없는 그와 같은 네 삶이 되어
야 너의 제자들이 너를 따를 것이며,
8 한 사람의 의인이 세상에 나오면 모두
를 얻는 것과 같다 했음이니,
9 너희들 제자 중에 그와 같은 의인의
삶을 사는 백성이 나온다면, 나 여호
와의 기쁨이 얼마나 크며, 모든 백성
들을 구하는 것이 얼마나 쉽겠는가?
10 천 년에 걸쳐서 하늘에서 이루어지는
것같이 이 땅에서 이루어지는 것은 당
연히 이루어지는 그와 같은 역사가 이
루어지지 않겠느냐, 사랑하는 나의 아
들아!
11 너는 오로지 그것을 보고 가야 될 것
이며, 그날을 위해서 가라.
12 그러니 그 이상의 인간 세상의 네 마
음이요, 네 생각이요, 그 모두를 지워
버리고 살라, 사랑하는 나의 아들아!
13 네가 말로써, 행동으로써 모든 것을
책임을 져야 될 것이며,
14 그리고 네가 인간의 생각으로 말하며,

인간의 생각으로써 행동을 했을 때,
그 무엇도 이루어지지 아니한다는 것
을 알아야 될 것이니,
15 네가 먼저 모두를 버리며 네가 먼저
우뚝 서는 그와 같은 삶을 살라.
16 네가 혈서로써 맹세하는 마음으로 바
로 간다 하였으니, 나는 너를 믿을 것
이니라.
17 지금의 모든 백성들이 살아가는 것이
어떠하더냐, 나의 아들아!
18 정녕 권좌를 가진 자, 재물을 가진 자,
그와 같은 백성들이 그리 말하느니라.
19 저희들은 정녕 마음을 비운 자요, 사
심이 없으며 욕심이 없이 살아가는 자
들이라 그들은 말하느니라.
20 대화로써는 저희들이 그리 말하나, 과
연 지금의 모든 권좌요, 재물이요, 능
력을 가지고 있는 자들,
21 서로 저희 집단이요, 저희들의 이익
에 의하여 얽히고설킨 그와 같은 상태
에서 과연 마음을 비우고 저희들이 대
화하며 마음을 비운 상태에서 살아가
는 백성들이더냐?
22 그와 같은 백성이 이 세상에 없음이니
라.
23 더욱이나 종교 집단이요, 지도자라면
그와 같은 마음을 비운 자가 세상을
지배하며, 만백성의 선생으로서 우뚝
서야 되거늘, 종교 집단들이 더하며
지도자들이 더하니라.
24 그러니 그와 같은 자들도 차별화된
삶을 살지 못하는 오늘 같은 험악한
세상이 되었음이니, 과연 이를 어찌
다스리고 나간단 말이더냐?
25 너희들이 믿지 않는 이방인의 그 백성
들이 권좌요, 재물이요, 그를 가지고
마음을 비운 자요, 저희 소속의 집단
을 위하여 저희들은 이해관계에 더 큰
것을 제 앞에 놓고자 하는 마음이 없
다 말하며, 하얀 천사와 같이 말하나,
그들의 욕심은 끝이 없음이니라.
26 그러나 그들보다도 더한 것이 무엇인
줄 아느냐?
27 종교 집단이요, 지도자요, 구원을 받
았다는 백성, 그들이 지금 더함을 너
희들은 알아야 될 것이니라.
28 마음을 비운 자라 하나 마음을 하나도
비우지 아니하였으며,
29 나에게 저희들이 기도하고 경배한다
면서 저희들은 조건부요, 거래하는 마
음으로써 하니,
30 나에게 기도하는 백성이 하나도 없는
그와 같은 웃지 못할 세상이 되어서
흘러가는 것이 오늘의 세상이라는 것
을 알라.
31 그러니 과연 너희들이 어찌 마음을 비
워 한 사람의 의인이라도 이 세상에
나올 수 있겠더냐?
32 몇천 년 동안 흘러오는 세상에 그와
같은 백성이 하나도 없었음이니,
33 이제 나의 아들 너를 달구어 말하니,
너는 그리되어야 될 것이며, 그 길을
가야 될 것이고,
34 너를 보고 너의 제자들이 따라오도록
그리해야 될 것이니, 명심하고 또 명
심하도록 하라, 사랑하는 나의 아들아!
35 모두를 버리고 지우라.

# 9,956 번째 하나님 말씀

*2004년 3월 17일 06시 08분*

1 사랑하는 나의 아들아!
2 "네, 아버님! 말씀하옵소서."
3 너희들이 나를 향하여 오는 길이요, 그 믿음의 길은 과연 무엇이더냐?
4 너희들이 지금 쓰고 있는 기계요, 너희들이 타고 달리는 그 기계도 너희들이 서서히 달리면서 그 달리는 속도에 따라서 너희들의 그 단계가 다르지 않더냐?
5 1단이요, 2단이요, 3단이요, 4단이요, 5단이요, 그 단계가 있음이니라.
6 많은 사람을 싣고 나르는 그 모든 기계도 그 단계가 있지 않더냐?
7 그와 같이 그 단계가 있어서 모두가 역사하고, 또 필요할 때마다 그 단계가 변화되어 그 단계가 상승하여 오르도록 하니, 그러니 너희들의 믿음이라는 것도 그러하니라.
8 그 단계라는 것처럼 너희들이 초보 단계가 있으며, 그 다음 단계가 있으며, 또 그 다음 단계가 있음이니,
9 그와 같이 너희들의 믿음이 변화되어야 하며, 그와 같이 상승 기류를 타야 되는 것이 믿음의 길을 가는 백성이 가야 할 길임을 너희들은 알아야 될 것이니라.
10 모든 것은 지금 제자리요, 제 상태에서 그 믿음으로 울고불고하고 있음이니, 그리하여 그것은 죽은 믿음이요, 썩은 믿음이요, 너희들이 잘못된 믿음이라 내가 그리 말하느니라.
11 너희들이 타고 달리는 그 기계도 변속이 있어서 때에 따라서 그가 속력을 더 내기 위하여, 더 빨리 달리기 위하여, 더 빨리 달릴 필요가 있을 때, 너희들은 그 단계를 다 거기에 따라서 변화시키며 가지 않더냐?
12 그러니 하늘에 오르는 길이요, 진정한 믿음의 길을 가는 것, 나에게 오르는 길도 그 변속되는 기계처럼 너희들의 단계가 변속되고 또 변화되는 그와 같은 생활 속에서 너희들이 변화되는 것이니라.
13 그러니 그와 같은 변화되지 아니하는 것은 진정한 믿음이 아니니라.
14 너희들이 타고 다니는 차도 그 변속기에서 변화되지 아니하고 한 번에 그걸로 계속 갈 수 없지 않더냐?
15 빨리 가며 너희들이 속도를 내야 할 때 모두가 변화되고 또한 바뀌느니라.
16 그와 같이 나에게 오는 그 믿음이요, 너희들이 그 믿음의 길을 가는 것도 그와 똑같은 이치라는 것을 너희들은 알아야 될 것이니라.
17 그러니 지금 내가 나의 아들을 통하여 나의 뜻을 너희들에게 내려보내고 또 내려보냄이니, 너희들이 이를 듣고 읽고 깨우쳐 너희들이 변화되고 변화되는 것이 한 단계 한 단계 나에게 오르는 길이요, 하늘에 오르는 길이니,
18 그와 같은 이치가 아니면 진정한 믿음이 아니라는 것을 모든 백성들에게 너는 가르치고 전하도록 하라, 사랑하는 나의 아들아!
19 그렇지 아니하면 아니 됨이니라.
20 그와 같은 변화 속에서 너희들이 변화된다는 것을 잊지 말라 그리 전하라.

## 9,957 번째 하나님 말씀

*2004년 3월 17일 06시 14분*

1 사랑하는 나의 아들아!
2 "네, 아버님! 말씀하옵소서."
3 내가 너에게 전하기를, 이 세상의 모
든 백성을 너희들이 대중적으로 똑같
이 보는 그와 같은 깨달음으로 가라
그리했으며 그리 살라 하였느니라.
4 그러나 이제 너희들이 한 단계 더 높
이 올라옴이니, 너희들은 모든 백성을
대중적으로 보는 그와 같은 마음으로
는 아니 됨이니라.
5 너희들이 한 계단 더 전진해야 됨이
니, 너희들은 모든 사람들을 사랑함에
있어서 진정으로 사랑하며, 이 세상에
서 가장 소중한 그와 같은 마음으로
써 모두를 사랑하는 것이 너희들의 마
음이니라.
6 대중적으로 보는 평범한 마음이 아니
요, 모든 백성들을 너희들이 보매 이
세상에서 가장 사랑하고 고귀하게 생
각하는 것처럼 진실된 마음으로 모두
를 사랑하며, 진실로 사랑해야 됨을
너희는 알아야 될 것이니라.
7 사랑하는 나의 아들아! 나 여호와가
너희들에게 말하는 진실된 사랑이요,
그 진정한 사랑이 무엇인지 알겠느냐?
8 "네, 아버님! 저는 그걸 조금은 느끼
고 있사옵나이다.
9 제자들을 바라보는 눈이 똑같이 사랑
하며, 그리고 모든 백성들을 제가 가
장 사랑하고 아끼고 소중한 사람처럼
그보다 더한 사랑으로써 그들을 사랑
하며 진심으로 대해야 된다는 것,
10 그것이 아버님께서 원하시는 사랑이
라는 것을 알고 있으며, 그 길을 위하
여 지금 가고 있으며 몸부림치고 있사
옵나이다."
11 사랑하는 아들아! 진심으로 사랑해야
되느니라.
12 모든 백성이요, 세상에 존재하는 것이
창조주 나 여호와가 세상에 너희들을
위해 만들어 냈음이니,
13 모두가 가장 소중한 나의 아들딸이니,
너희들의 자식보다도, 사랑하는 여인
보다도 더 깊고 깊은 마음으로 사랑하
는 것이 너희들이 가야 할 길이며, 너
희들이 역사해야 된다는 것을,
14 이것을 정녕 이제는 잊지 말아야 되
며, 이를 행하고 살아야 됨을 잊지 말
라.
15 너희 자신이 세상에서 가장 귀한 사람
을 사랑하듯이, 만백성을 너희들은 그
리 사랑해야 될 것이니라.
16 대중적으로 보는 것이 아니라, 그와
같이 소중하고 귀한 것처럼 사랑하는
마음으로 바꾸고 그리 살라, 너의 제
자들에게 깊이 심어 주어야 될 것이니
라.
17 사랑하는 나의 아들아! 모든 백성들
을 진심으로 사랑하라, 그리고 소중히
사랑하라.
18 너희들의 말에 있지 않으냐, '불면 날
아갈 것이요, 쥐면 깨질 것이라'는 그
애틋하고 애절한 그 소중한 사람보다
도 더 귀하고 귀한 마음으로 모두를
다 그리 귀하게 보라, 그리고 그를 그
리 사랑하라.
19 귀하게 보고 소중히 보면 미운 자도

없으며, 고운 자도 없으며, 너희들이
이 세상에 태어났다는 그 자체로, 사
람을 시기하고 질투하고 미워하는 마
음 자체가 있을 수 없느니라.
20 내가 너희들은 시기하고 질투하지 말
라 하였거늘 너희들은 시기하고 질투
하고 살며,
21 남을 음해하지 말라 하였거늘 너희들
은 남을 음해하며 사는 것이요,
22 너희들이 남의 장점을 보고 너희들 것
으로 보고 배우고 고치라 하였거늘,
너희들은 장점은 보지 아니하고 남의
단점만을 보는 그와 같은 나의 백성들
이 되지 아니하였더냐?
23 그러니 배우지 말라는 남의 단점은 보
고 너희들이 말하지 안 해도 스스로
배우고 따라가는 그와 같은 나의 백성
들이 오늘의 너희들이 아니란 말이더
냐?
24 너희들은 지금 어찌하여 그러고도 나
에게 오를 수 있으며, 창조주 나 여호
와가 가장 예쁘고 아름답고 귀하게 만
든 소중한 나의 아들딸이라 말할 수
있겠느냐?
25 이제 너희들은 한 계단 더 올라가야
되며, 너희들이 타고 다니는 자동차의
그 달림에 따라서 그 속도의 변속이
다르듯이,
26 너희들은 이제 모두를 진심으로 사랑
하며, 소중한 줄 알며, 너무 귀하고 귀
하여 바라보기도 아까운, 너희들이 그
와 같이 모든 백성을 보되 그리 사랑
하라.
27 너희들이 어린 자식을 보는 부모의 마
음이 어떠하던가?
28 그보다 더한 마음으로써 모두를 사랑
하고 모두를 소중하고 귀한 백성이라
하여 그리 사랑하며, 그리 이제 너희
들은 한 단계 올라가야 됨을 잊지 말
라, 사랑하는 나의 아들딸들아!
29 그리고 악습을 버리라.
30 내가 버리라는 모든 악습을 너희들이
버리지 못하며, 그를 안고 사는 그와
같은 마음이 스스로 거기에서 나올 것
이니라.
31 내가 너희들에게 악습을 버리고 선함
을 행하라 하였음이니라.
32 그러니 너희들이 그와 같이 진심으로
사랑하고 소중히 여기는 마음에서 너
희들 스스로 하나하나 그 악습의 허물
을 벗을 수 있다는 것을 절대 잊지 말
라.
33 나는 너희들을 버려두지 아니할 것이
니라.
34 그런 너희들을 내가 모른다 하지 아니
할 것이니라.
35 너희들 스스로 모두를 버릴 수 있는
것은 진심으로 사랑하는 것, 진심으로
귀하게 여기는 것, 그리고 소중히 여
기는 것이니, 너희가 사랑하는 어린
자식들보다도 더 귀하고 소중한 마음
으로 만백성을 사랑하라.
36 그렇지 아니하면 너희들은 나의 백성
이 아니요, 만백성을 가르치는 지도자
가 아니라는 것을 명심하고 또 명심하
도록 그리하라.
37 너희들이 그와 같이 아름다운 모습으
로 살 때, 너희들이 그와 같은 아름다
운 행동으로써 살아갈 때, 너희들이
이 세상에 와 너희들의 생명이 죽고

난 다음에 너희들의 제자요, 후세들이
너를 평가할 것이니,
38 그 평가가 너희들이 바로 나에게 와
심판을 받는 기준이니라.
39 모든 백성들이 너를 기억하되, 너희들
이 쓸모 있는 사람이요, 그리고 너희
들이 아름답고 소중함을 남겨,
40 후세에 너의 후손들이요, 너의 자식들
이, 그리고 너희들의 그 모든 형제가
네가 떠난 다음에 너를 평가할 때,
41 눈물을 흘리며 그리 아쉬워하며 소중
히 생각하며, 너를 기릴 수 있는 그와
같은 귀하고 사랑하는 마음으로써 모
두를 남기고 오도록 하라.
42 그것이 바로 너희들이 나에게 와서 심
판의 근본이며, 나로부터 받을 수 있
는 상이 거기서부터 결정된다는 것을
잊지 말도록 하라, 사랑하는 나의 아
들딸들아!

## 9,958 번째 하나님 말씀

*2004년 3월 17일 06시 20분*

1 사랑하는 나의 아들아!
2 **"네, 아버님! 말씀하옵소서."**
3 네가 힘들고 어렵다 하여 나에게 경배
하며 기도하는 시간을 갖지 아니한다
면, 정녕 나의 성령은 세상에 내려갈
수 없음이니, 이는 전해지지 아니한다
하지 아니하였더냐?
4 그러니 네가 어렵고 힘들다 하여도 나
에게 경배하며 기도함을 게을리하지
아니할 때,
5 나의 뜻은 세상에 내려가 역사할 것이
며, 나의 법전인 새로운 성경은 세상
에 빛을 보게 되는 것을 너는 알고 있
지 않으냐?
6 그러니 너희들도 마찬가지니라.
7 나의 아들을 따르는 제자 너희들도 어
렵고 힘들고 고통스럽다 하여 이 길을
가지 아니한다면,
8 너희들은 결코 벗어날 수가 없으며 거
듭날 수 없다는 것을 깊이 명심해야
될 것이니라.
9 너희들이 어렵고 힘든 길이라 하여도
가지 아니하며 중단한다면, 아무것도
이루어질 수가 없는 것이 너희들이 나
에게 오르는 길이라는 것을 알라.
10 아무리 어렵고 힘들다 해도 너희들이
쉬지 않고 노력하며 전진할 때, 그때
만이 너희들이 나에게 한 발짝 한 발
짝 다가올 수 있는 그와 같은 은혜요,
영광을 얻을 수 있음을 알아야 될 것
이니라.
11 그렇지 아니하면 아니 됨이니라.
12 내가 너희들에게 뭐라 전하였느냐?
13 너희들이 나의 법전을 가슴에 안고 정
독하며, 그 열여섯 권의 법전이 세상
에 나오니 이를 3회 이상 정독해서 읽
으라 내가 하지 아니하였더냐?
14 그러니 너희들이 가슴에 안고 정독하
여 읽지 아니하면 아무것도 알 수가
없음을 알아야 될 것이니라.
15 그러니 너희들이 나의 뜻을 버려두며
나의 뜻을 알지 못하며, 이 세상을 살
아가는 그와 같은 삶을 살아야 되겠는
가?
16 이는 결코 아니 됨이니라.
17 그러니 나의 법전을 가슴에 안고 정독
하라.

18 그리하지 아니하면 나의 뜻을 너희들
이 알지 못하며, 내가 역사하는 것을
너희들은 다 버려두고 살아가는 그와
같은 삶을 사는 것이 아니더냐?
19 너희들이 나의 법전을 버려두지 아니
하며, 이를 가슴에 안고 정독하고 또
정독하여 변화되는 그와 같은 삶을 살
때,
20 너희들이 천사로서 역사하는 것이며,
의인이요, 내 말을 들을 수 있는 백성
으로 변화되는 것이니라.
21 그러니 너희들이 나의 법전을 가슴에
안고 정독하여 변하고 변화되는 그와
같은 너희들의 수고로움이 없이는 천
사가 될 수 없음이니,
22 천사와 같은 마음으로 너희들이 거듭
나지 아니하면 너희들이 하늘의 뜻을
어찌 알며, 하늘에 오르는 길을 어찌
알며, 나 여호와가 창조하는 그것을
어찌 알 수 있겠느냐?
23 너희들이 의인이요, 천사와 같은 마음
으로 변화되지 아니하면, 하늘의 뜻을
받아들일 수 없으며, 내가 하는 이야
기를 들을 수 없으며, 내가 너희들에
게 명하는 것을 듣지도 보지도 못하는
그와 같은 삶을 살게 됨이니라.
24 너는 너의 제자들이요, 사람들에게 뭐
라 말하느냐?
25 나 여호와가 너희들에게 모든 메시지
를 내리고 있다 하였음이니라.
26 항상 쉬지 않고 너희들이 깨닫고 역사
할 수 있는 메시지를 내가 너희들 개
인에게 직접 내린다 하였음이니라.
27 그러나 너희들의 마음이 혼탁하며 오
늘의 삶에 마음이 너무나 혼탁해져서
너희들이 내가 내리는 메시지를 듣지
못하며, 내가 너희들에게 내리는 뜻을
듣지 못한다 하지 아니하였더냐?
28 그러니 그것이 바로 너희들의 오늘의
처지요, 너희들이 그와 같은 형국에
있음을 알아야 될 것이니라.
29 정녕 너희들이 마음을 비우며, 모두를
사랑하는 자식보다 나의 피조물 만백
성 너희들을 사랑한다면,
30 너희들은 보이지 않는 곳에서 세상사
의 흐름을 볼 수 있으며, 들리지 않는
음성을 들을 수 있는 것이니라.
31 너희들이 마음을 비웠을 때 이 자연과
대화를 할 수 있으며, 자연이 원하는
것을 알 수 있으며, 자연이 무슨 말을
하는가를 알 수 있음이니라.
32 모든 동식물이 말하는 것을 들을 수
있는 것은 마음을 비우지 아니하면 아
니 되며, 너희들이 비워지지 아니하면
그것을 볼 수가 없음이니라.
33 그와 같은 것을 보고 듣는 그 경지가
바로 너희들이 천사와 같은 마음으로
변해져 있는 백성이요, 그리고 너희들
이 의인이 되어 가고 있는 그와 같은
너희들의 삶이라는 것을 알아야 될 것
이니라.
34 보이지 않는 세상과 대화할 수 있는
것, 보이지 않는 세상을 볼 수 있는
것, 그와 같이 너희들의 깨달음이 그
위대한 역사로써 이루어지지 아니하
면 아니 된다는 것을 너의 제자들에게
그리 가르치라, 사랑하는 나의 아들아!

# 9,959 번째 하나님 말씀

*2004년 3월 17일 06시 30분*

1 사랑하는 나의 아들아!
2 "네, 아버님! 말씀하옵소서."
3 정녕 나 여호와의 아들딸이요, 나로부
터 선택된 지도자라 하면, 너희들은
정녕 진정한 지도자의 자세라 한다면,
너희들 자신이 한 점의 부끄러움이 없
는 삶을 살아가는 것, 그와 같은 백성
이 진정한 지도자요,
4 너희들이 무엇인가 이루고자 말로써
전하며 행함이 없으며, 너희들 자신이
한 점의 부끄러움이 없는 삶을 살지
않는 자는 어떠한 교육 과정을 인간
세상에서 거쳤든, 어떠한 자격증을 가
지고 있든,
5 나는 그와 같은 백성들에게 나의 아들
딸을 가르치는 지도자로서 자격증을
주지 아니하며, 준 사실이 없음을 너
희들은 알아야 될 것이니라.
6 이것이 하늘의 법도요, 나의 뜻이니라.
7 그러니 너희들이 한 점의 부끄러움이
없는 그와 같은 삶을 사는 백성만이
나의 지도자요, 만백성을 이끌어 갈
수 있는 자임을 알라.
8 사랑하는 나의 아들아!
9 "네, 아버님! 말씀하옵소서."
10 과연 너희들은 죄를 짓지 아니하며 한
점의 부끄러움이 없는 그와 같은 삶을
살 수 없다 생각하는가?
11 "아버님! 저는 그리 깨닫고 있사옵나
이다.
12 저희들이 살아가면서 저희들이 잘못
되는 것, 하늘을 향하여 부끄러운 행
위를 하는 것과, 그것이 비록 하늘에
의하여 잘못 비치는 것이며 아버님의
뜻이 아니라 할지라도,
13 저희들이 그와 같은 것을 실수로써
범하는 것과, 실수로써 저희들이 넘어
지는 것과, 실수로써 아버님 마음을
아프게 하는 것과, 정녕 모르고 하는
것은 아버님께서 죄로 다스리지 아니
하시는 아버님의 인자하심이요, 그 사
랑하심을 저는 느끼고 있사옵나이다.
14 그러나 저희들이 알면서 그와 같은
행위를 하는 것, 알면서 하는 악행이
요, 알면서 하는 그 범죄요, 알면서 하
늘을 향하여 한 점의 부끄러움이 있
는 행위를 하는 그것만을 아버님께서
다스리시며,
15 그것으로만 그 대가요, 그 벌로써 다
스리시는 것이라 저는 그리 느끼고
깨닫고 있사옵나이다.
16 아버님께서는 정녕 저희들이 잘하려
다, 열심히 하려다 실수했을 때, 그것
을 체벌하지 아니하시는 아버님의 사
랑이라 저는 그리 생각되옵니다."
17 사랑하는 나의 아들아! 그러하니라.
18 너의 제자들에게도 그 뜻을 전하여 깨
우쳐 주도록 그리하라.
19 너희들이 살아가면서 모르고 실수하
는 것, 잘하려다 실수하는 것, 그것을
내가 벌로 너희들에게 다스리지 아니
하며 그것으로써 너희들에게 상을 주
고 안 주고 함이 아니니라.
20 그는 내가 너희들에게 죄가 아니라 함
을 알라.
21 너희들이 모르고 실수하는 것, 모르고
역사하는 것, 그리고 모르고 넘어지는

그와 같은 행위,
22 그걸 가지고 나 여호와가 너희들에게
상을 내리고 안 내리며, 너희들이 거
듭나는 역사의 반열에 네 이름을 올리
고 안 올리고 하는 것은 아님을 알라,
사랑하는 나의 아들딸들아!
23 그러하니라. 너희들이 실수하는 것까
지 그를 죄로 다스리며 그 죄를 묻는
나 여호와가 아님이니,
24 너희들은 알면서 실수하며, 알면서 죄
를 지으며, 알면서 한 점의 부끄러움
이 있는 그와 같은 삶을 살지 말도록
하라, 사랑하는 나의 아들딸들아!
25 너희들은 어떠한 역경에 처한다 해도
한 점의 부끄러움이 없는 삶을 살아야
한다, 그리고 살아갈 수 있다 생각하
지 않느냐?
26 "네 아버님! 살아갈 수 있다 생각하옵
나이다.
27 어떠한 역경에서도, 어떠한 환경에서
도 진실만을 말하며, 사랑하는 마음으
로써 모두를 대처하고 살아갈 수 있
는 그 마음 하나만 바꾼다면,
28 못 이룰 것이 없으며, 못 갈 것이 없으
며,
29 하늘을 향하여 한 점의 부끄러움이 있
는 죄를 짓고 사는 것이 우스운 일이
며, 그것이 죄를 안 짓는 것보다 저희
들은 어렵고 힘든 길이라 생각하옵나
이다.
30 죄를 행하며 사는 것보다 더 편하고
저희들이 또한 그를 행하지 않는 것보
다, 저희들이 역사하지 않는 것보다도
때로는 어렵고 힘든 그와 같은 역경의
길이라 저는 생각하옵나이다.
31 차라리 죄를 짓는 것보다는 죄를 안
짓는 것이 더 쉬우며, 죄를 안 짓는 것
보다 죄를 짓는 것이 더 어려운 것이
며, 이와 같은 이치로써 깨달음을 갈
수 있는 백성이 되었을 때,
32 저희들은 당연히 죄라는 것을 상상할
수도 없으며, 저희들이 하늘을 향하여
부끄러운 행동을 할 수도 없는 것이라
생각하옵나이다.
33 좀 더 진정한 마음으로 바로 살고자
한다면, 하늘을 향하여 부끄러운 행동
을 하는 것이 더 어렵고 힘들며, 아름
답고 착하게 사는 것보다도 몇 배 더
그와 같이 어렵고 힘든 것이옵나이다.
34 그리고 죄를 짓는 것이 저희들이 죄를
안 짓는 것보다 더 어렵고 힘들다는
그와 같은 말을 제가 그 모든 백성들
에게 전하고 싶사옵나이다."
35 사랑하는 나의 아들아!
36 그것이 네가 깨달음이며, 네가 변한
모습이니라.
37 너희들이 죄를 짓는 것이 더 어렵고
힘들다는 그와 같은 이치를 깨닫고 보
면, 세상사에 한 점의 부끄러움이 없
는 너희들이 죄를 짓지 아니하고 살
수 있을 것이니라.
38 선행을 베풀며 아름다우며 선함을 행
하는 것보다 죄를 짓는 것이 더 어렵
고 힘든 것이라는 것을 느낀다는 그
자체, 그를 깨닫는다는 것은 너희들이
어떠한 형국에 이르렀는지를 아는 것
이니라.
39 사랑하는 나의 아들아!
40 그와 같은 이치를, 그와 같은 마음으
로 너의 제자들이 살아갈 수 있도록,

그리고 나의 법전을 읽는 백성들이 살
아갈 수 있도록 그리 전하라.
41 사랑하는 나의 아들딸들에게 너희들
이 정녕 죄를 짓지 아니하고 아름답게
사는 그 길을 가는 것보다, 하늘을 향
하여 한 점의 부끄러움이 있는 그와
같은 삶을 살아가는 그 길, 너희들은
인간이며 죄를 짓지 아니하고 살 수
없으며, 인간이기 때문에 너희들이 그
와 같이 살아갈 수 없으며, 깨끗하게
살아갈 수 없다는 그 말,
42 너희들이 그러니 나의 아들이 지금 나
의 법전에 전하며 만백성에게 전하고
자 하는 내 뜻을 그들에게 꼭 깨우쳐
주고 전하라.
43 죄를 짓고 사는 것이 더 어렵고 힘들
다는 그와 같은 깨달음이요, 그와 같
은 변화의 역사가 있을 때,
44 너희들은 정녕 나의 아들딸이요, 만백
성을 가르치는 지도자로서 변화되었
다는 것을 그리 전하라.
45 한 점의 부끄러움이 없는 삶을 살 수
있다는 것, 그것이 얼마나 쉬운 길이
며, 너희들이 죄를 짓는 것이 얼마나
힘들고 어려운 것인가를 그리 살기 위
하여 너희들이 최선의 노력을 다하라.
46 그리고 모두를 다 바치도록 그리하라,
사랑하는 나의 아들딸들아!
47 지금 나의 아들이 너희들에게 내 뜻을
전함이 무엇이더냐?
48 하늘을 향하여 한 점의 부끄러움이 없
는 삶을 사는 것보다 부끄러움이 있는
삶을 살고자 하는 것이 더 힘들고 어
렵다는 것,
49 죄를 짓지 아니하고 사는 것이 더 쉬
우며, 죄를 짓고 사는 것이 더 어렵고
힘들다는 그와 같은 경지에 오르도록
그리하라, 사랑하는 나의 아들딸들아!

## 9,960 번째 하나님 말씀

*2004년 3월 17일 06시 36분*

1 사랑하는 나의 아들아!
2 "네, 아버님! 말씀하옵소서."
3 너희들이 죄를 짓지 아니하고 살아갈
수 없다 말하는 그 백성들에게 내가
뭐라 말하였느냐?
4 너희들이 죄를 짓는 것이 더 어렵고
힘든 삶의 길이라 하지 아니하였느냐?
5 너는 여기서 너의 제자들에게 전하라.
6 너희들이 정도의 길을 살아가는 자,
그리고 아름다운 마음을 가지고 세상
을 살아가는 그 백성, 그 아름다운 마
음이요, 너희들이 진정 사랑하는 마음
으로 살아가며, 정도의 길만을 걸어가
는 그 백성이 죄를 짓는다면, 그는 얼
마나 그 죄짓기가 어렵고 고통스러운
것인가를 알겠느냐?
7 그는 절대 그와 같은 죄를 짓지 아니
함이니라.
8 정도의 길을 가는 자, 사랑을 베풀며
아름다운 마음으로 살아가는 그 백성
은 결코 죄를 지을 수 없음이니라.
9 그는 선하고 아름다운 행동이 몸에 배
었으니, 그는 그것이 하기가 쉬우며
간단하니라.
10 그러나 그가 몸에 배지 아니하며 그를
받아들일 수 없는 죄를 짓는 것은 얼
마나 힘들고 어려운 길인지 알겠느냐?
11 이것이 바로 내가 나의 아들을 통하여

너희들에게 전한 뜻이니라.
12 너희들은 죄를 짓는 것이 더 어렵고
힘들며, 죄를 안 짓고 사는 것이 쉬운
것은 정도의 가는 길이요, 너희들이
진정 마음이 아름다운 자요, 가식이
없으며 거짓이 없는 그와 같은 마음으
로 살아가는 백성, 너희들은 거짓 하
기가 얼마나 힘들며, 남을 음해하지
않는 백성이 남을 음해하는 말을 할
때 그것이 얼마나 어렵고 힘든 길인지
알겠느냐?
13 그는 남을 음해해서는 아니 된다는 걸
알면서 남을 음해하는 그 마음은 너희
들이 죽음보다도 더 힘들고 어려운 길
이니라.
14 그러나 너희들의 마음이 아름답지 못
하며 마음이 사악한 백성은 남을 음해
하는 것이 남을 칭찬하는 것보다 쉽고
간단한 것이니,
15 여기서 너희들이 나의 백성이요, 나로
부터 내 뜻을 전파하는 길을 가는 백
성이요,
16 그리고 지금 내가 나의 아들을 통하여
너희들에게 깨우치고 전함이니, 이것
이 나 여호와의 뜻이요, 바로 이것이
하늘의 이치이니라.
17 그러니 나의 법전이 얼마나 귀하고 소
중한 것인가를 너희들은 아느냐?
18 나의 법전이요, 나의 아들을 통하여
내리는 강론이 아니고는 너희들이 바
로 볼 수 없으며 바로 깨달을 수 없으
며 하늘에 오르는 그 이치를 알 수 없
음이니라.
19 너희들이 죄를 짓는 것이 얼마나 힘들
고 어려우며, 선행을 하는 것이 아무
것도 아니며 너무도 편하고 간단한 길
이라 그리 말하면,
20 모든 백성들은 너에게 정신 나간 자며
미친 자라 말하나, 너희들이 인간의
마음이요, 생각이 어떠하냐에 달렸느
니라.
21 너희들이 아름다운 생각이요, 정의로
운 삶이요, 정당한 삶을 사는 백성은
비굴한 짓이요, 남을 속이는 자요, 남
을 속여 이익을 취하는 자요, 남을 음
해하는 자요, 남을 음해하여 짓밟고
제가 올라가는 그와 같은 행위를 너희
들은 죽음보다도 하기가 싫으며 절대
적 하지 아니함이니라.
22 그것이 바로 너희들이 죄를 짓지 아니
하고는 살 수 없다는 백성들과 죄를
짓고는 살 수 없다는 백성들의 그 차
이점임을 알라.
23 그러니 너희들의 마음이 흉악한 자요,
마음이 음흉한 자요, 그리고 마음이
깨끗하지 못한 자, 그러기에 너희들이
스스로 죄를 짓지 아니하고 살 수 없
다는 그 백성들, 그들이 바로 저희들
이 검은 자요, 사탄이요, 마귀의 자식
이라는 것을 알라.
24 사탄의 자식이요, 마귀의 자식이기 때
문에 너희들이 죄짓는 것은 즐거우며,
25 선행을 하는 것이요, 그리고 정도의
길이요, 인간 본연의 자세를 버리고
살아가는 너희들이기에 내 백성이 아
니라 사탄의 백성으로 전락되었다 함
을 너희들은 알라, 사랑하는 나의 아
들딸들아!

## 9,961 번째 하나님 말씀

*2004년 3월 17일 06시 41분*

1 사랑하는 나의 아들아!
2 "네, 아버님! 말씀하옵소서."
3 인간이기에 죄를 짓지 아니하며 인간
이기 때문에 나의 계명을 지키고 살
수 없다 말하는 그 백성, 그들이 제가
무슨 말을 하고 있는지 지금 알고 하
느냐?
4 저희들은 정의로움을 모르며, 저희들
은 참진리를 모르며, 저희들은 사랑을
모르는 자들이라 그리 말하는 자들이
니라.
5 그러니 '나는 사탄의 자식이요, 마귀
의 자식이라' 그들이 부르짖고 소리
지르느니라.
6 그러니 그와 같은 백성들이 그와 같은
지도자의 말을 듣고, '옳소! 맞습니
다.' 하며 울고불고 손뼉 치는 것이 또
한 오늘의 구원을 받았다는 신도들이
그리함이니라.
7 내가 너희들이 내 뜻을 거역하는 자
요, 나와 관계없는 먼 길을 달려가는
자요,
8 하늘에 오르는 길을 가는 백성이 아니
요, 지옥으로 달려가기 위하여 그 열
차를 타고 벼랑으로 떨어지는 그와 같
은 백성들이 오늘의 종교 집단이요,
믿음의 백성이라 하는 것을 알겠느냐?
9 지금 내가 나의 아들을 통하여 하늘의
뜻이요, 내 이치를 너희들에게 전했느
니라.
10 정의로우며 아름답게 사는 백성, 정도
의 길을 가는 백성은 범죄하는 것이
범죄하지 아니하는 것보다 어렵고 힘
들며, 너희들은 그 길을 선택하지 아
니하려 하며,
11 그 길을 선택하기를 죽기보다 더 싫어
하느니라.
12 인간 육의 세상의 이해관계요, 너희들
이 부귀영화를 위하여 배신하며 등 돌
리는 마음, 그와 같은 마음을 가질 수
없는 백성이요, 그를 행하지 않는 백
성이요,
13 남의 눈에서 눈물이 나는 짓을 하지
않는 그 백성들, 그들은 죄를 짓는 것
이 얼마나 어렵고 힘든 길인지 너희들
은 알겠느냐?
14 그들은 목숨을 내놓을망정 그 죄를 범
하지 아니하려 하는 것이니, 그들이
범죄하는 것이 얼마나 힘들고 어려운
길이더냐?
15 그러니 직접 나 여호와가 불로 써 내
린 나의 계명을 지킬 수 없으며, 죄를
짓지 아니하고 인간은 살 수 없다, 너
희들이 인간은 나약하기 때문에 살 수
없다는 것이 무엇이더냐?
16 '나는 정의로운 길을 가지 아니하며,
정도의 길을 가지 아니하며, 나는 아
름다운 길을 가지 않는 사탄이요, 마
귀라' 너희들이 부르짖으며, '나는 그
런 사람이라' 소리 지르는 것이니,
17 마귀요, 사탄이라는 자들이 소리 지르
는 그 말을 듣고 너희들이 '옳소! 맞습
니다.' 손뼉을 침이니, 그 백성 또한
무엇이냐?
18 사탄이요, 마귀의 자식으로 전락되어
있으며, 제가 지금 무슨 짓을 하고 있
는지도 모르면서 울고불고하고 있는

것이 오늘의 종교 집단에서 구원을 받
았다는 백성들이요, 하늘에 오르는 표
를 받았다 울부짖는 어리석은 백성들
이니, 그 의미를 상세히 만백성에게
전하라, 사랑하는 나의 아들아!
19 그들을 깨우쳐 주라.
20 모르고 모르기 때문에 그러느니라.
21 모르는 것은 죄가 아니라 하지 아니하
였더냐?
22 모르고 어리석기에 그들이 그리 부르
짖고 있는 자이니라.
23 알면서 부르짖는 자는 내가 그 벌을
내릴 것이며, 모르고 부르짖는 그 어
리석은 백성은 모르니 죄가 아니며,
24 너희들이 실수를 하는 것은 내가 죄로
다스리지 아니한다 하지 않았더냐?
25 고의적인 실수요, 고의적인 악행이 아
닌 이상 그는 내가 벌로써 다스리지
아니한다 하였음이니, 그 모르는 백성
들에게 너희들이 깨우쳐 주도록 알려
주도록 하라.
26 모르는 것은 죄가 아니니라.
27 모르는 것은 불쌍하고 어리석은 것이
니라, 사랑하는 나의 아들딸들아!

## 9,962 번째 하나님 말씀

*2004년 3월 17일 06시 49분*

1 사랑하는 나의 아들아!
2 "네, 아버님! 말씀하옵소서."
3 너희들이 살아가면서 너희들의 스승
으로부터 한 구절의 가르침을 들으며
그 너희들의 지도함을 들으며, 너희들
이 거기서 하나하나 배워 깨우쳐 가는
것이 인간 세상에서 사는 너희들의
삶이 아니더냐?
4 그러니 너희들 또한 이 세상에 살면서
세상에 나와 있는 한 권의 책을 읽고
너희들이 변하는 역사를 가질 수 있으
며,
5 그 책의 한 구절을 읽고 너희들이 깨
달음을 얻으며 변화되는 삶을 살 수
있는 것이 나의 피조물 만백성 너희들
이 가지고 있는 습성이라 내가 그리
하지 아니하였더냐?
6 그러니 너희들이 세상에 살면서 한 권
의 책으로 한 구절의 내용을 읽고 너
희가 변화되는 역사를 이룰 수 있음
이니라.
7 그러나 지금 나의 피조물 만백성 너희
들은 어찌하는가?
8 너희들이 천태만상으로 갈라졌으며
찢어져 있는 너희들의 마음이요, 모두
가 지금 상처투성이의 마음으로 있음
이니,
9 그를 치료하기 위해서는 한 가지의 약
으로써 너희들을 치료하고 다스리기
가 너무나 어렵고 힘든 그와 같은 지
경에 있음이니라.
10 그리하여 내가 이를 바로잡기 위하여
지금의 백성 너희들의 수천수만 가지
형태로 찢어지고 갈라져 있는 너희들
의 마음을 다스리고 그 모두에게 치료
의 약으로써 내가 나의 법전을 이렇게
세상에 내려보내는 것이 내 뜻이라 하
지 아니하였더냐?
11 대장정의 160권의 법전을 내가 내려
보냄이니, 너희들이 헬 수 없는 상처
를 입은 그 백성들에게 치료하는 그
마음의 약이기에,

12 내가 160권의 장서를 내려보낸다는
뜻을 기록하여 너희들에게 전했음이
니라.
13 그러니 너희들은 지금 나의 법전이요,
160권의 새로운 성경을 과연 어찌 보
는가?
14 과연 너희들의 생명보다도 더 소중하
고 귀한 나로부터 내린 은혜라 생각하
는 백성들이 어디 있느냐?
15 나의 법전을 정독하여 너희들이 그대
로 행하고 실천하는 그와 같은 삶을
살도록 하라.
16 나의 아들을 따르는 제자들이요, 나의
법전을 읽은 만백성 너희들은 책을 읽
고 나의 법전을 읽고 깨우쳤다 하면,
너희들은 하나도 빼놓지 말고 그대로
행하는 삶을 살도록 하라.
17 그것이 너희들이 나에게 오며 거듭나
는 역사이니라.
18 너희가 지상에서 살면서 지켜야 할 가
장 중요한, 그리고 너희들이 꼭 행해
야 될, 가장 귀하고 소중한 보배보다
도 더 귀한 것이 너희들이 바로 나의
법전을 읽고 깨우치는 것, 정독해서
그 내용의 의미를 알아 행하고 사는
것,
19 그것이 인간 세상에 너희들이 숨을 쉬
고 있는 과제 중에서 가장 귀하고 소
중한 과제이며, 가장 어렵고 또한 가
장 쉬운 과제임을 너희들은 알아야 될
것이니라.
20 나의 법전이 너희들이 거듭나고 못 나
는 것이 여기에 있음이니라.
21 그러니 이를 네 생명처럼 네 생명보다
더 귀하고 소중히 가슴에 안고 정독하
며, 나 여호와가 나의 새로운 성경이
요, 법전을 내려보내 너희들이 들을
수 없으며 볼 수 없는 세상의 하늘의
이치를 깨우쳐 주는 것,
22 그것이 너희들에게 가장 큰 은혜요,
영광됨을 너희들이 그 감사함을 느낄
수 있으며,
23 그와 같이 이를 소중히 하는 백성만이
나에게 올 수 있는, 거듭날 수 있는 영
광을 얻을 수 있는 자세가 되어 있는
백성이라는 것을 잊지 말도록 그리 전
하라.

## 9,963 번째 하나님 말씀

*2004년 3월 17일 06시 53분*

1 사랑하는 나의 아들아!
2 **"네, 아버님! 말씀하옵소서."**
3 너희들이 소원하며 너희들이 구원함
이 무엇이냐?
4 너희들이 나로부터 천국에 와 거듭나
는 역사요, 영원히 사는 이 세상에 너
희들이 나와 같이 존재하는 그것이 너
희들이 바라고 소원하는 것이 아니더
냐?
5 그러니 그 모든 뜻을 이룰 수 있으며
그 모두를 역사할 수 있는 것이 바로
나의 법전에 있음을 너희들은 알아야
될 것이니라.
6 나의 법전은 너희들이 거듭나는 것이
요, 새로운 생명이요, 그와 같은 너희
들이 나의 나라에 거듭날 수 있는 그
모든 영광이요, 은혜를 받을 수 있는
그 빛이 거기에 있음을 너희들은 알아
야 될 것이니라.

7 나의 법전에서 너희들을 구하기 위하
여 비춰 주는 그 빛을 보지 못하는 백
성, 정녕 너희들은 알 수 없음이니라.
8 그러니 나의 법전을 가슴에 안고 정독
하여 내가 그 속에서 비추도록 되어
있는 그 빛을 보는 백성이 되어야 할
것이니라.
9 그 백성만이 나 여호와의 뜻을 알 수
있는 백성이요, 너희들이 알 수 있는
길이 거기에 있기 때문이니라.
10 나의 법전을 정독하고 정독하는 자만
이 나의 법전 속에서 나 여호와가 말
하는 것을 들을 수 있으며, 내가 전하
고자 하는 것을 알 수 있음이니,
11 나의 법전을 읽지 않고는 이를 알 수
없으며, 너희들이 깨달을 수 없으며,
12 그러니 너희들이 하늘에 오르는 빛을
볼 수도 없으며, 그 길을 볼 수도 없으
며, 나에게 오를 수 있는 백성이 없다
내가 한 그 뜻을 너희들은 알겠느냐?
13 이와 같은 나 여호와가 한 가지 뜻을
법전에 기록하여 전하면, 그것이 너희
들이 얼마나 귀하고 소중한 것인가 깨
닫고,
14 생명을 다 바쳐 그를 지키고 행하는
그와 같은 굳은 마음이요, 결의로써
살아가야 되는 것이 나의 아들을 따르
는 제자 너희들이 가야 할 길이요, 역
사할 길이라는 것을 잊지 말도록 그리
하라, 사랑하는 나의 아들딸들아!

## 9,964 번째 하나님 말씀

*2004년 3월 17일 06시 59분*

1 사랑하는 나의 아들아!
2 "네, 아버님! 말씀하옵소서."
3 너희들이 살아가면서 꿈이란 그것이
무엇이더냐?
4 너희들이 꿈을 꿈이니라.
5 그것은 바로 너희들이 얼마나 생각하
며 얼마나 집착하면 그것이 너희들의
꿈에까지 다 보이겠느냐 너희들은 그
리 말하느니라.
6 과연 너희들이 집착하며 너희들이 소
원하는 것이기에 꿈으로 보인다 그리
말함이니라.
7 그러니 너희들이 집착하고 소원하는
것을 내가 너희들이 하도 가련하고 불
쌍하고 딱하여, 내가 너희들에게 꿈으
로써 그 답을 주며, 꿈으로써 너희들
이 깨달음을 얻게 한다면, 너희들은
과연 어찌하겠느냐?
8 그 모두를 너희들은 인간의 집착함에
인간의 노력이기에 너희들이 너무나
생각이 거기에 집착하다 보니까 꿈으
로써 보인다 그리 말하나,
9 이는 너희들이 너무나 그를 소원하며
이루고자 하는 그 마음이 애절하여 내
가 그 답을 가르쳐 주기 위하여 꿈으
로써 너희들에게 보여 주는 일이라 하
면, 과연 너희들은 이를 믿겠느냐?
10 이제 나의 아들을 따르는 제자들이요,
그리고 나의 법전을 읽고 깨우친 백성
너희들은 꿈에서 나에게 답을 받을 수
있는 온갖 정성과 열과 성의를 다하라.
11 너희들이 꿈에서 나로부터 답을 받을
수 있도록 열과 성의를 다하여 모든
것을 역사하고 추진할 때, 너희들이
못 이루는 것이 없으며 너희들이 바로
서지 못할 자가 없음이니라.

12 꿈에 너희들이 그리고 꿈에 보일 수
있도록 너희들이 바로 살고자, 아름답
게 살고자 너희들의 모두를 바치고
또 바쳐 정성을 다한다면,
13 내가 꿈으로써 너희들의 그 정성을
갸륵히 여겨 너희들에게 보여 주며 그
답을 줄 것이니,
14 너희들은 모든 꿈이 인간 너희들이
생각하는 것, 너희들이 너무나 집요하
게 생각하기에 꿈에서 현몽하여 그리
보인다 하나,
15 그것은 너희들이 너무나 안타깝고 너
희들의 그 노력함이 갸륵하여 내가 꿈
으로써 너희들에게 그 답을 주며 그와
같은 것을 미리 알려 준다 하면, 너희
들은 과연 이를 믿겠는가?
16 다만, 나의 아들을 따르는 제자 너희
들은 믿든 안 믿든, 너희들이 하는 모
든 일에 따라서 너희들의 꿈에도 그리
고 보일 수 있도록 너희들이 그와 같
은 마음 자세로써 노력을 하고 또 노
력을 하면,
17 내가 꿈으로써 답을 줄 것이며 너희들
이 못 이룰 것이 없다는 그것을 교훈
삼도록 그리하라.
18 내가 너희들에게 꿈으로써 보여 주든,
안 보여 주든 그것은 중요한 것이 아
니니라.
19 다만, 그와 같이 너희들의 꿈에 내가
보여 줄 수 있는 그 노력함이요, 그 생
각함이요, 너희들이 이루고자 하는 그
열망이 그와 같이 강하고 강할 때, 너
희들이 모두를 얻을 수 있다는 것을
알라, 사랑하는 나의 아들딸들아!

# 부 록

【하나님께서 가르쳐 주신 운동】

천재지변이 일어날 때, 동물이나 미물들은 미리 알고 대피하지만, 인간은 알지 못하고 큰 화를 당합니다. 하나님께서 인간에게 가장 높은 지혜를 주시고 완벽하게 창조해 주셨기에 동물들보다 더 잘 알 수 있지만, 욕심으로 마음이 혼탁해져서 한 치 앞을 보지 못하는 것입니다.

마찬가지로, 인간은 누구나 스스로 필요한 운동을 해서 건강을 지킬 수 있도록 하나님께서 만들어 주셨습니다. 우리의 머리에서 우리 몸에 필요한 동작을 해 달라고 끊임없이 신호를 보내지만, 인간이 혼탁하게 살아서 그 신호를 알아채지 못합니다. 그러니 자연스럽게 자기 몸이 원하는 그 신호를 따라서 운동하는 것이 하나님께서 가르쳐 주신 운동 방법입니다. 바로, 우리의 영이 육을 이끄는 운동입니다.

▶ 하나님 운동법

1. 눈을 감고, 발을 어깨너비로 벌리고 바르게 선다.
2. 몸에 힘을 풀고, 허리를 숙이면서 손과 머리를 아래로 내린다.
3. 허리를 펴고 싶을 때, 천천히 펴면서 하고 싶은 동작을 하면 운동이 시작된다. (사람마다 다르다.)
4. 멈추지 말고, 어떤 동작이든지 자기 몸의 느낌대로 계속 이어서 한다.

▶ 참고 사항

① 눈을 감은 상태로 아무 생각 하지 않고, 자기 몸의 느낌대로 움직입니다.

② 마음을 비우고, 욕심을 버리고, 지난날의 잘못을 반성하면서 몇 차례 시도하다 보면, 자기도 모르게 하고 싶은 동작이 끊임없이 생깁니다.

③ 운동 장소는 방 안이든 운동장이든 관계없으며, 걷거나 달리고 싶을 때는 눈을 떠도 됩니다.

④ 매일 40분 이상, 주 4회 이상, 3개월 이상 하면 음식 조절에 들어갑니다.
- 음식으로 생긴 병은 음식으로 치료하게 되며, 어떤 음식을 먹어야 하는지 스스로 알게 됩니다.
(자기 몸에 필요한 음식만 먹고 싶어집니다.)

⑤ 사랑하는 사람과 함께 운동하면 서로 치료해 주기도 합니다.

⑥ 운동을 하다가 몸의 어느 한 부분을 계속 손으로 자극한다면 그쪽에 이상이 있는 것이니, 의사에게 상담을 받고 적절한 치료를 받으면 됩니다.

⑦ 다이어트 및 기타 건강관리에 효과적입니다.

⑧ 꾸준히 운동하여 영이 맑아지면, 자신의 과거와 미래를 스스로 보게 됩니다.

누구나 스스로 하실 수 있습니다.

# 간행사

### 《새로운 성경》은:

· 새로운 성경은, 하나님께서 선량하고 선한 자를 선택하여 십계명을 암송하도록 하시고, 십계명을 암송한 다음에 음성으로써 들려주시는 말씀을 듣고 그대로 카세트테이프에 녹음해서 받아쓴 책입니다.

· 90분짜리 녹음테이프 700여 개에 달하는 말씀으로, 1999년 8월부터 2004년 7월까지 총 160권(권당 288쪽)을 완성하였으며, 그 이후에도 현재까지 계속 말씀을 내려 주고 계십니다.

· 새로운 성경은 "하늘을 두루마리 삼고 바닷물을 먹물 삼아 쓰고 써도 다 못 쓴다"는, 끝없이 방대한 하나님의 말씀이 두루마리로 직접 내려오는 것입니다. 이러한 새로운 성경은 구약과 신약을 폐하려는 것이 아니라 "인봉된 성서의 비유의 뜻"을 상세히 설명하여 완성하고자 하나님께서 직접 내려 주신 말씀입니다.

### 《새로운 성경》의 구성:

· 제 목: 2013년, 160권 모음집을 발간하면서, 본 도서의 제목을 "하나님! 말씀하옵소서"에서 《새로운 성경》 으로 명해 주셨습니다.

· 단행본: 각 권당 288쪽(신국판) 책이 160권까지 시리즈로 출판됩니다.
(모음집은 단행본을 16권씩 묶어서, 총 10부로 구성됩니다.)

### 《새로운 성경》의 성경적 근거:

· 신약 성경 [요한복음] 16장 13절에 "진리의 성령이 오시면 그가 너희를 모든 진리 가운데로 인도하시리니 그가 자의로 말하지 않고, 오직 듣는 것만을 말하며" 하신 말씀처럼 하나님의 음성을 들은 것만 기록하였으며,

· "장래 일을 너희에게 알리시리라" 하신 말씀과 같이 개인, 나라, 인류의 "장래"일을 하나님께서 알려 주시는 것만 기록하여 책으로 만들었습니다.

## 《새로운 성경》의 기록 방법:

· 1999년 8월부터 하나님께서 저에게 들려주시는 음성을 기록하였습니다. 처음에는 제가 들은 말씀을 불러 주면 저의 아내가 기록하여, 2000년 1월 29일에 1권 초판이 세상에 나왔습니다. 2000년 4월부터는 주시는 말씀을 받아 녹음기에 기록하기 시작하였습니다.

· 녹음을 시작하면서 하나님의 말씀을 받는 데 가속도가 붙었고, 2001년 5월 3일에 1부(1~16권까지)를 인쇄하여 출판하였으며, 2004년 7월까지 총 160권 분량의 말씀을 받아 기록하였습니다.

## 하나님께서 저에게 주신 것은:

· 첫째, 만백성을 상대로 내려 주시는 "기도", 둘째, 수시로 내려 주시는 "묵상", 셋째, 개인의 과거, 현재, 미래를 알려 주시는 "개인 기도", 넷째, 개인의 건강을 위해서 내려 주시는 "음식 처방", 다섯째, 하나님께서 가르쳐 주신 "운동"등이 있습니다. 이 중에 첫 번째, "기도"를 책으로 편찬하였습니다. 사람의 생사, 개인의 미래에 관한 천기는 수록하지 말라 하셨습니다.

## 강론 안내:

· 하나님께서는 지금도 매일 저에게 새로운 하늘의 비밀의 말씀을 내려 주고 계십니다. 수시로 내려 주시는 말씀을 정리해서 제자를 육성하라는 말씀에 따라 매주 강론을 하고 있습니다. 누구나 무료로 들으실 수 있습니다. (book160.com)

## 《새로운 성경》을 읽는 분들에게 드리는 선물:

· 개인 기도: 개인의 과거, 현재, 미래에 관하여 말씀을 내려 주십니다.

· 음식 처방: 사람은 음식을 먹고살다가 건강을 잃으니, 음식과 운동으로 건강을 되찾는 방법을 알려 드립니다. 단, 하나님이 계심을 믿고, 십계명을 지키겠다고 진실로 서약하는 분들께 알려드립니다.

## 《새로운 성경》의 은혜와 기적:

· 새로운 성경 전160권은 16권씩 묶어서 총 10부의 모음집으로 구성됩니다. 모음집 한 부를 읽고 깨우치는 자에게 하나님께서 다음과 같은 기적이 있다고 하셨습니다.

· "첫째, 그가 죽어 하늘에 갔을 때 그의 죄를 묻지 아니하며, 구원을 받는 위대한 은혜가 있으며, 둘째, 그의 소원과 소망이 이루어지고, 셋째, 죽은 자(부모, 형제, 자식, 사랑하고 은혜 입은 분)의 이름으로 구입한 책을 읽고 누군가 한 사람이 깨우칠 때, 그 죽은 자가 지옥에서 천국으로 구원을 받게 되며, 넷째, 유산, 중절 수술 등으로 태어나지 못한 아이를 위하여 구입한 책을 보고 한 명이 깨우쳤을 때, 그 아이가 사람으로 다시 한 번 태어나는 은혜를 받는다."

· "새로운 성경"을 3회 이상 정성을 다해 정독하는 자, 성서의 비밀을 알게 되고, 세상의 이치를 알게 되며, 세상을 지배하고 통제할 수 있는 지혜를 다 얻게 된다고 하셨습니다. 이 책은 만백성이 정독하고 이웃에게 전하여, 평생 가슴에 묻은 슬픔과 고통의 짐을 벗고 미래를 위한 힘찬 삶을 살아가도록 하는 책입니다.

## 끝으로

· 하나님께서는 흰 눈이 세상을 덮듯이 새로운 성경을 온 세상에 전하라고 하셨습니다. 《새로운 성경》 을 각국어로 번역해서 온 인류에게 구원의 길을 깨우쳐 주고, 그 수익으로 가난하고 어려운 백성을 구제하여, 만백성의 영과 육을 함께 구원하는 선지자의 임무를 수행하라고 저에게 명하셨습니다.

· 하늘에서 내려 주신 말씀의 보화를 만백성에게 나누어 주는 것이 선지자의 임무라고 하셨습니다. 새로운 성경을 통해서 얻는 재물을 사용할 곳도 하나님께서 일일이 명해 주십니다. 모든 재물은 저의 자의로 쓸 수 없고, 하나님께서 명하시는 대로만 쓰여집니다.

· 어떤 명분으로든 십일조나 각종 헌금을 거두어들이지 말라 하셨으며, 국내뿐 아니라 각국에 성전과 단독 서점을 운영하며, 한국의 많은 젊은이들을 전 세계에 지도자로 내보내라고 하셨습니다.

· 우리는 세계적으로 새로운 성경을 보급하며 어려운 이들을 돕는 역사를 해 나갈 것입니다. 지금까지 비록 몇 명 안 되는 제자들과 함께 이러한 일을 역사했지만, 앞으로도 계속 하나님께서 기뻐하시는 일들을 해 나갈 것입니다. 부족한 저희에게 여러분들의 지혜와 성원을 보내 주시기를 바랍니다. 많은 분들의 참여와 도움을 간절히 기다립니다. 감사합니다.

한국어로 내려온 《새로운 성경》 단행본을 출간하며
2016년 4월 10일

발행인 **김 용 철**

한국어로 내려온

# 새로운 **성 경** · 9부 · 제133권

지은이 하나님 말씀
대역자 김용철



초판인쇄 1쇄 2017년 4월 3일

펴낸 곳 도서출판 하얀마음
등록번호 제 10-2107호 (2001년 2월 14일)
주소 서울시 노원구 덕릉로86길 5, 2층
전화번호 02) 313-1114
팩스 02) 393-5554
전자우편 book160@hanmail.net
편집위원 조나영 김미향 이석교
제작지원 이기종

도서상담 1600-7527
ISBN 978-89-5875-233-2 (04230)
978-89-5875-100-7 (세 트)

값 10,000원
잘못된 책은 구입하신 곳에서 바꾸어 드립니다.

※이 책은 10부로 제작되며, 각 부 16권씩 총160권으로 구성됩니다.※

| 1부 | 2부 | 3부 | 4부 | 5부 | 6부 | 7부 | 8부 | **9부** | 10부 |
|---|---|---|---|---|---|---|---|---|---|
| 1권 | 17권 | 33권 | 49권 | 65권 | 81권 | 97권 | 113권 | 129권 | 145권 |
| 2권 | 18권 | 34권 | 50권 | 66권 | 82권 | 98권 | 114권 | 130권 | 146권 |
| 3권 | 19권 | 35권 | 51권 | 67권 | 83권 | 99권 | 115권 | 131권 | 147권 |
| 4권 | 20권 | 36권 | 52권 | 68권 | 84권 | 100권 | 116권 | 132권 | 148권 |
| 5권 | 21권 | 37권 | 53권 | 69권 | 85권 | 101권 | 117권 | 133권 | 149권 |
| 6권 | 22권 | 38권 | 54권 | 70권 | 86권 | 102권 | 118권 | 134권 | 150권 |
| 7권 | 23권 | 39권 | 55권 | 71권 | 87권 | 103권 | 119권 | 135권 | 151권 |
| 8권 | 24권 | 40권 | 56권 | 72권 | 88권 | 104권 | 120권 | 136권 | 152권 |
| 9권 | 25권 | 41권 | 57권 | 73권 | 89권 | 105권 | 121권 | 137권 | 153권 |
| 10권 | 26권 | 42권 | 58권 | 74권 | 90권 | 106권 | 122권 | 138권 | 154권 |
| 11권 | 27권 | 43권 | 59권 | 75권 | 91권 | 107권 | 123권 | 139권 | 155권 |
| 12권 | 28권 | 44권 | 60권 | 76권 | 92권 | 108권 | 124권 | 140권 | 156권 |
| 13권 | 29권 | 45권 | 61권 | 77권 | 93권 | 109권 | 125권 | 141권 | 157권 |
| 14권 | 30권 | 46권 | 62권 | 78권 | 94권 | 110권 | 126권 | 142권 | 158권 |
| 15권 | 31권 | 47권 | 63권 | 79권 | 95권 | 111권 | 127권 | 143권 | 159권 |
| 16권 | 32권 | 48권 | 64권 | 80권 | 96권 | 112권 | 128권 | 144권 | 160권 |